Theo von Taane

Schach 2 in 1
Taktikboard & Trainingsbuch

Das 2 in 1 Taktikboard & Trainingsbuch zur schnellen Erstellung von coaching Anweisungen/Spieltaktiken und -plänen, enthält nicht nur sportspezifische Vorlagen (Spielfeld und Raum für Notizen), sondern verfügt auch über eine wieder beschreibbare Fläche (Cover des Buchs), welche mit handelsüblichen whiteboard Stiften beschrieben werden kann und trocken abwischbar ist.

VORTEILE:
o Taktikbuch mit sportspezifischen Vordrucken (Spielfeld) zum schnellen und einfachen Skizzieren von Spieltaktiken/Übungen.
o Sind alle Seiten des Buches aufgebraucht, lässt sich das Cover unter Nutzung von whiteboard Stiften als Taktikboard unbegrenzt weiternutzen
o Durch das handliche Format sowohl unterwegs als auch vor Ort zum Spiel oder Training nutzbar.
o Ideal zum spontanen Sammeln von Trainingsideen oder als Gedankenstütze.
o Ideal um dem Spieler durch schnelles Skizzieren der Übung den geplanten Trainingsablauf begreifbarer zu machen.
o Ideal zum Festhalten von geplante Spielzügen, um sie sich kurz vor dem Match oder währenddessen wieder ins Gedächtnis zu rufen.

Bibliografische Information der Deutschen Nationalbibliothek:
Die Deutsche Nationalbibliothek verzeichnet diese Publikation in der
Deutschen Nationalbibliografie; detaillierte bibliografische Daten sind im
Internet über http://dnb.dnb.de abrufbar.

Texte und Illustrationen: **Theo von Taane**

Herstellung und Verlag: BoD – Books on Demand, Norderstedt

ISBN: 9783738656190

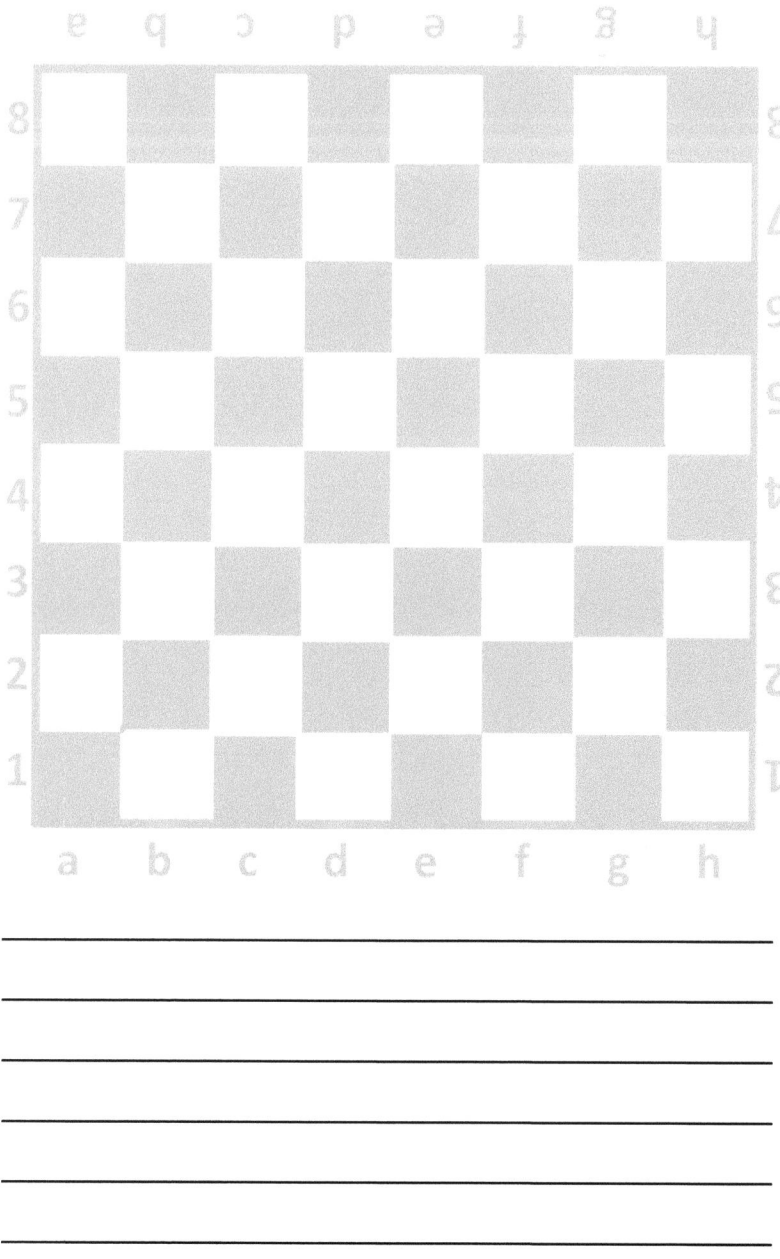

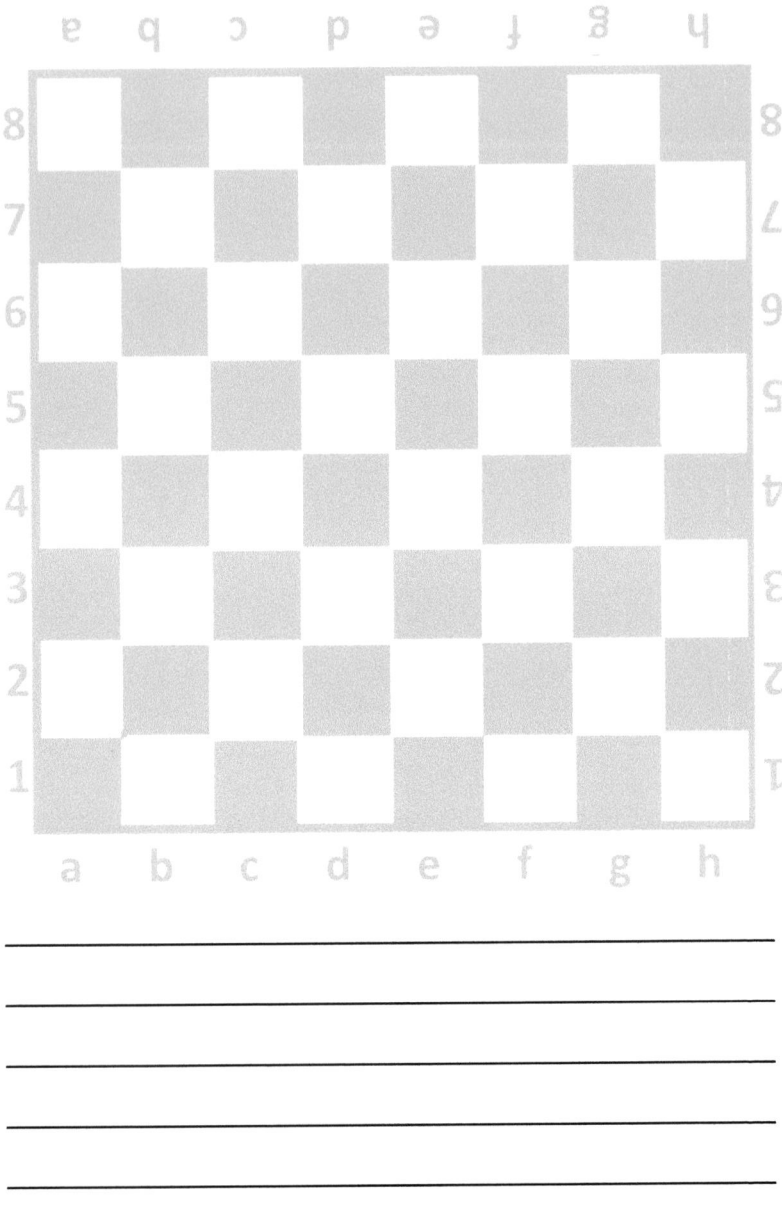

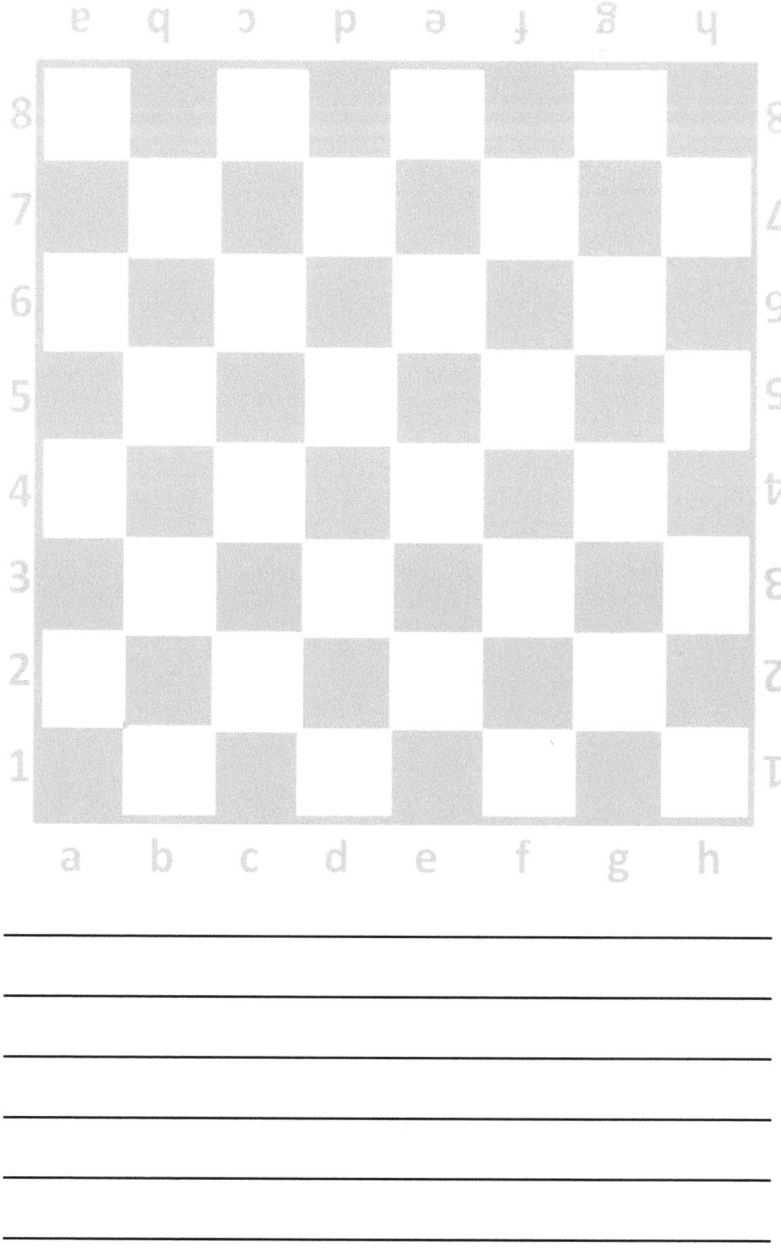

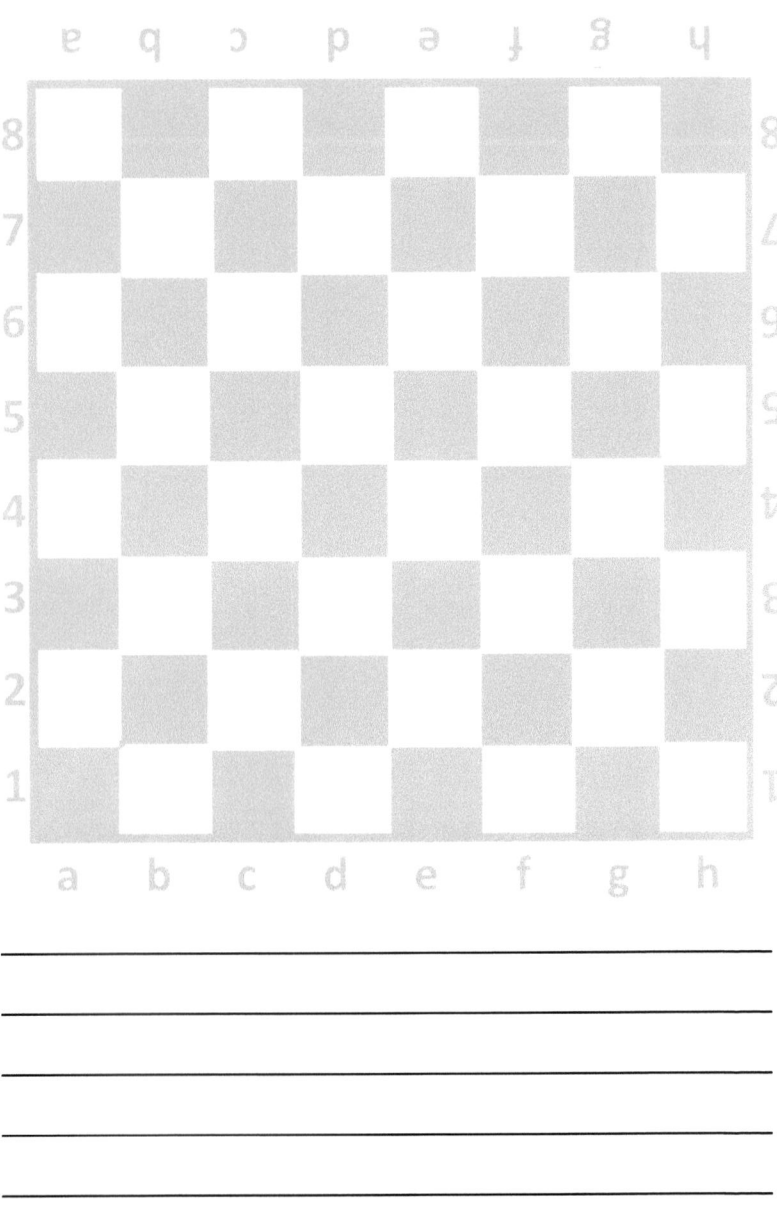

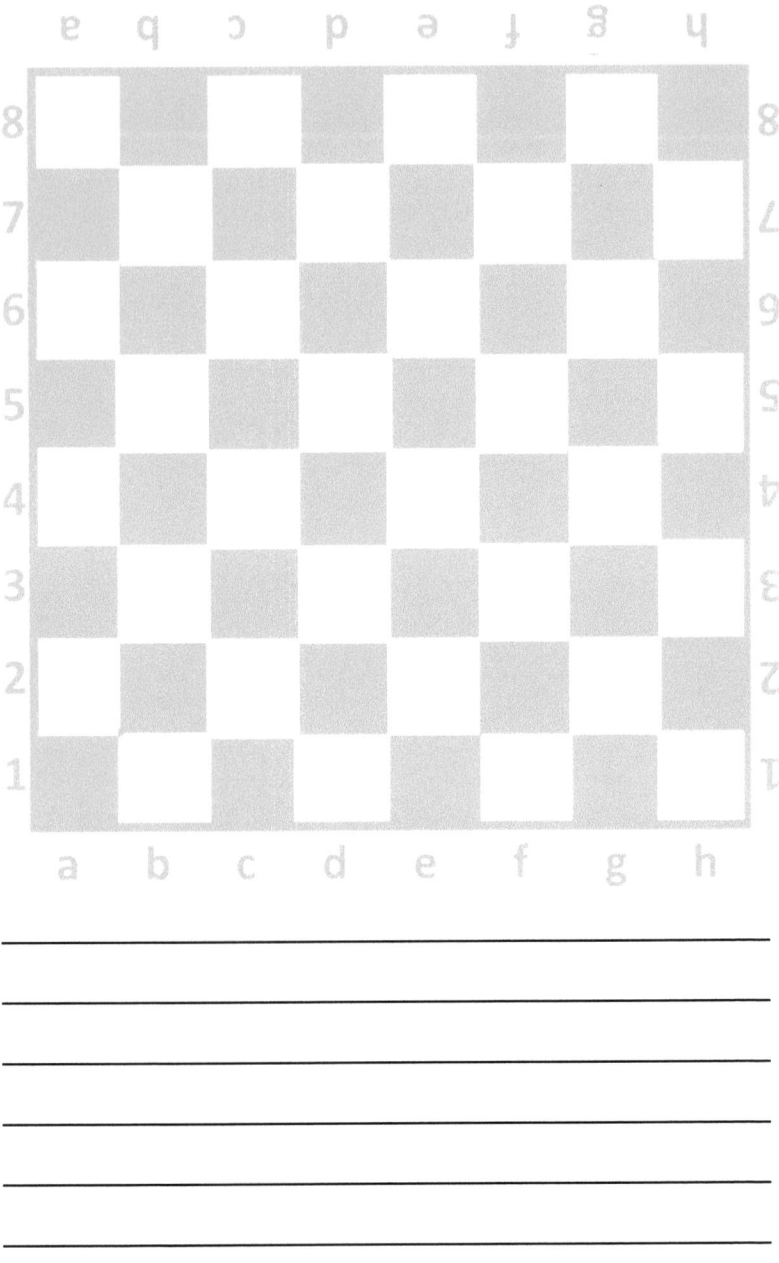

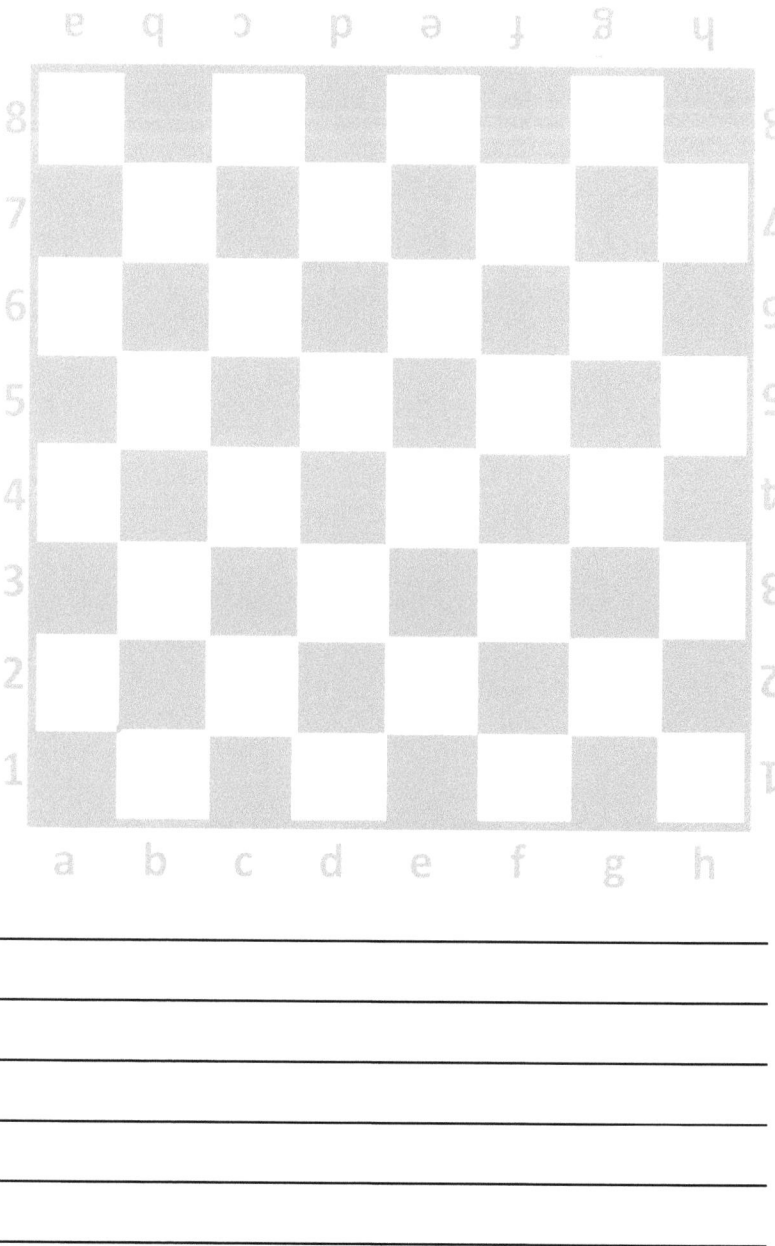

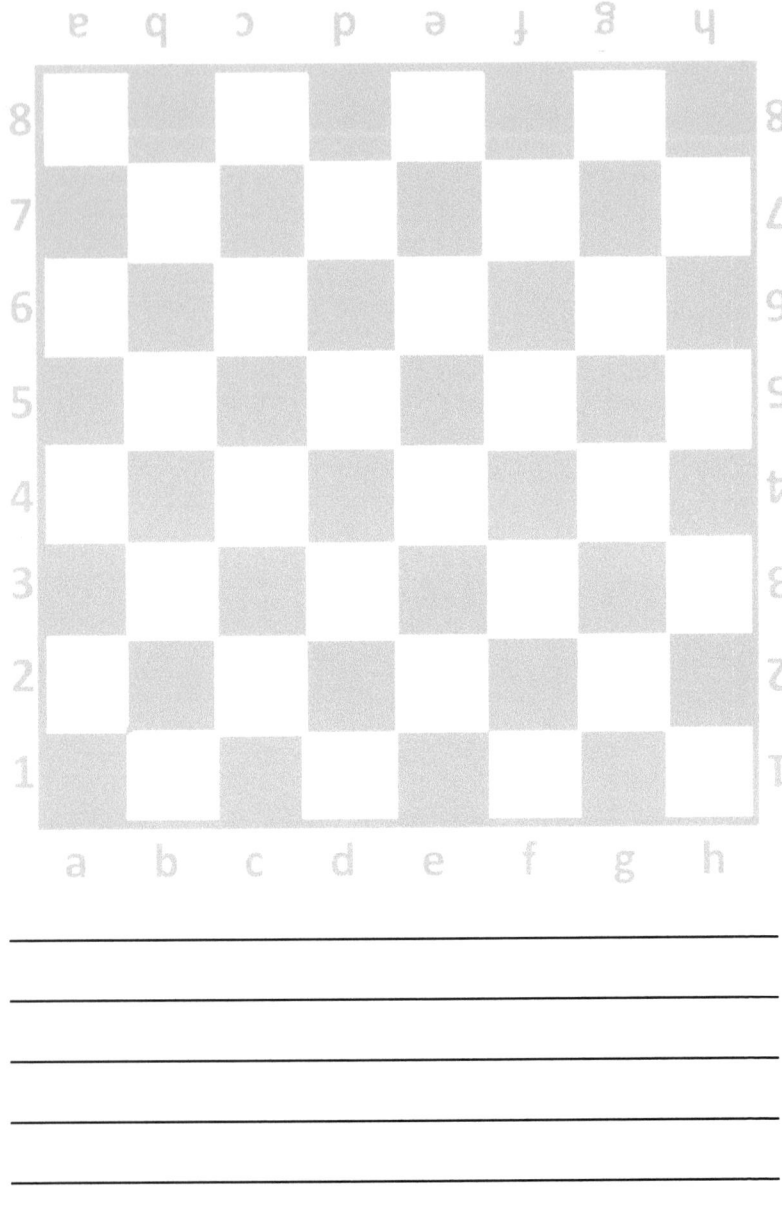

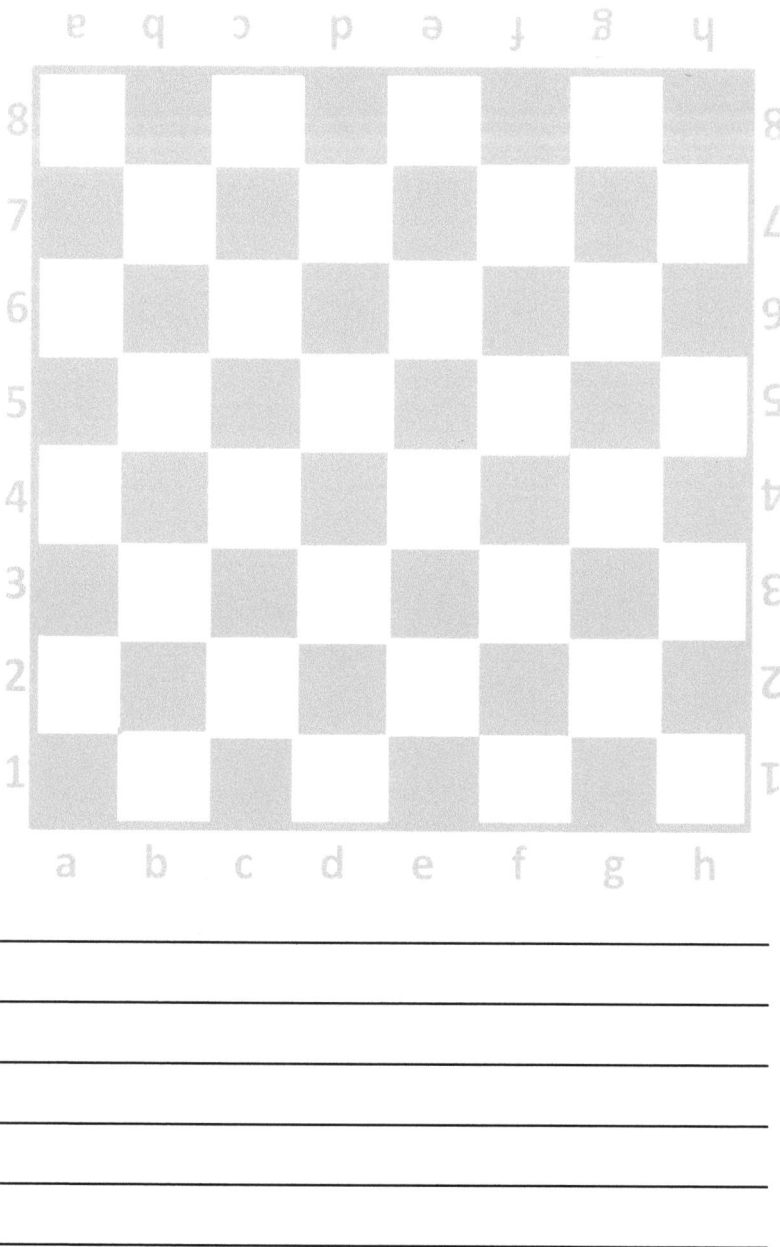

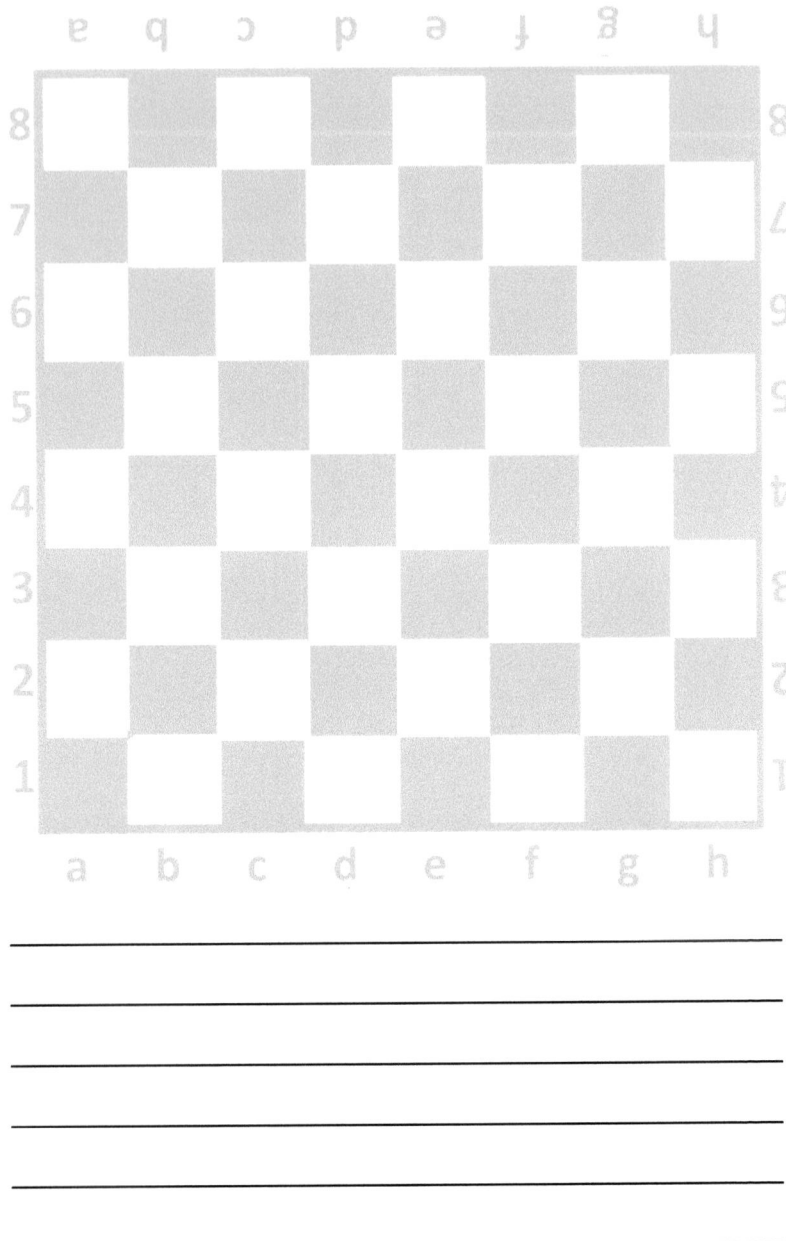

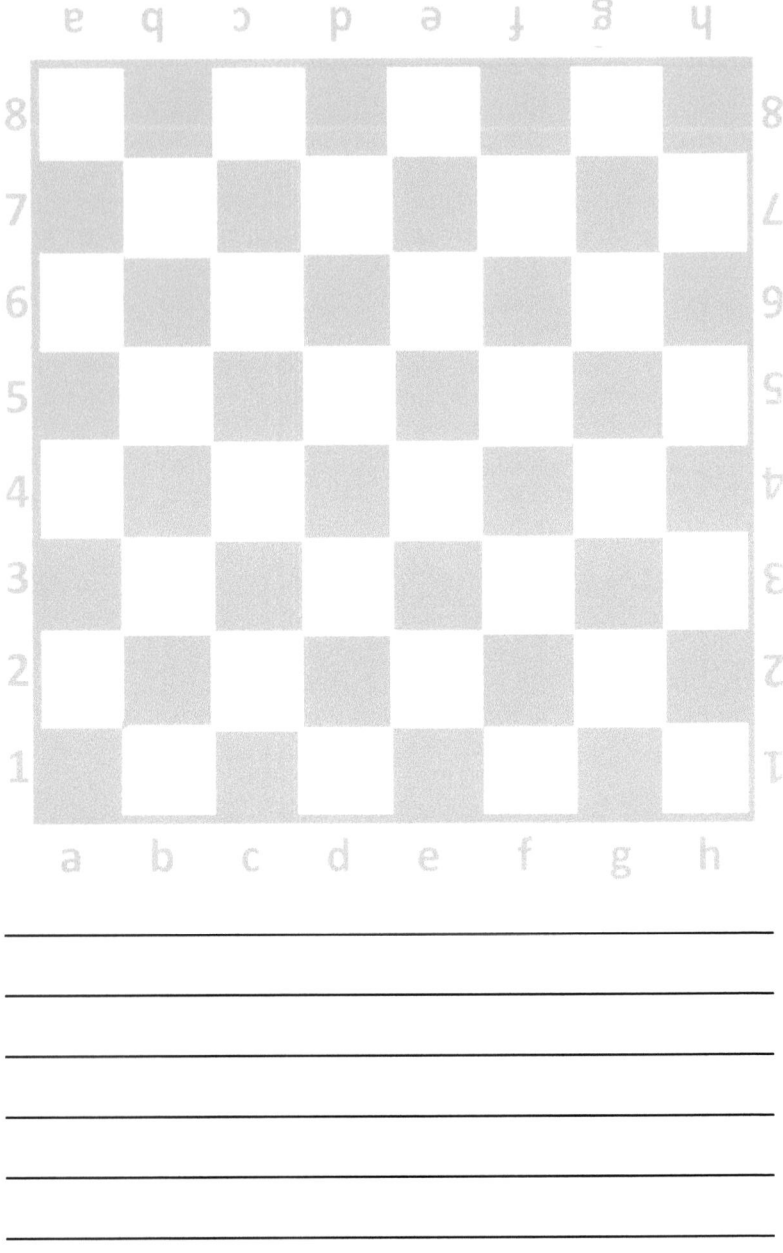

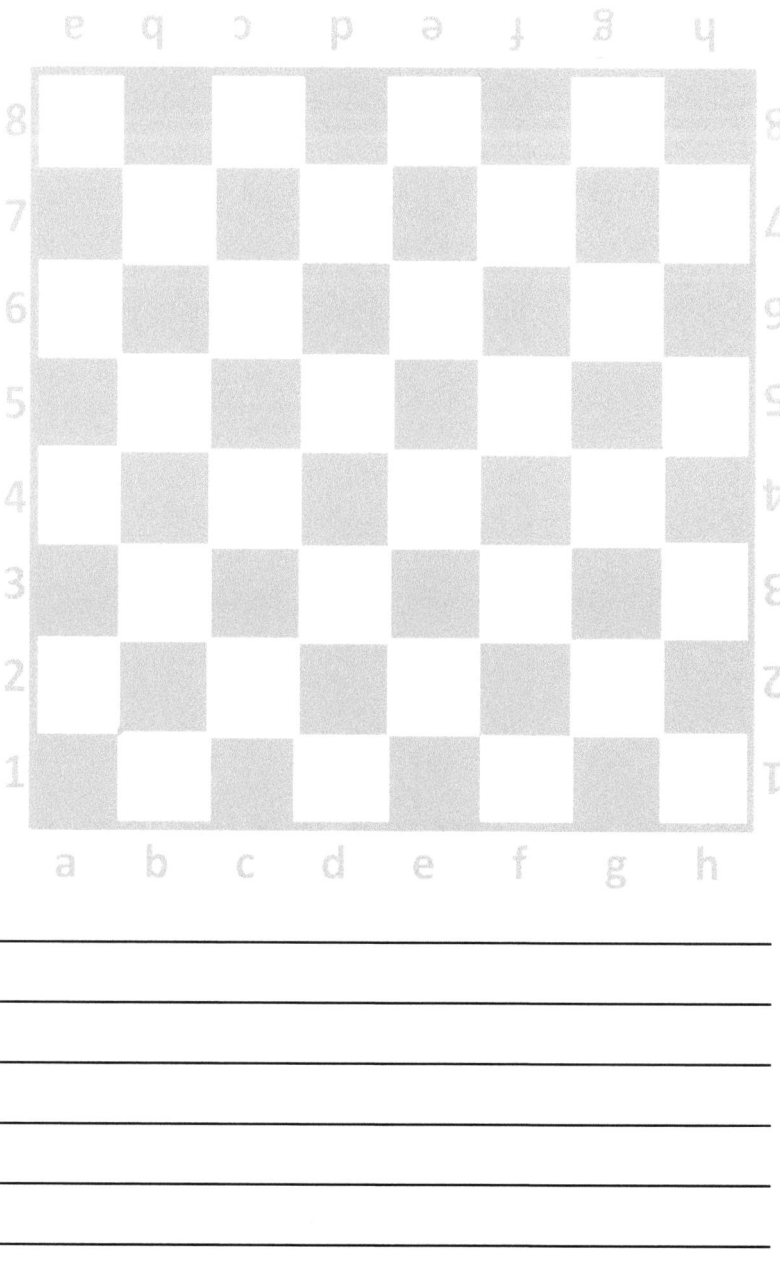

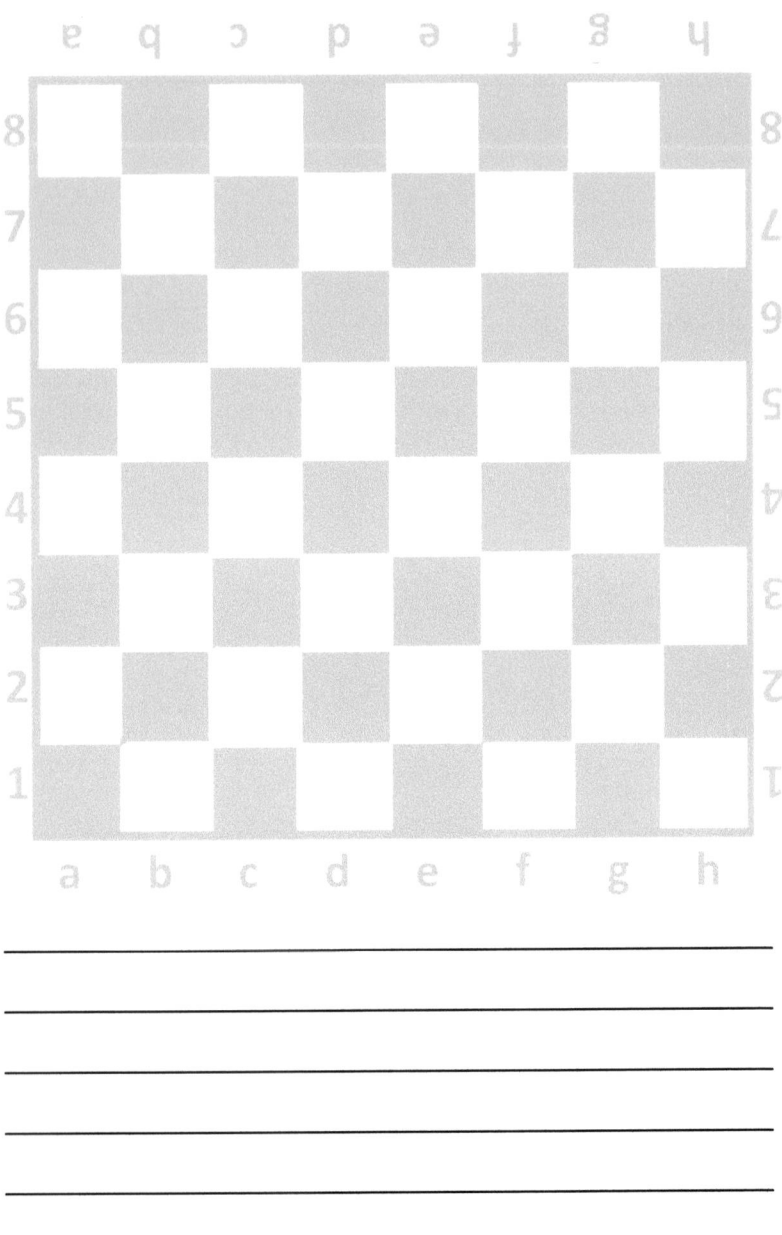

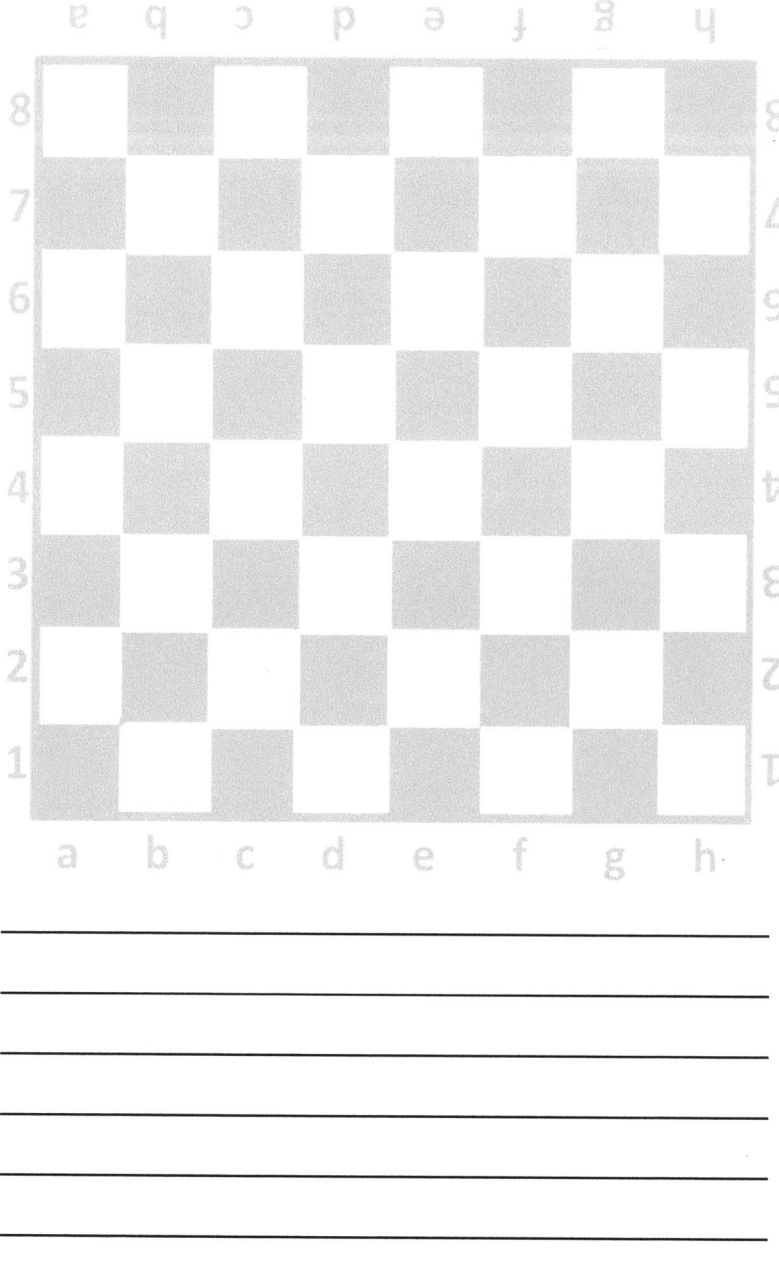

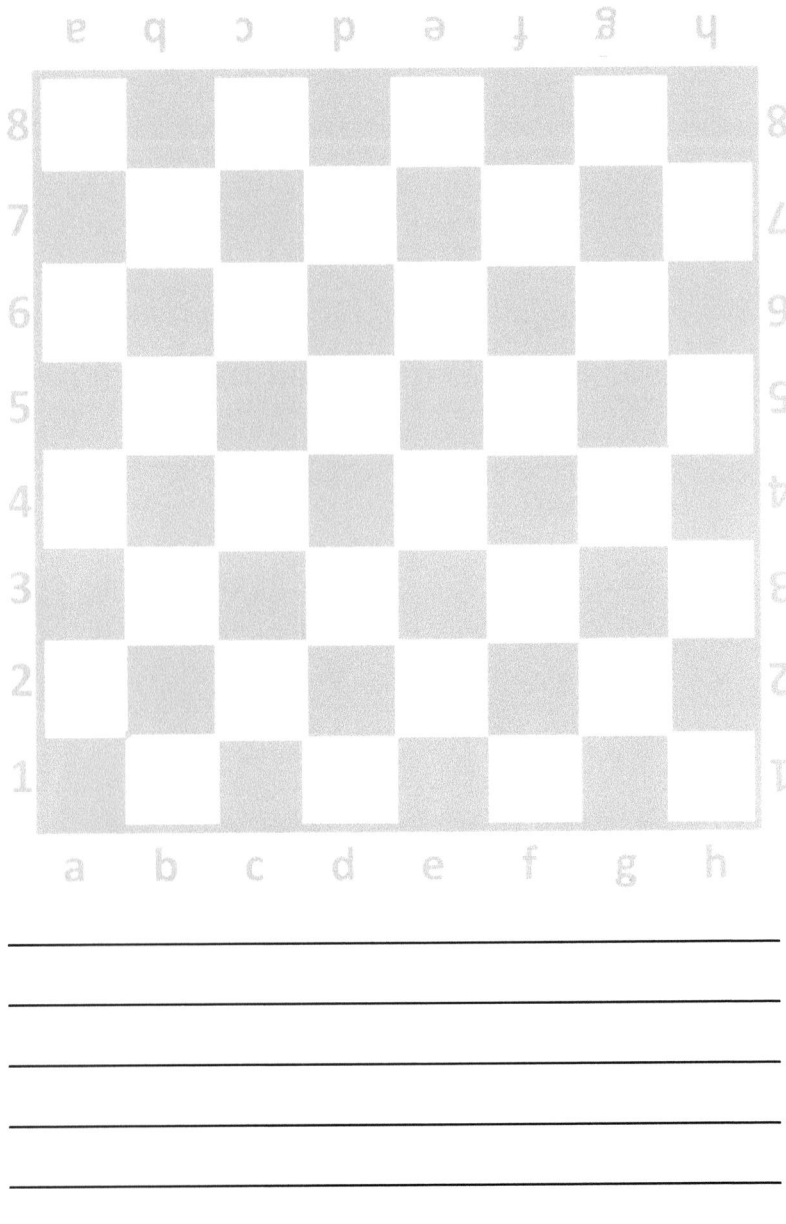

_____

_____

_____

_____

_____

_____

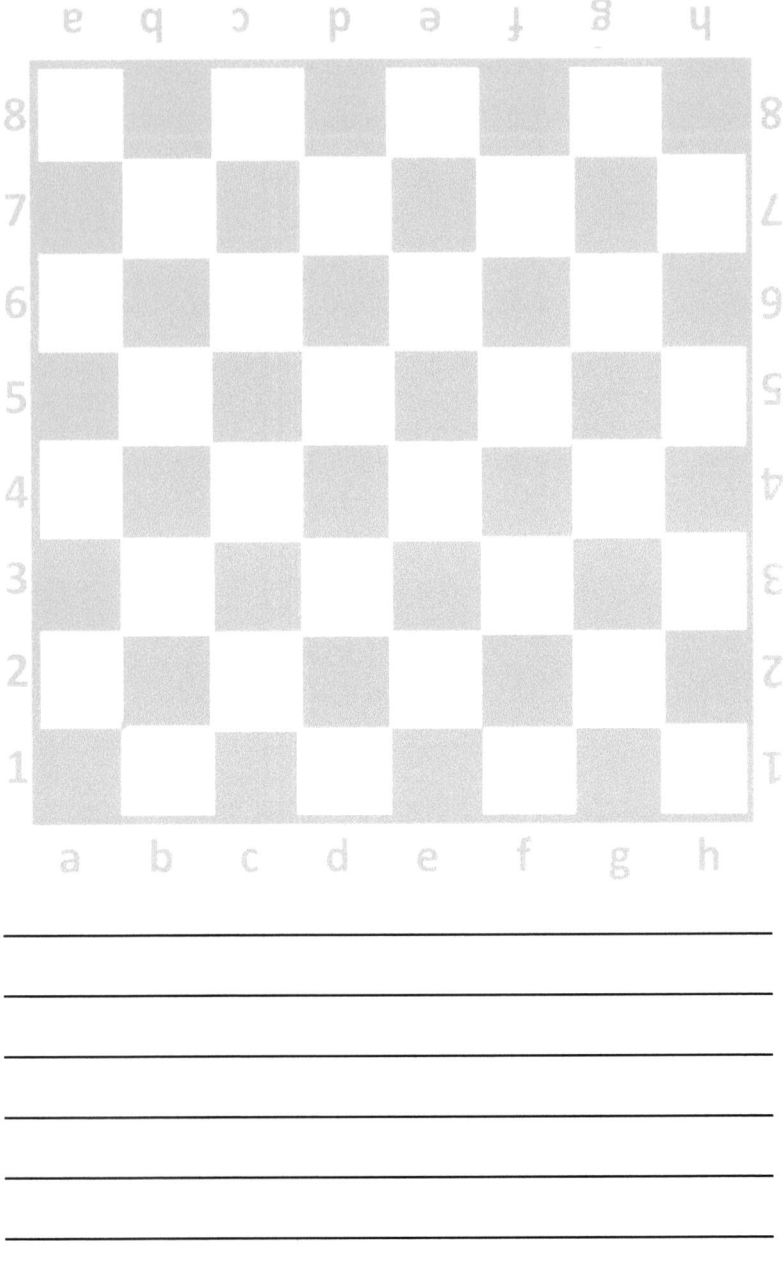

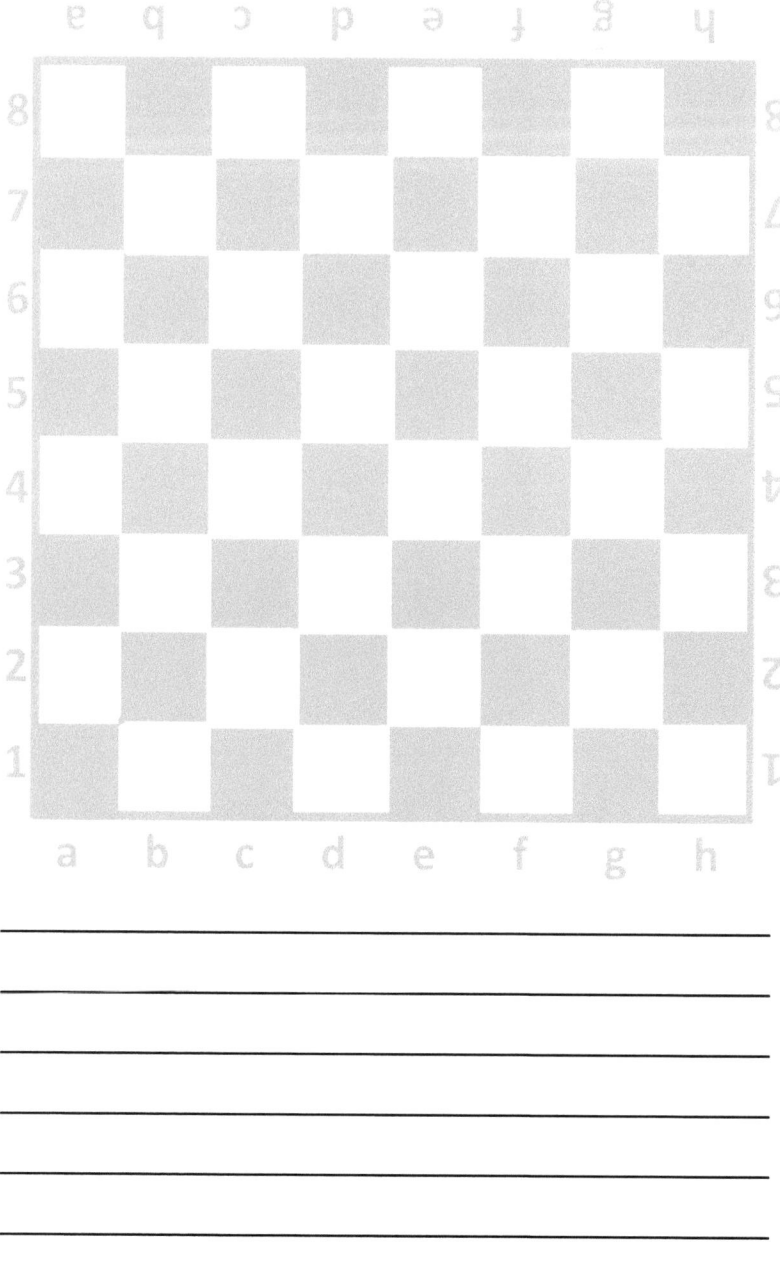

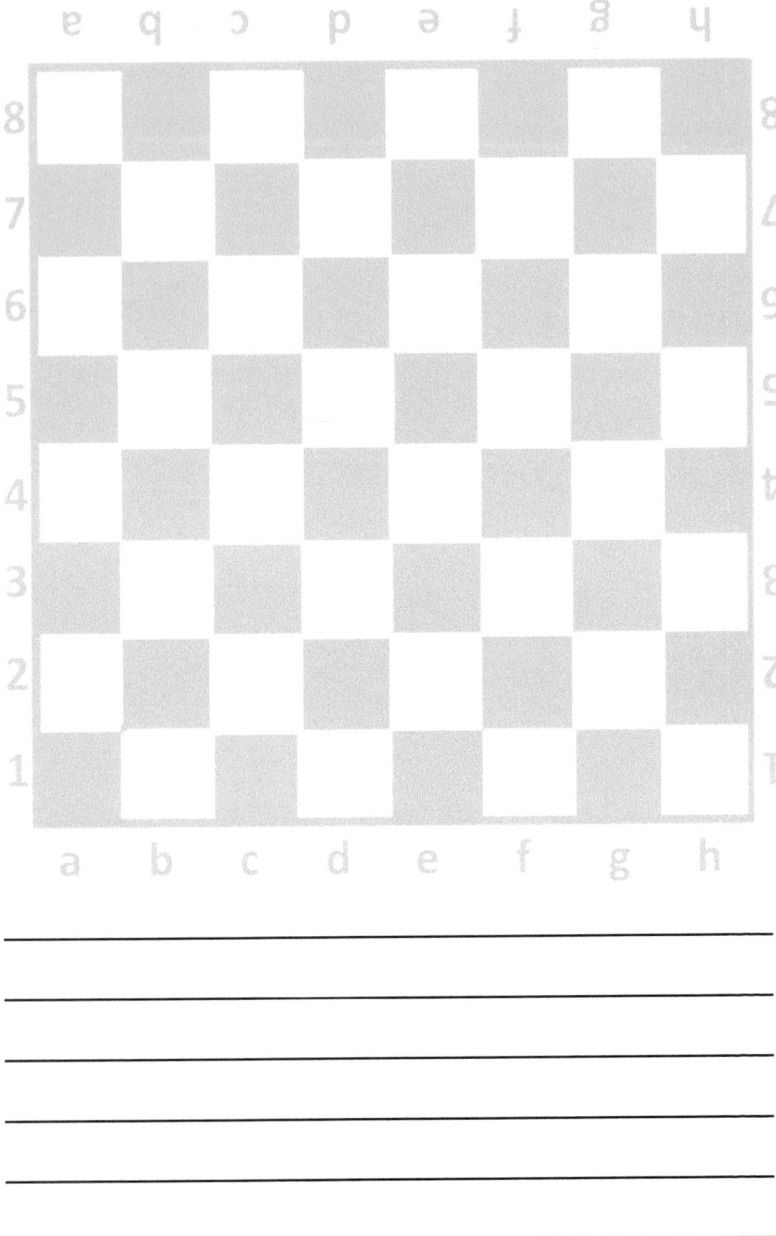

_____

_____

_____

_____

_____

_____

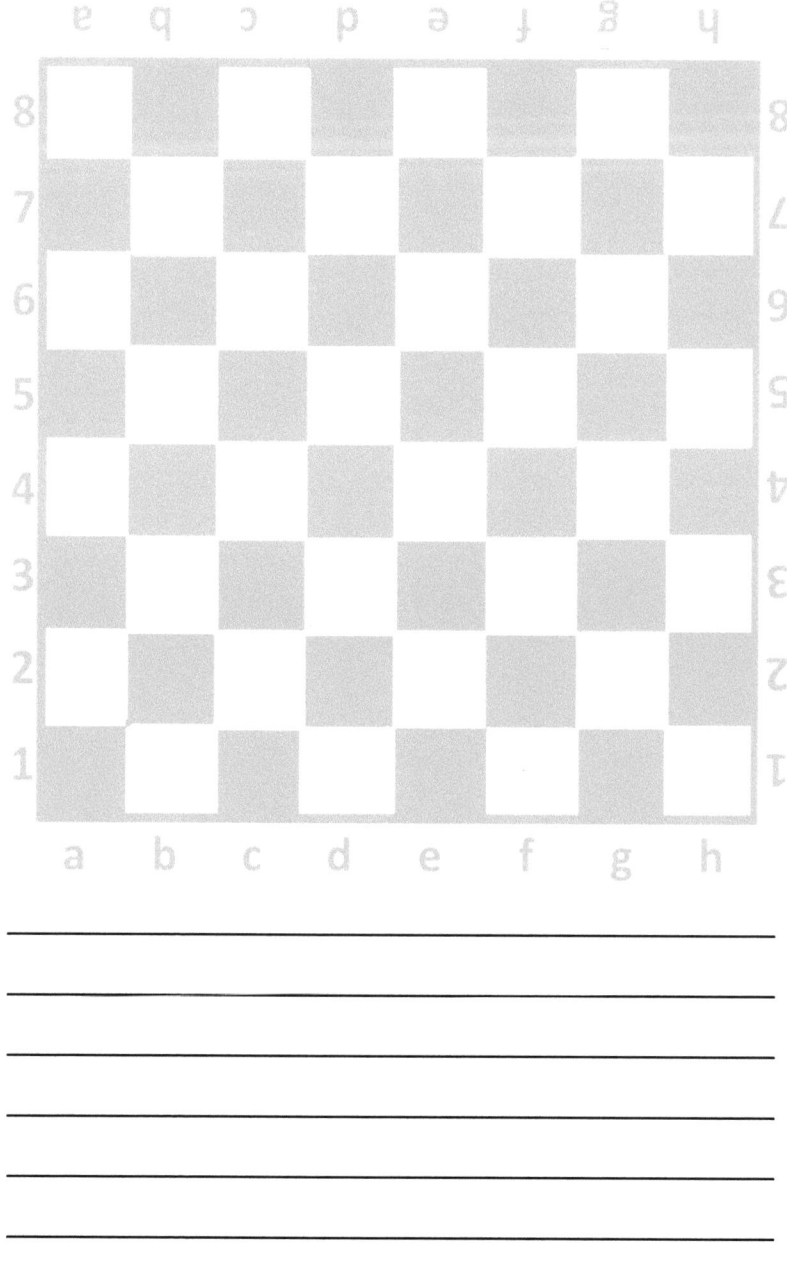

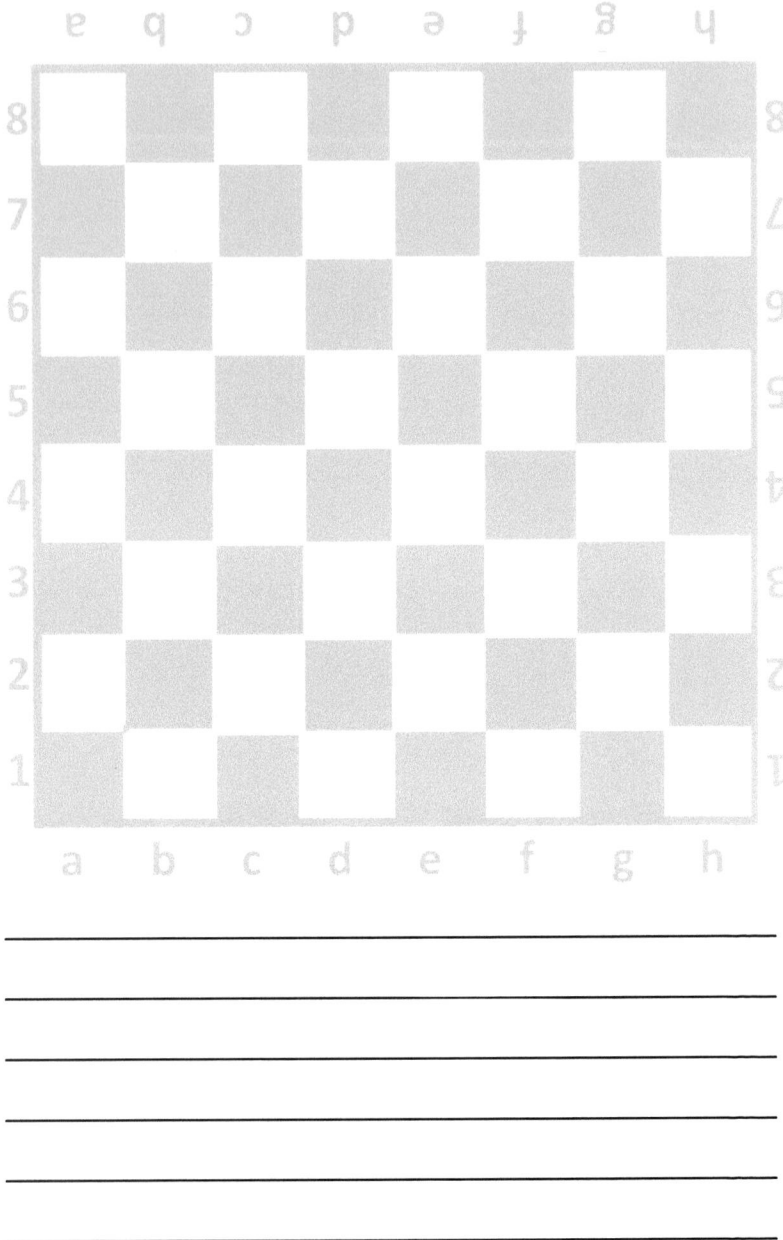

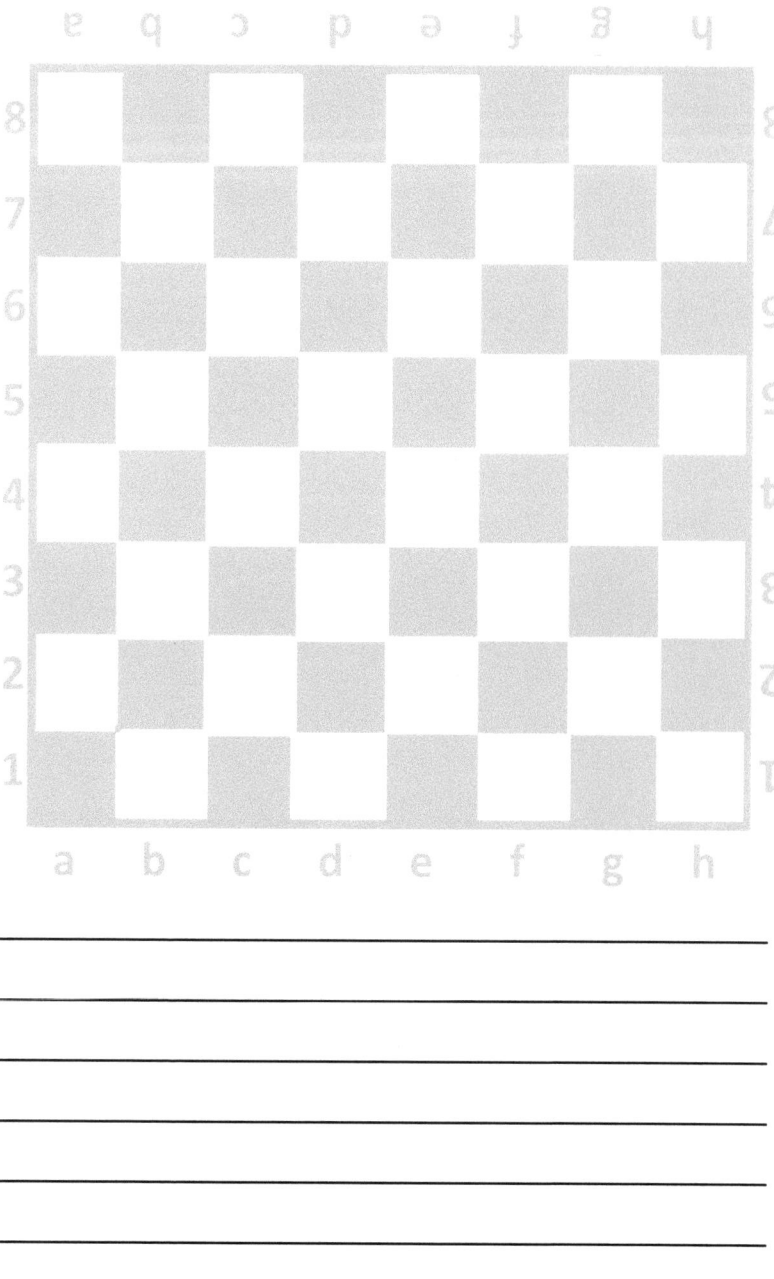

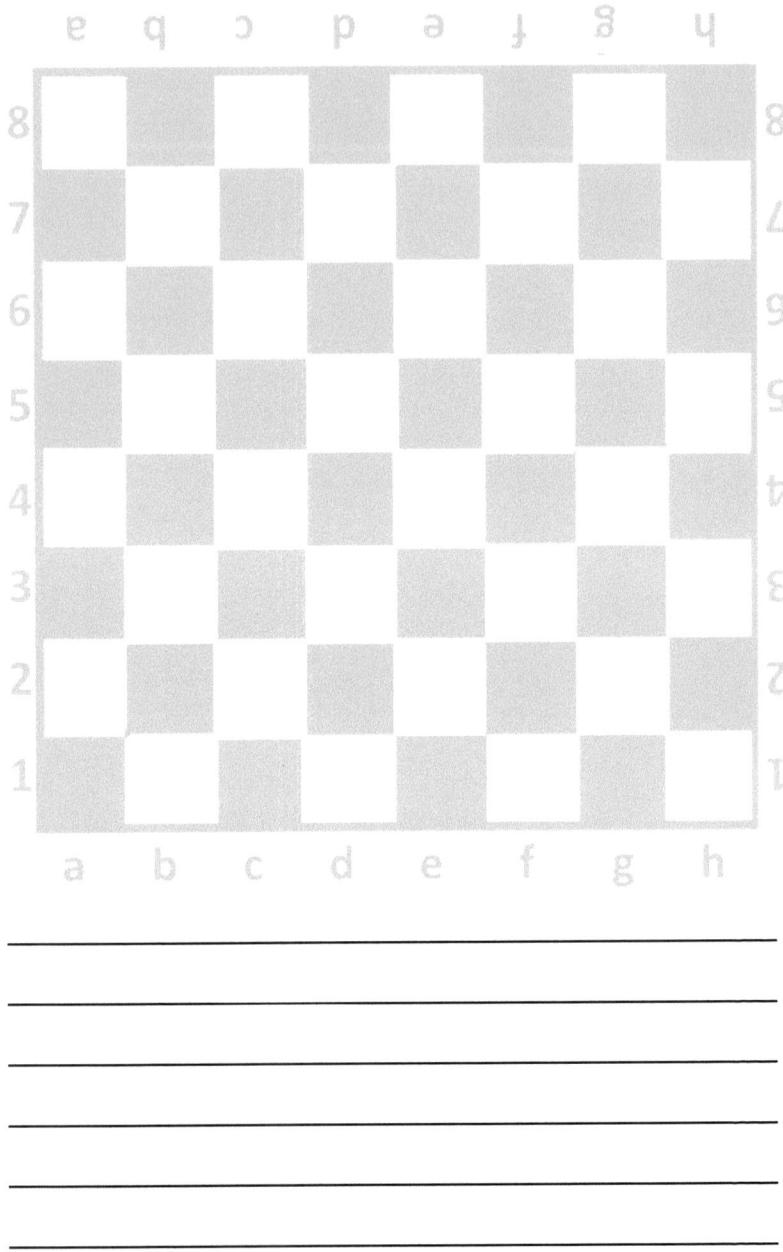

_____

_____

_____

_____

_____

_____

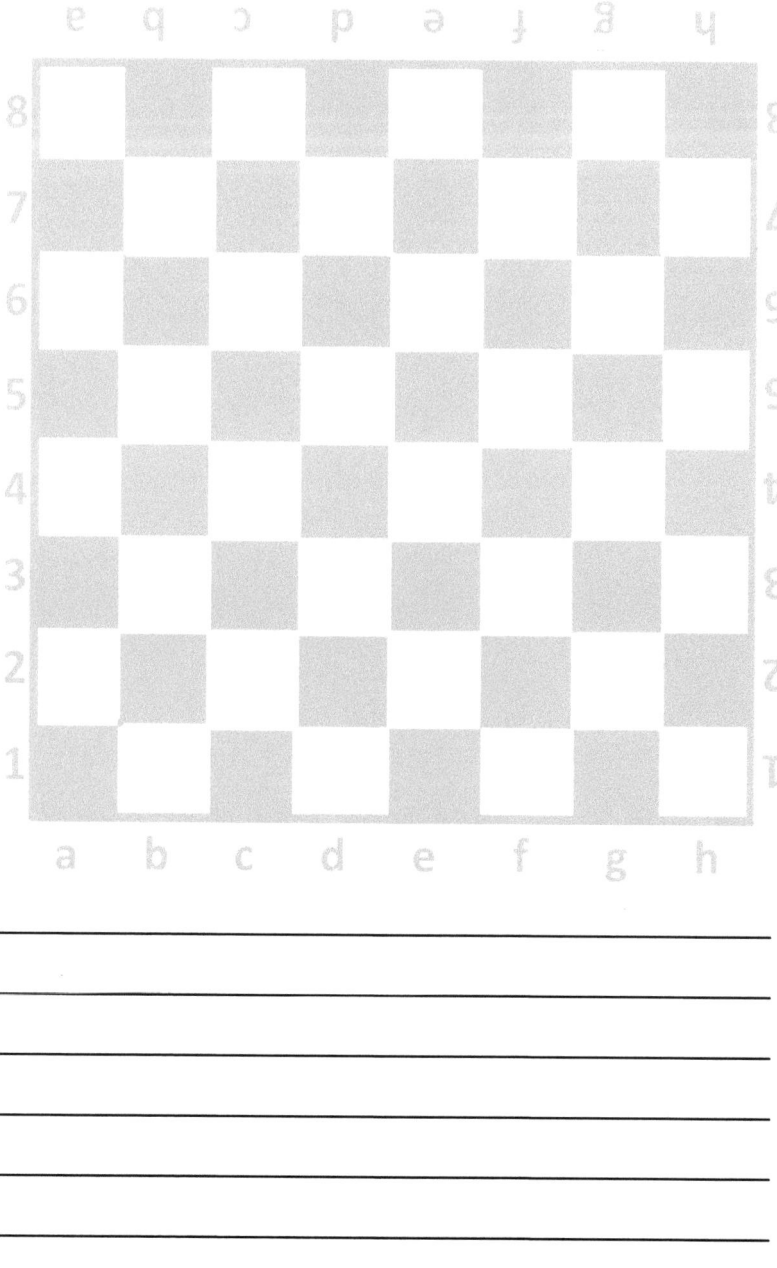

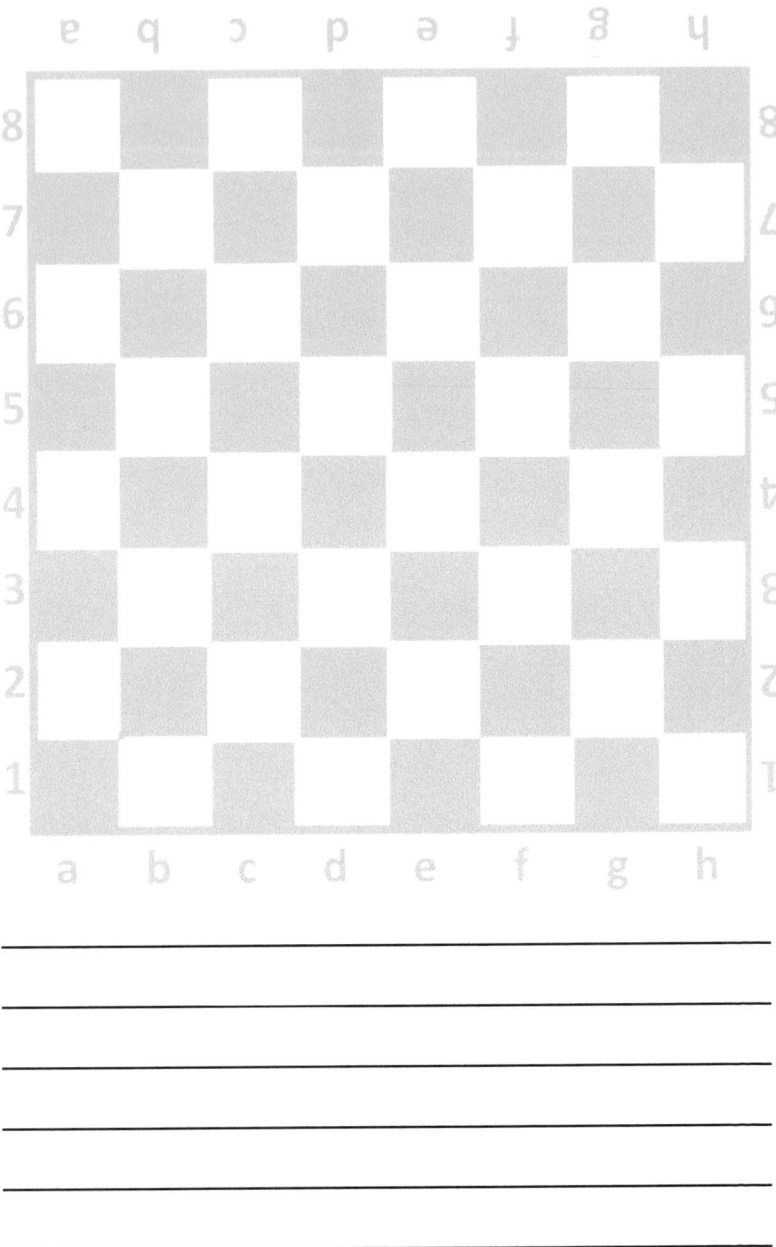

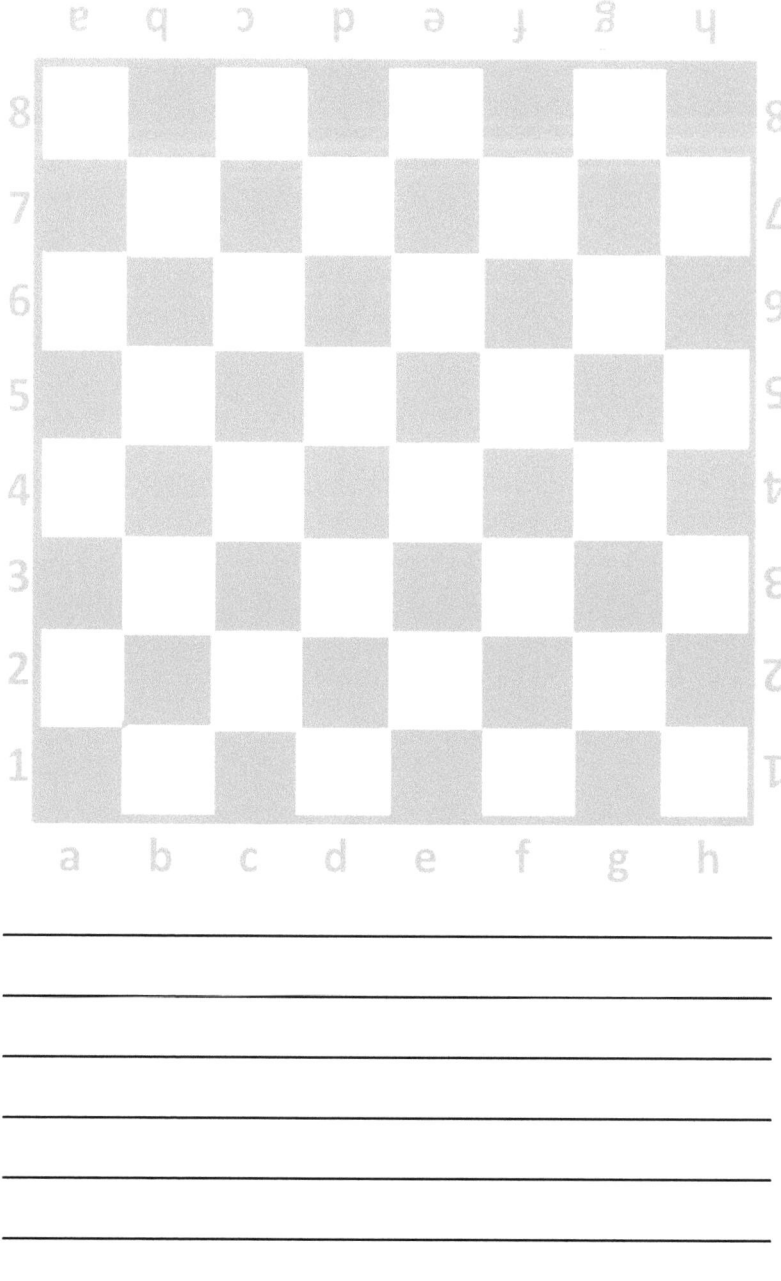

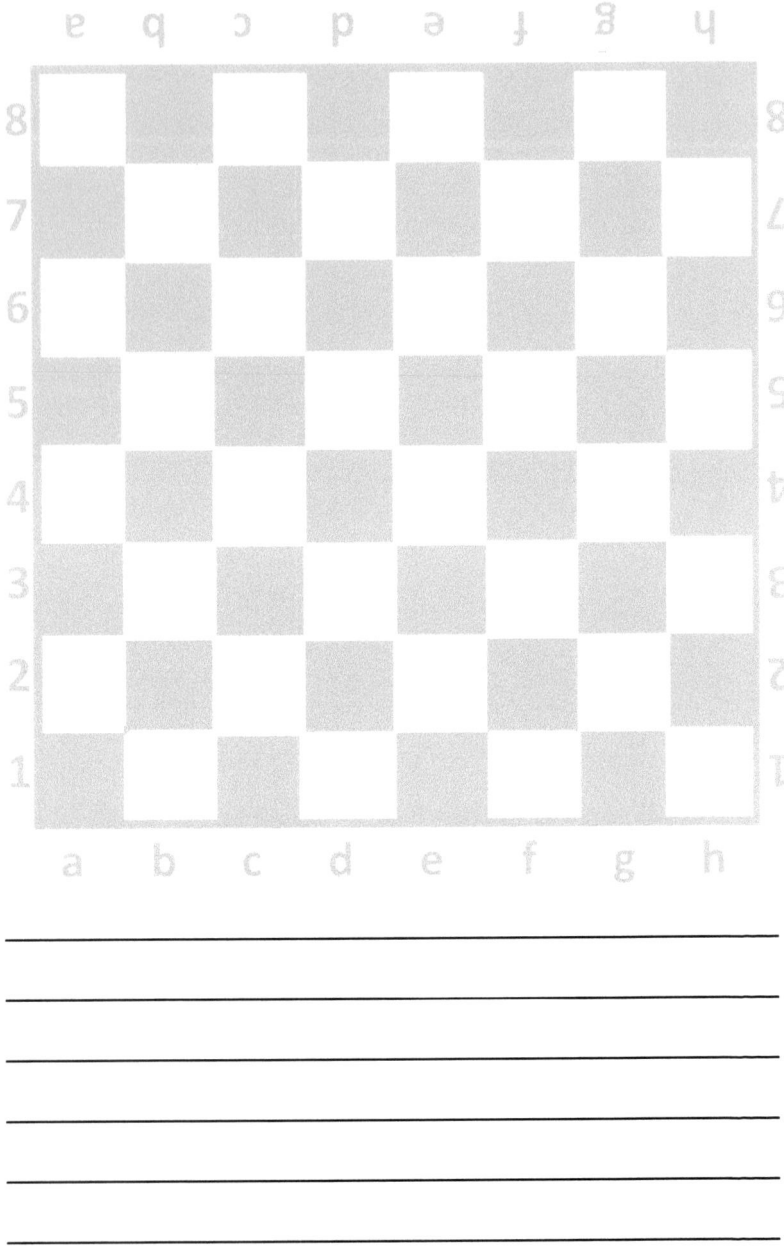

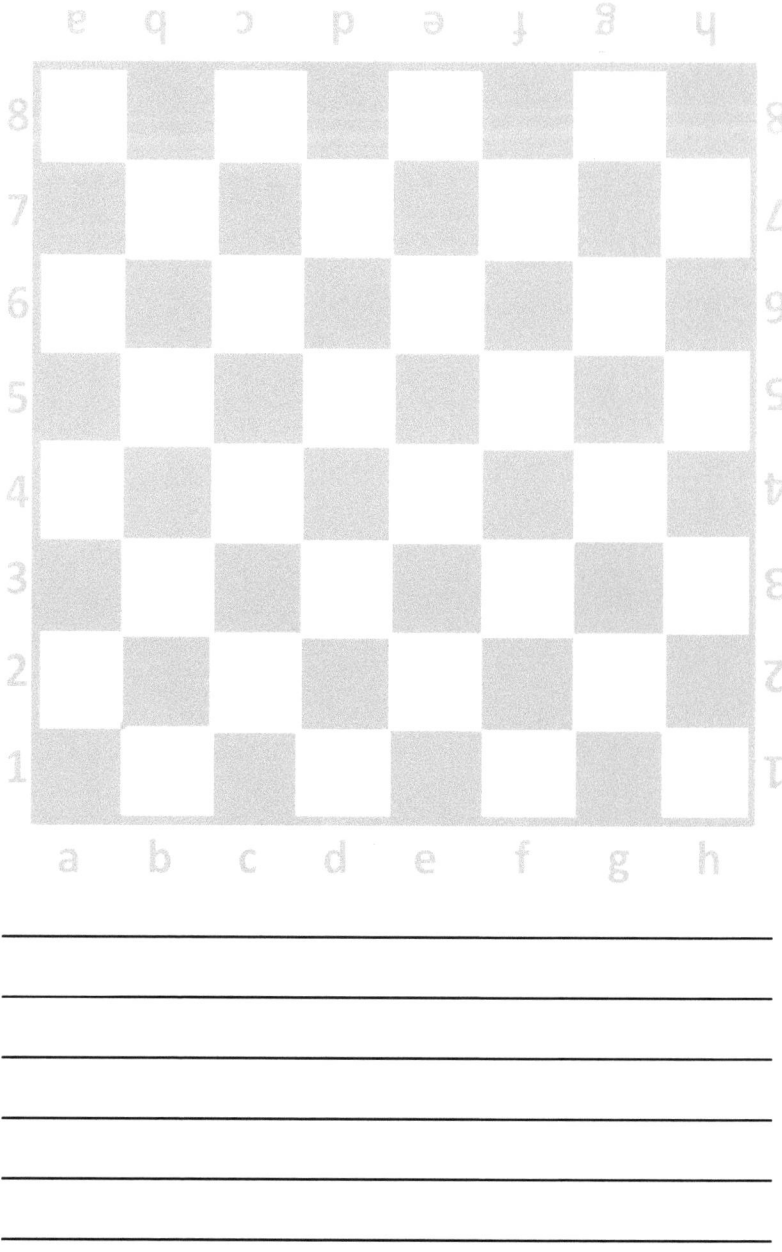

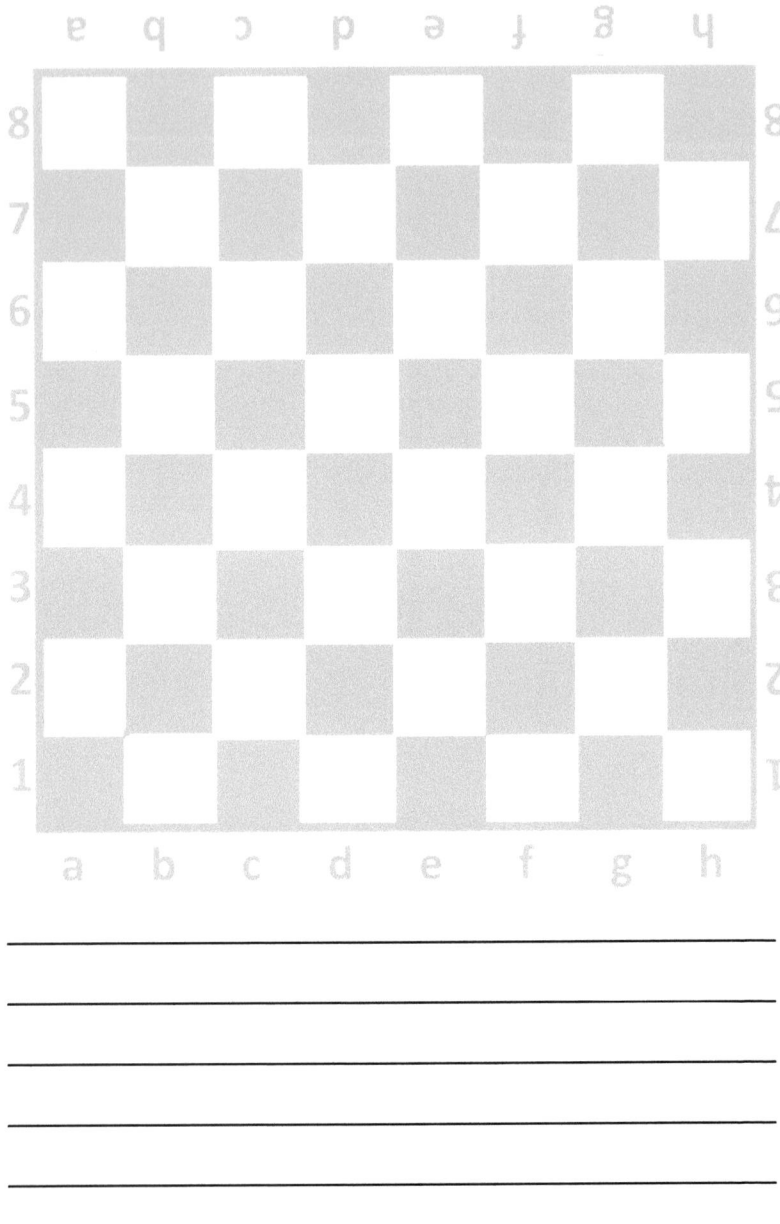

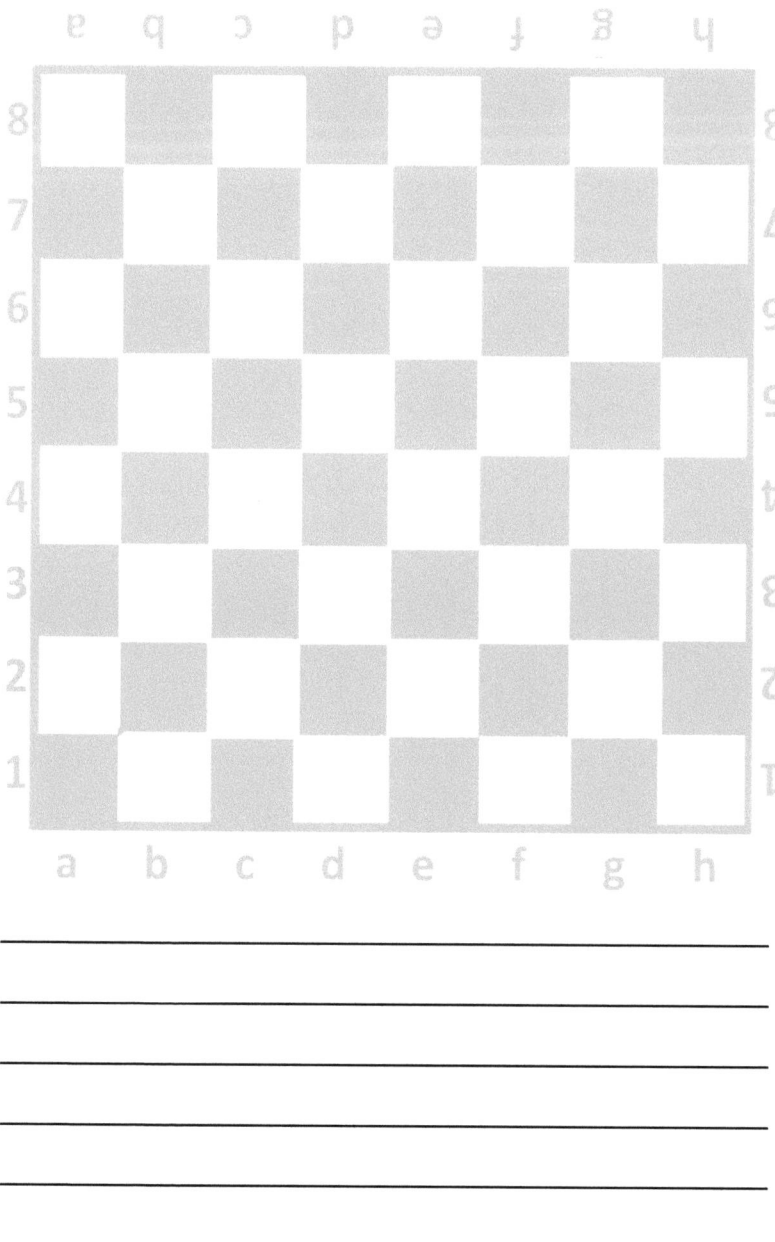

_____

_____

_____

_____

_____

_____

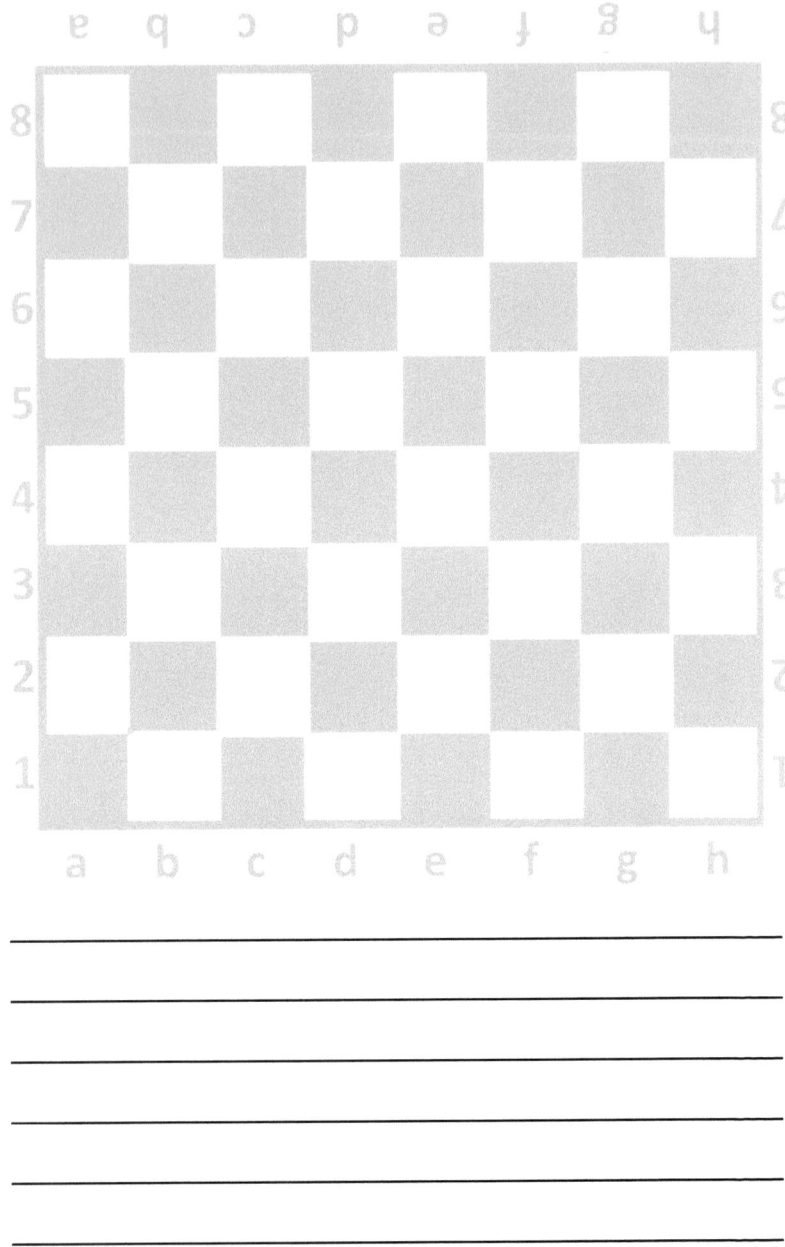

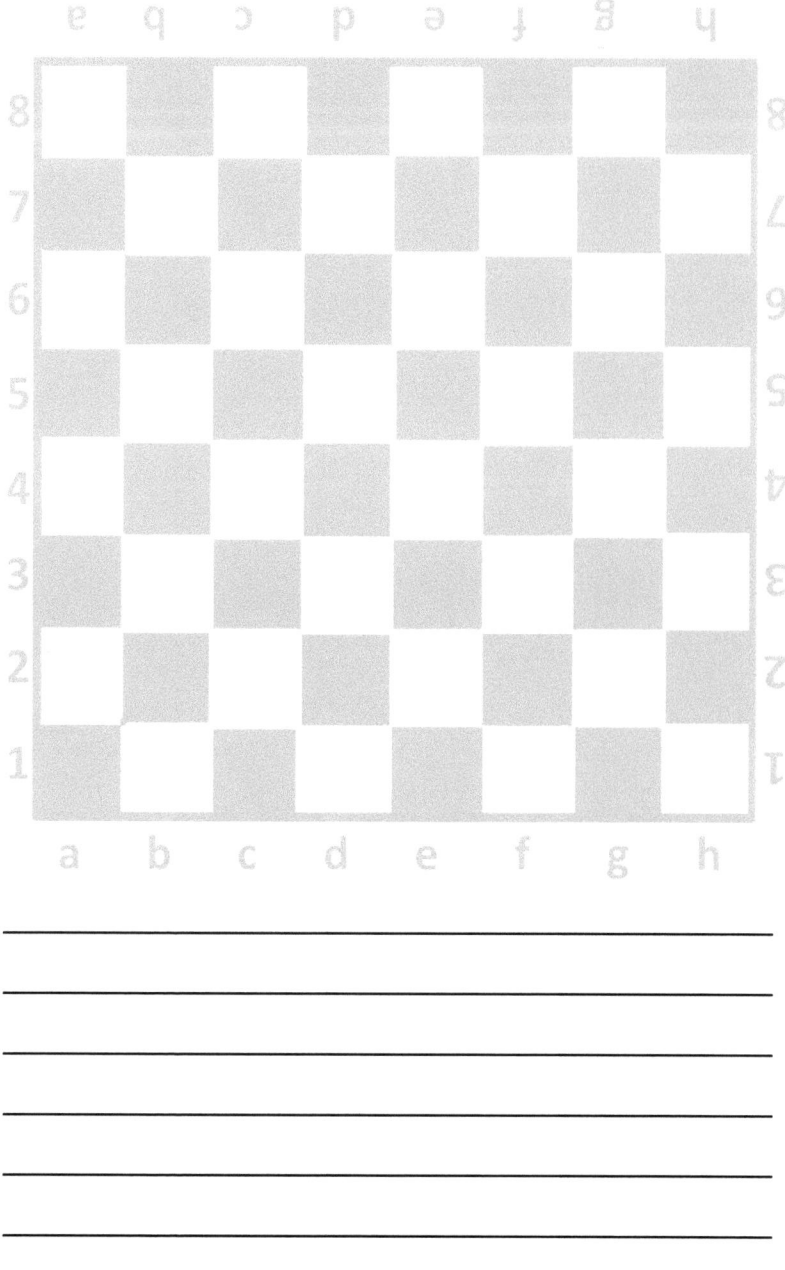

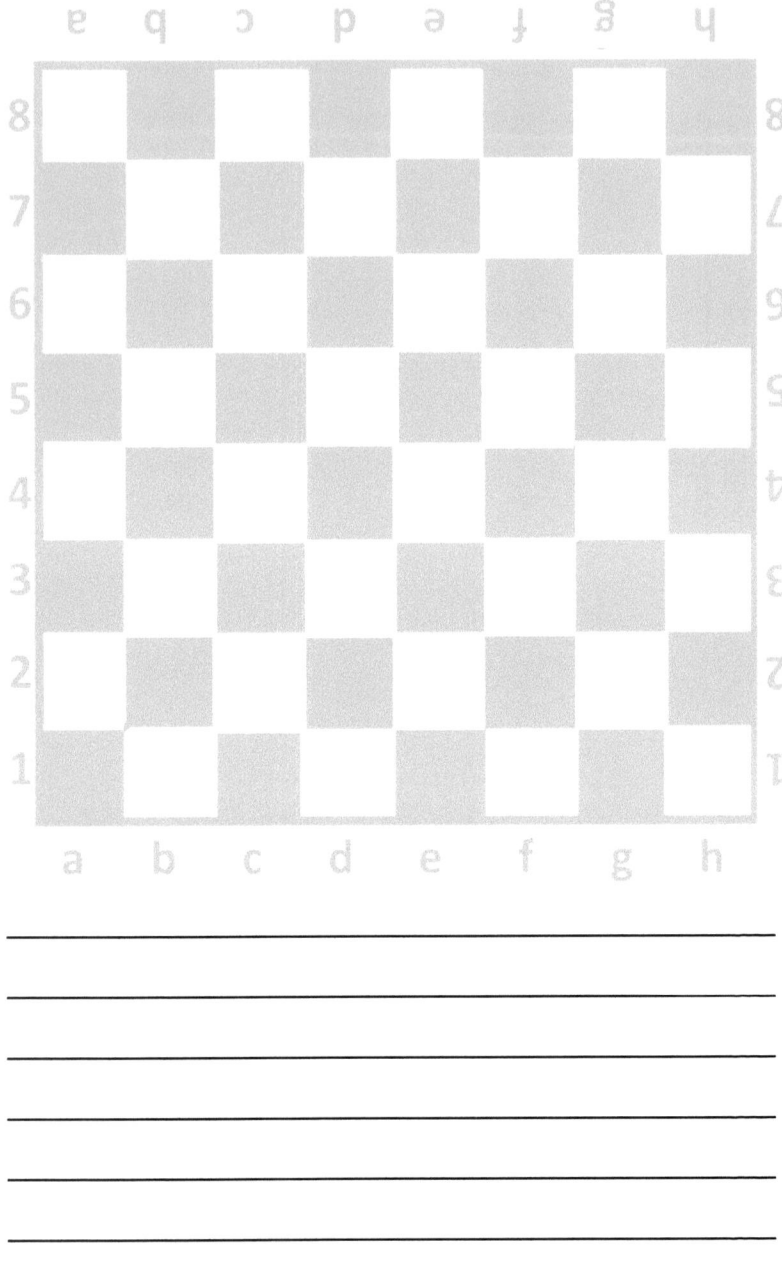

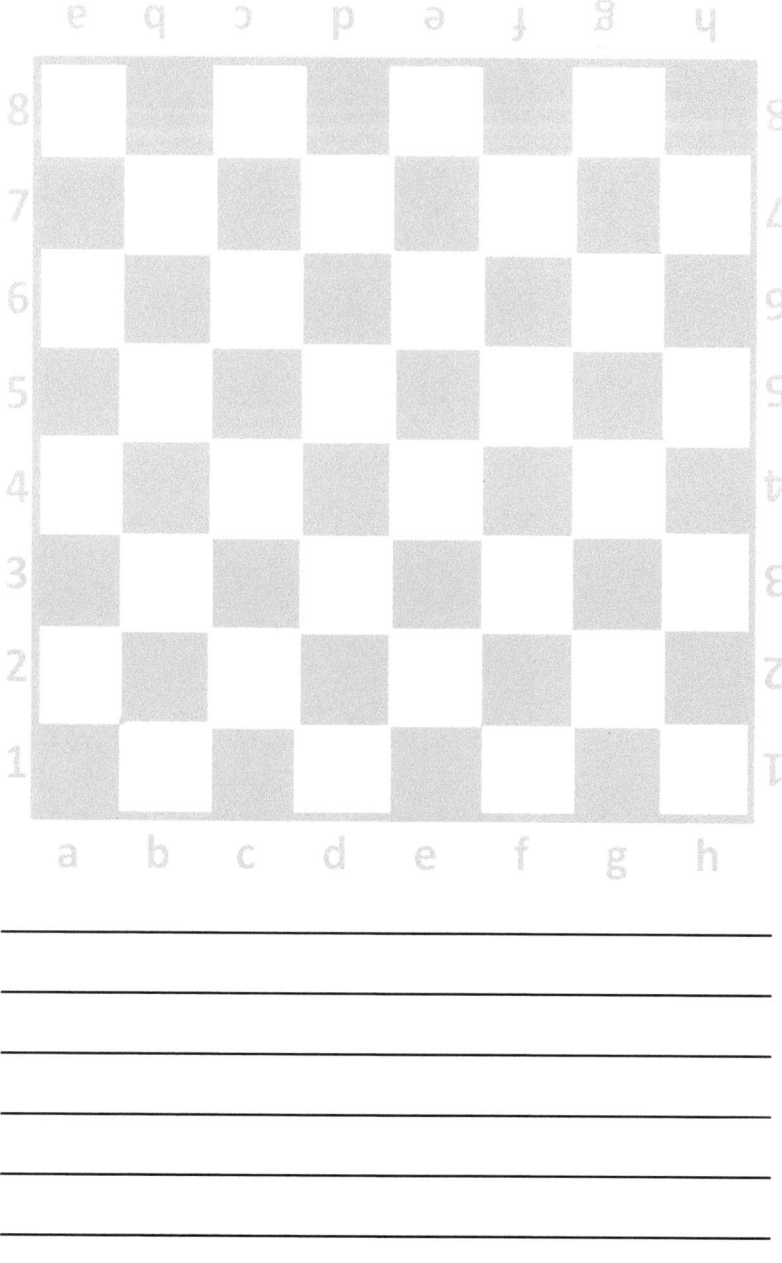

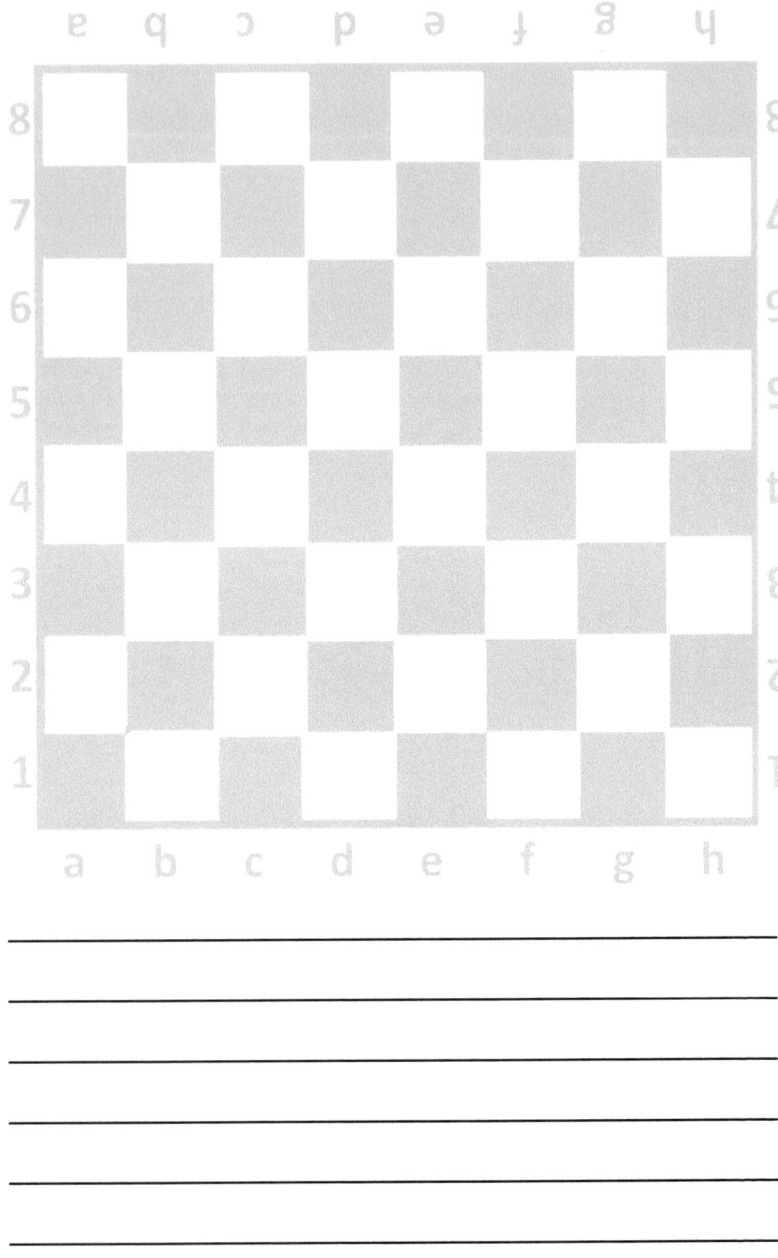

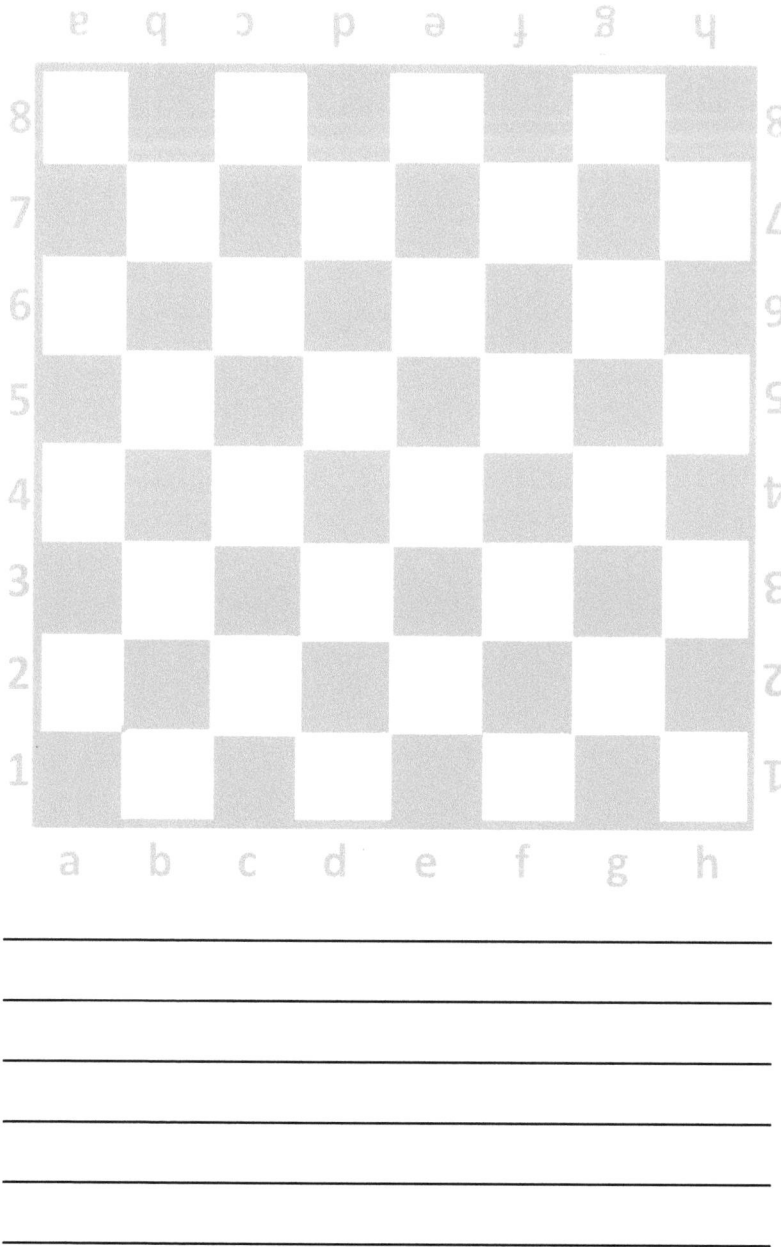

_____

_____

_____

_____

_____

_____

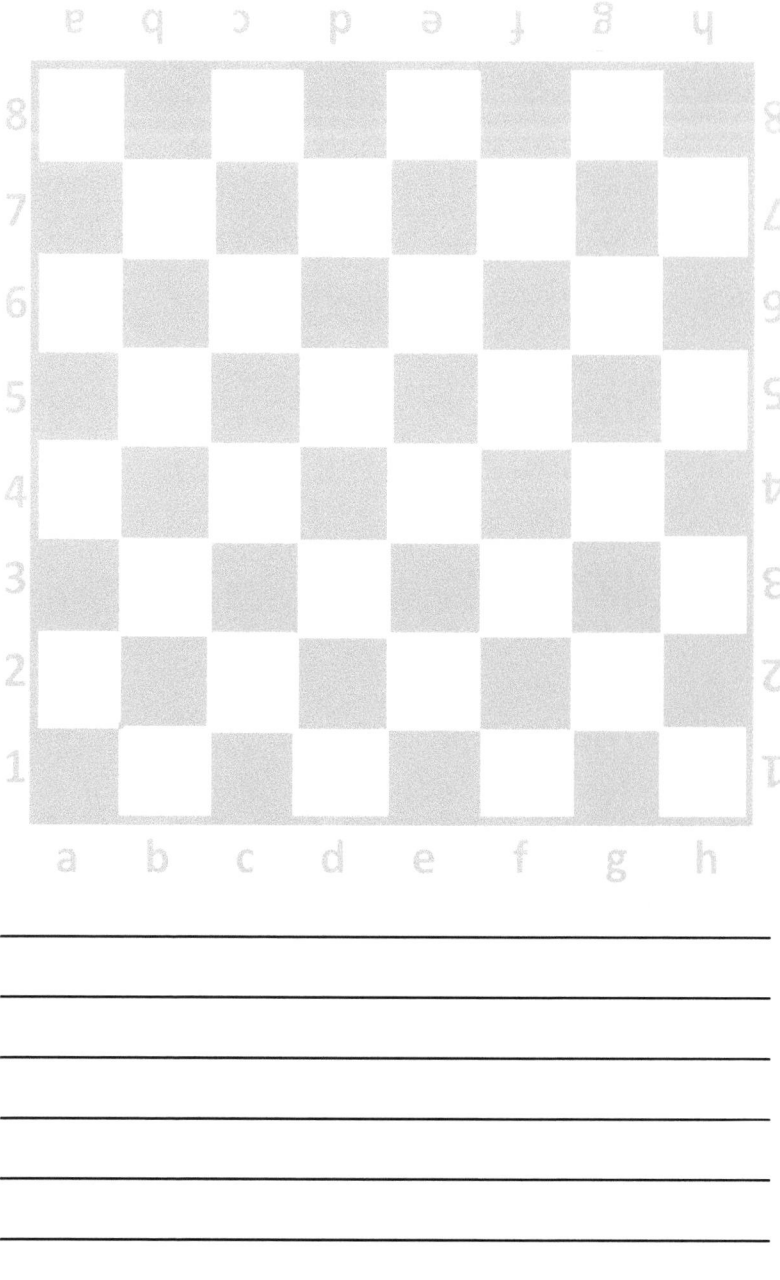

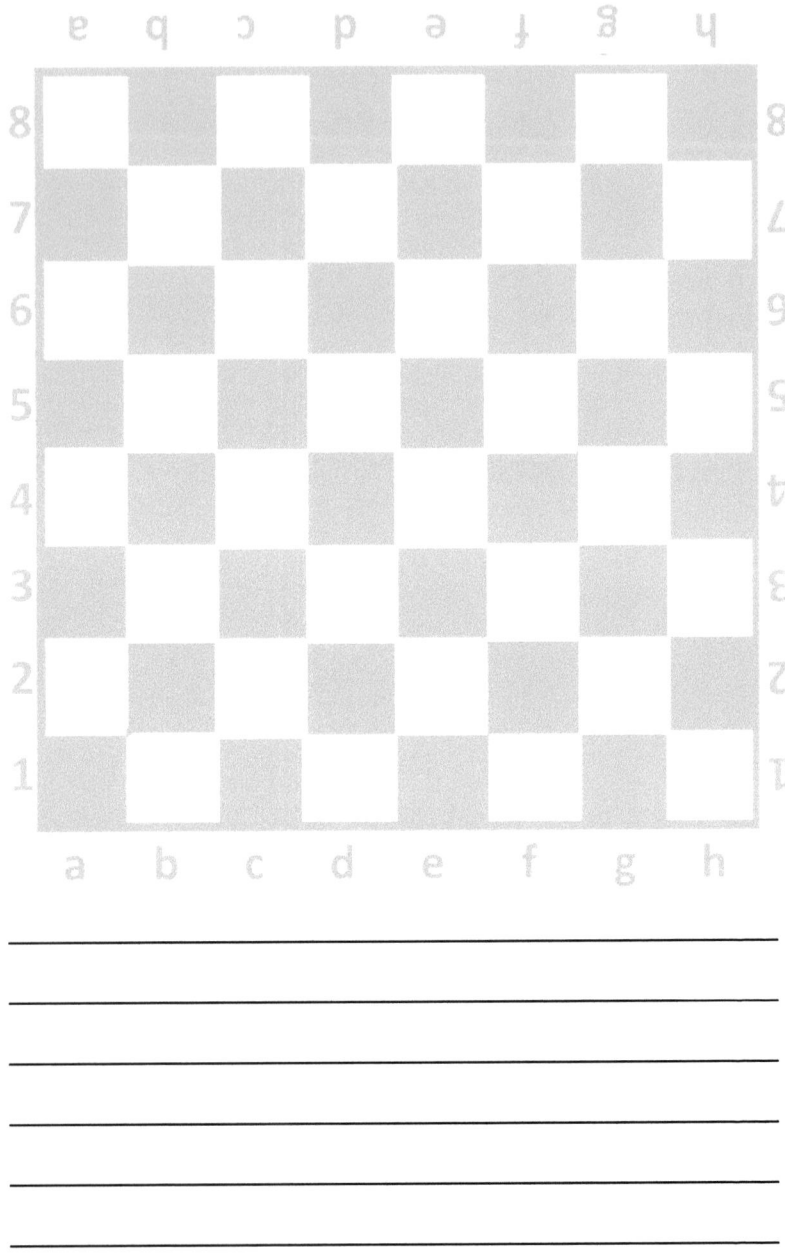

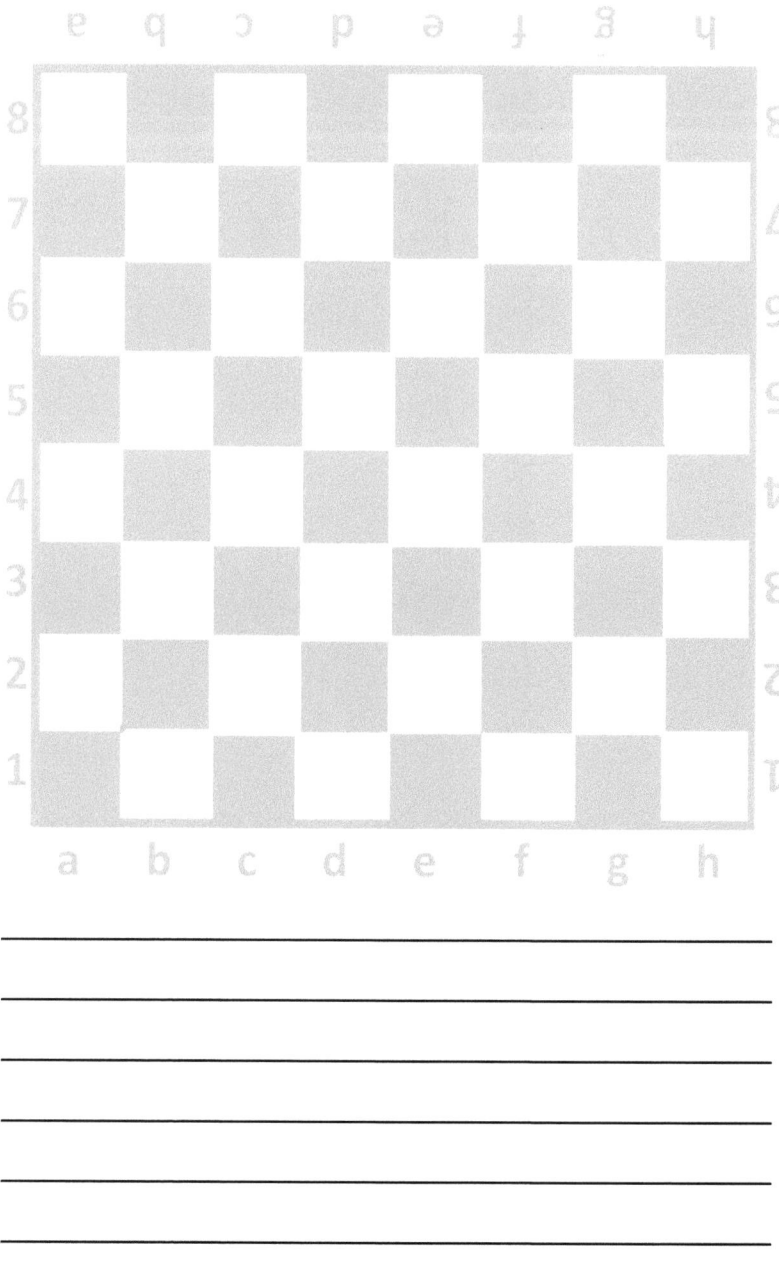

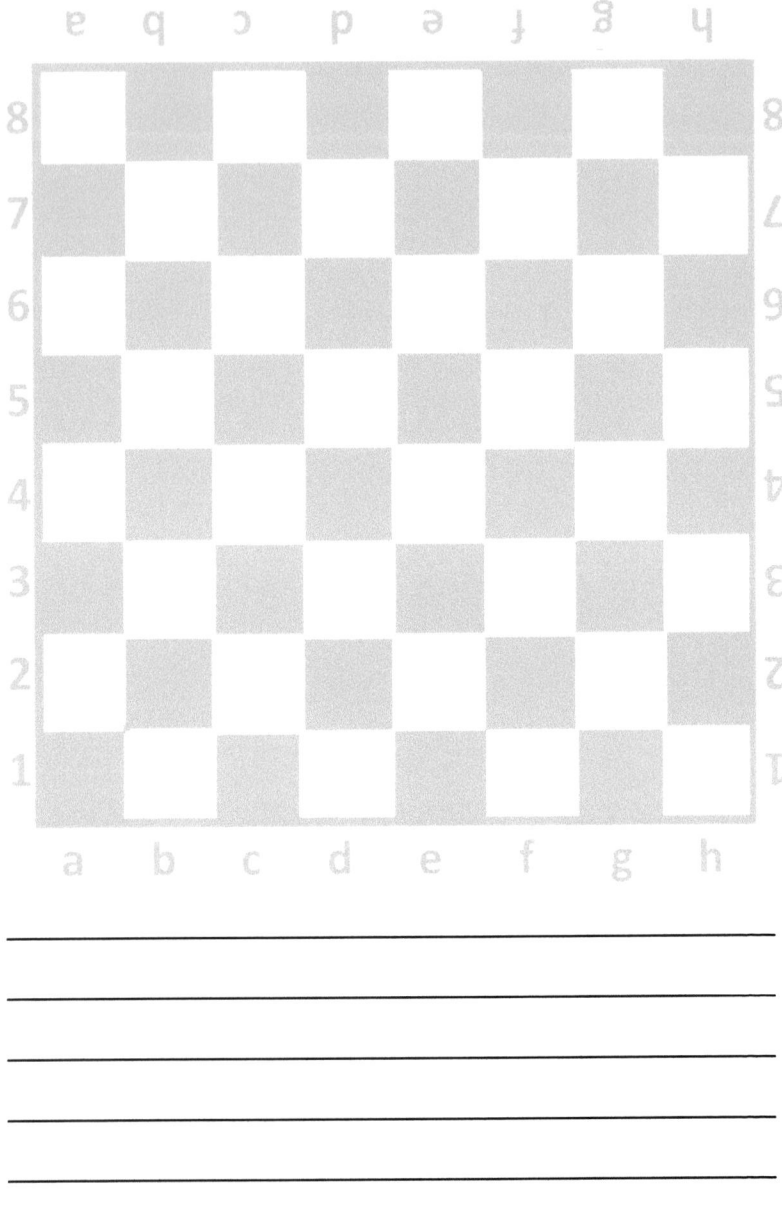

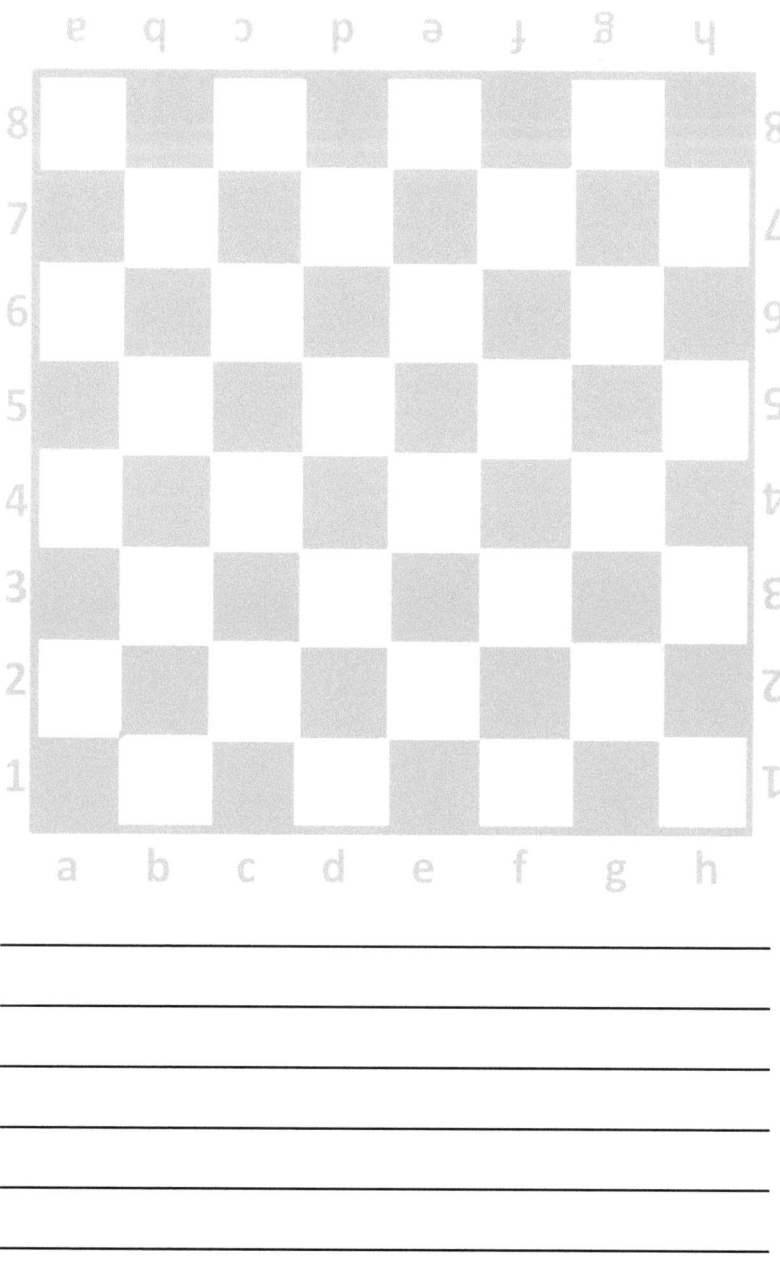

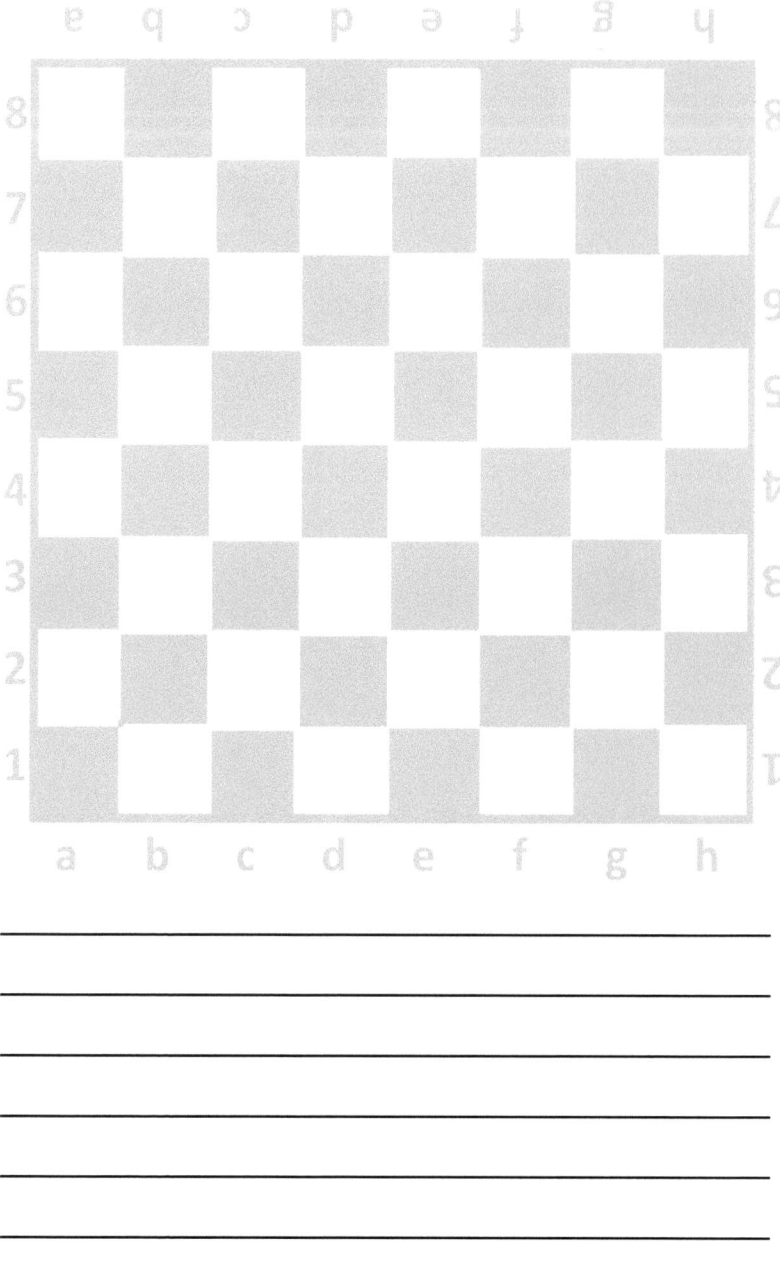

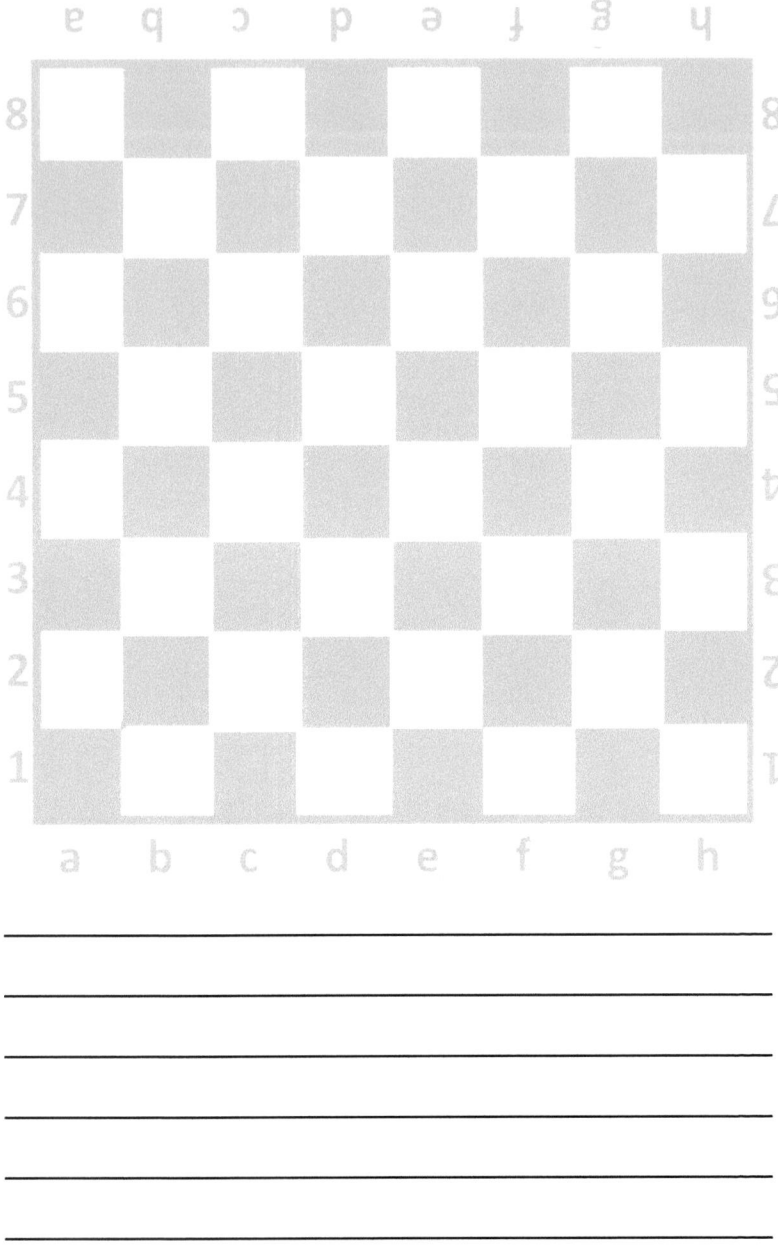

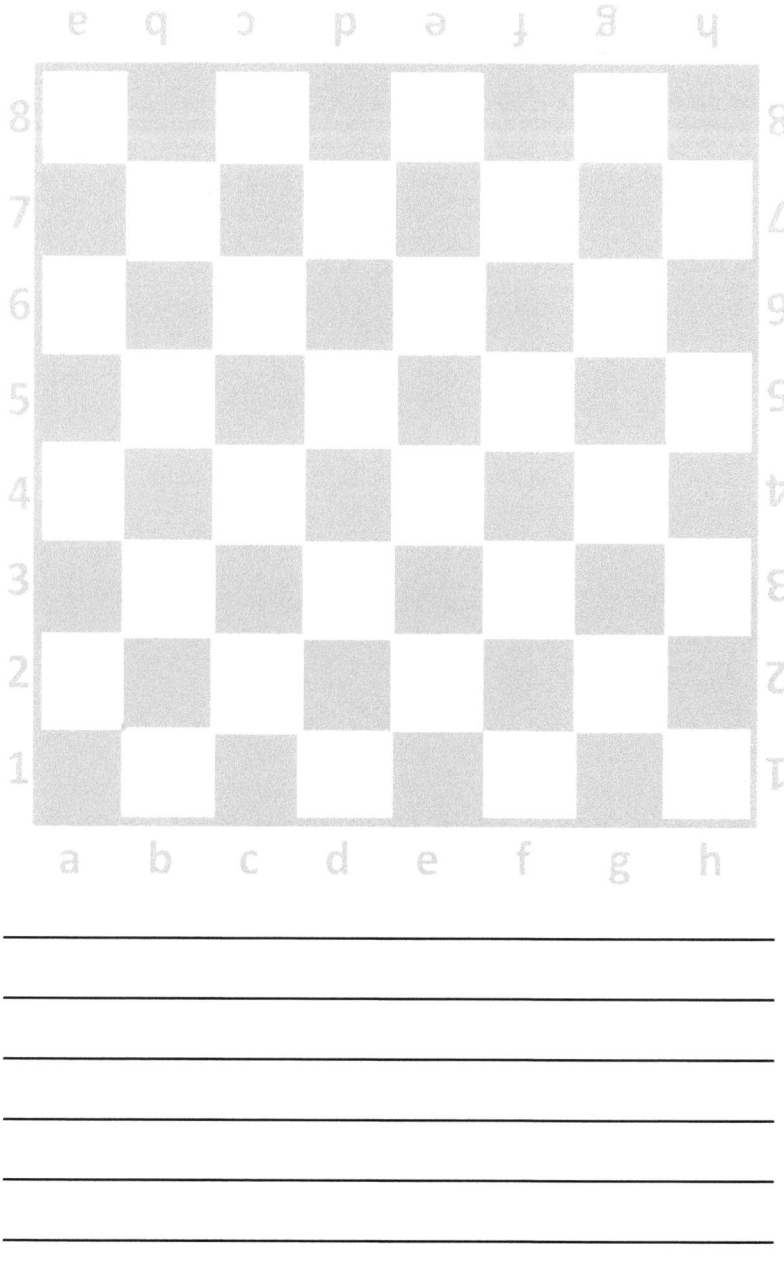

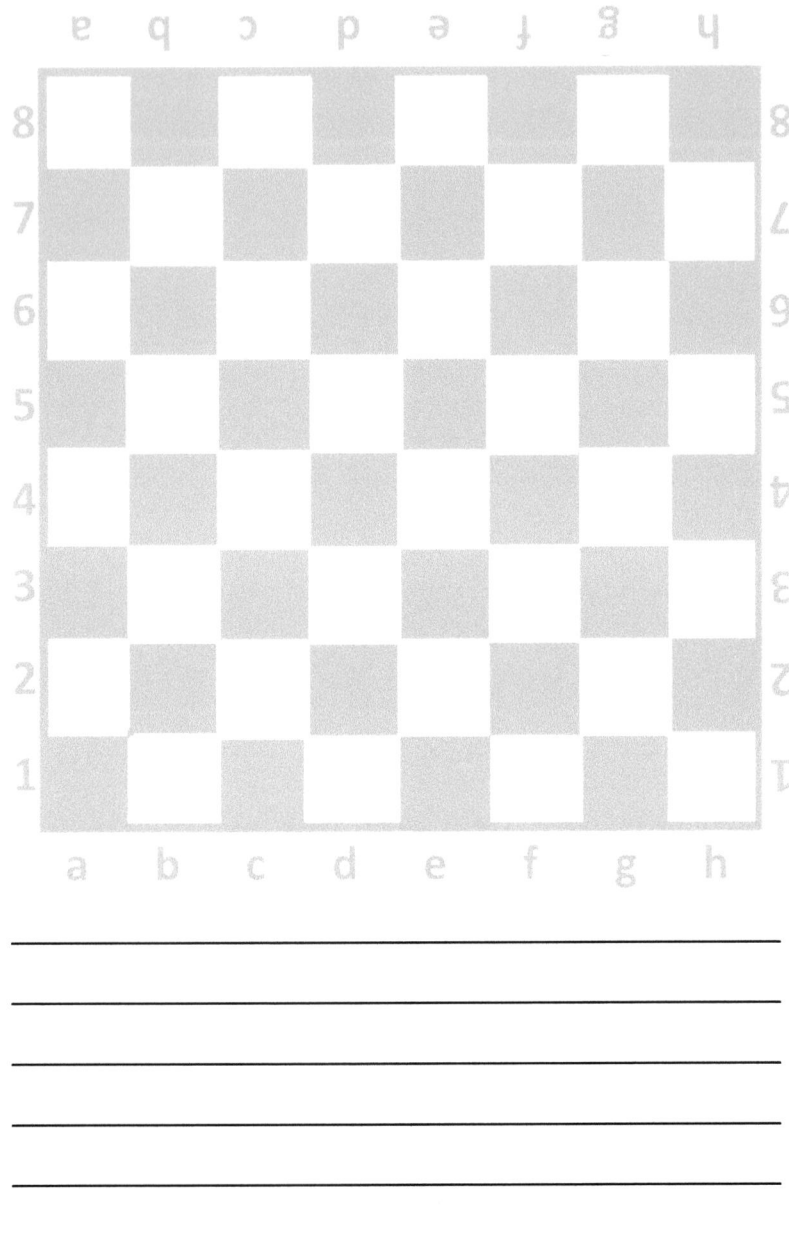

_____

_____

_____

_____

_____

_____

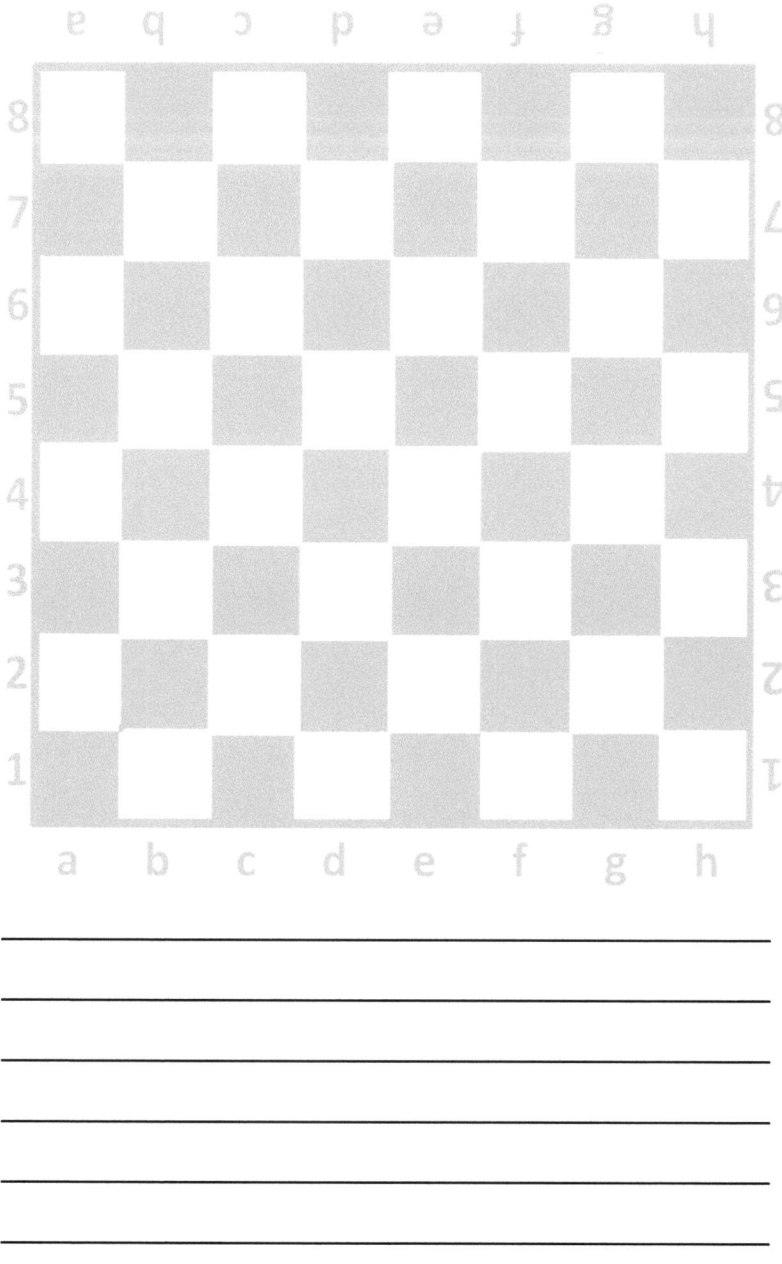

_____

_____

_____

_____

_____

_____

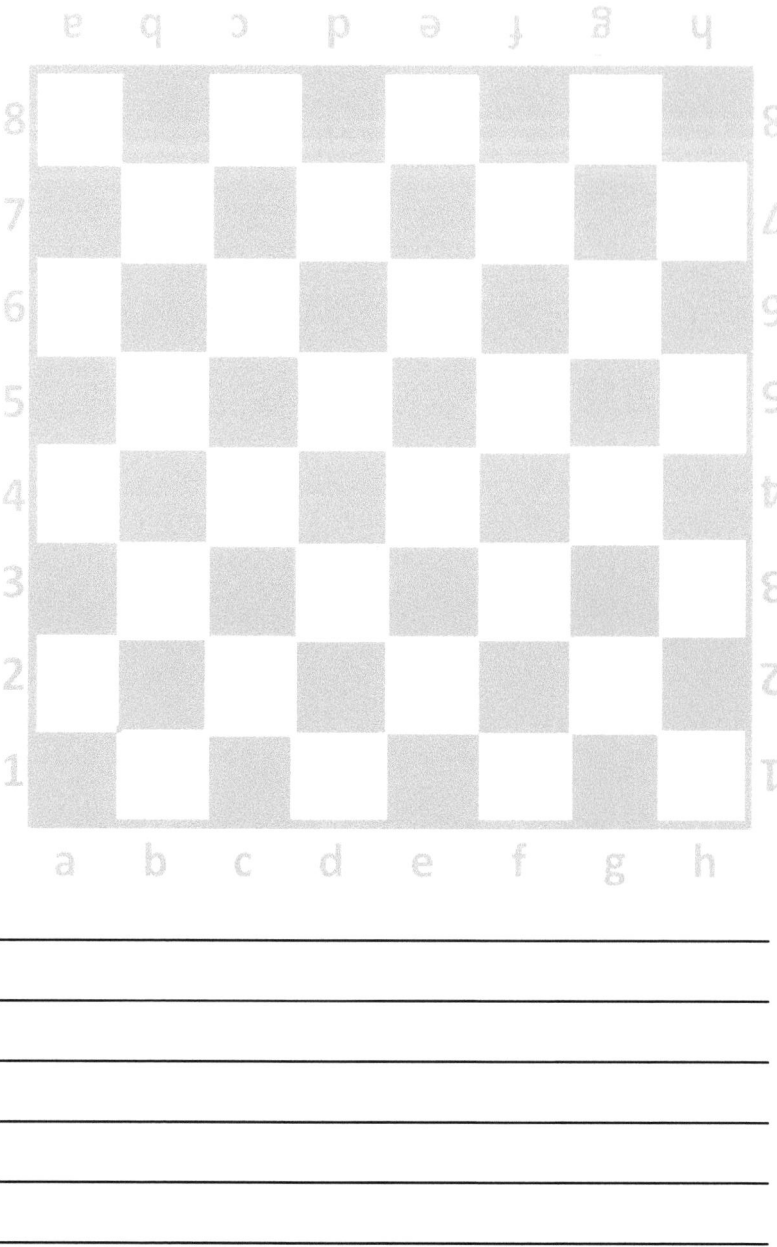

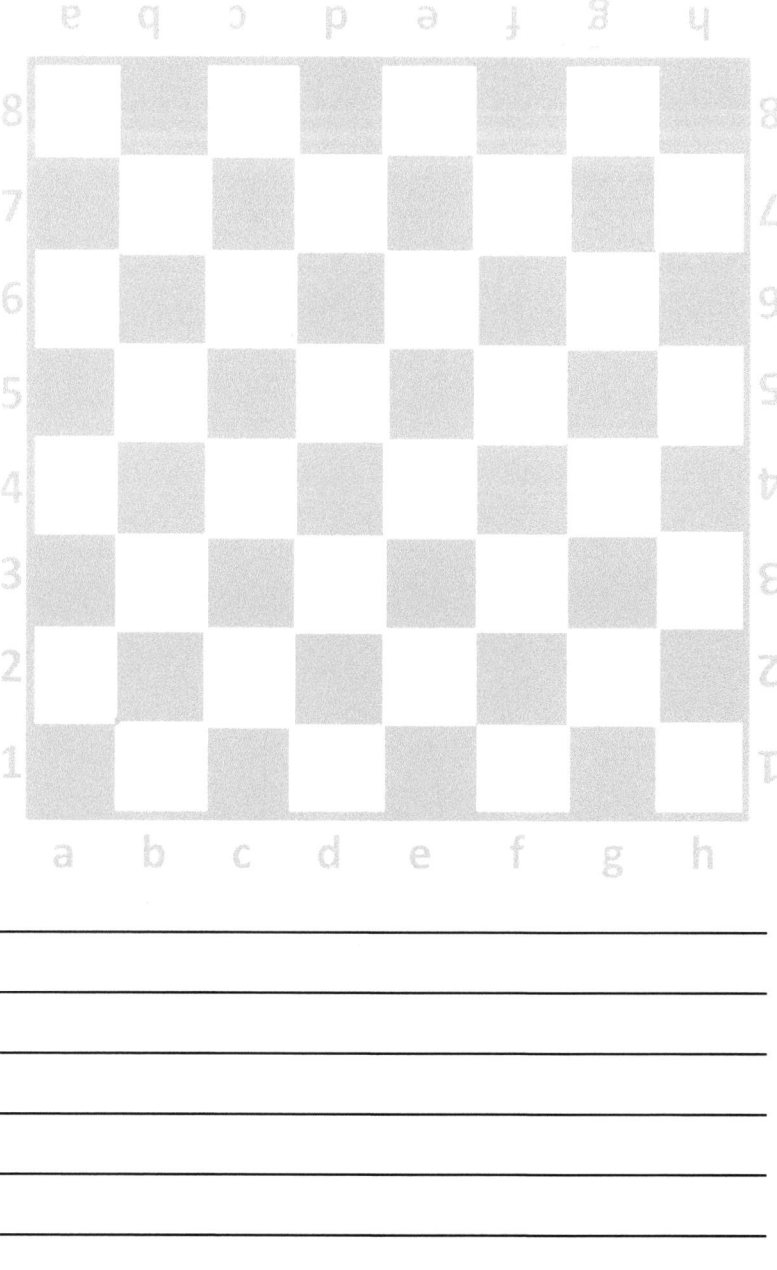

_____

_____

_____

_____

_____

_____

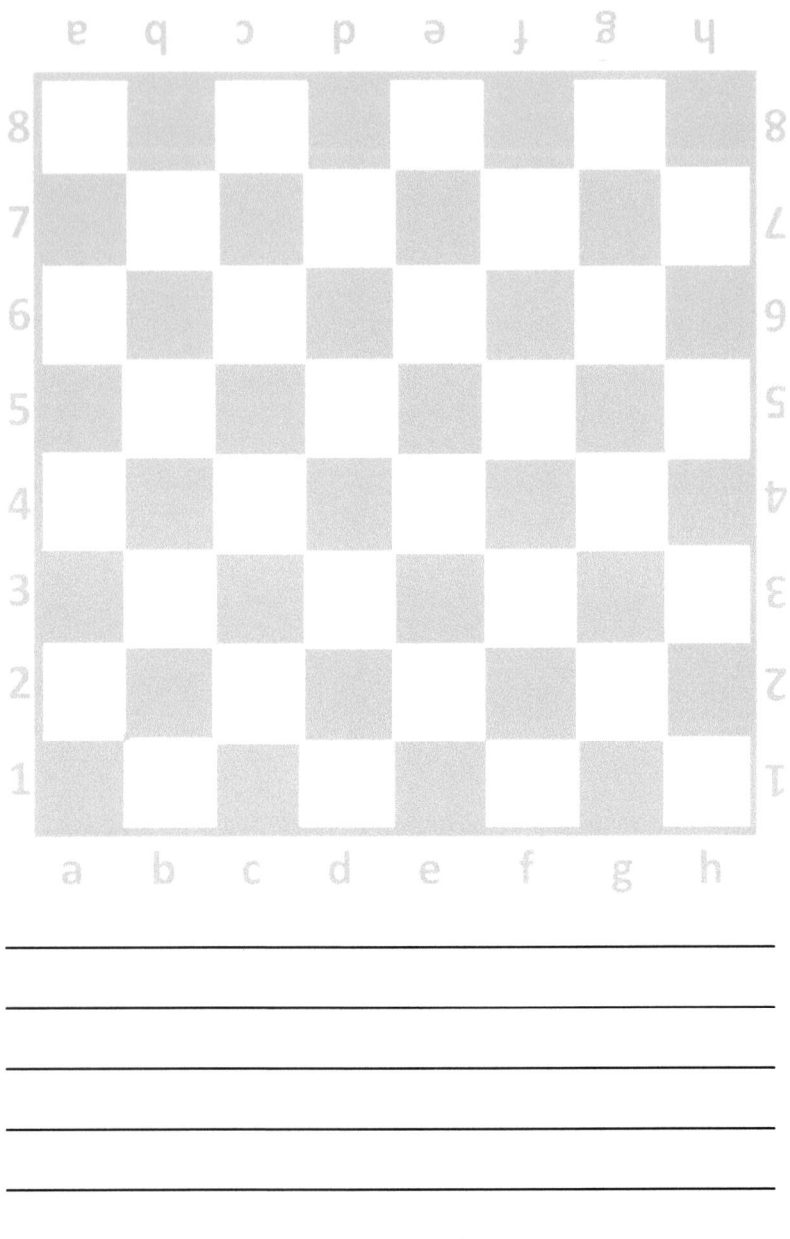

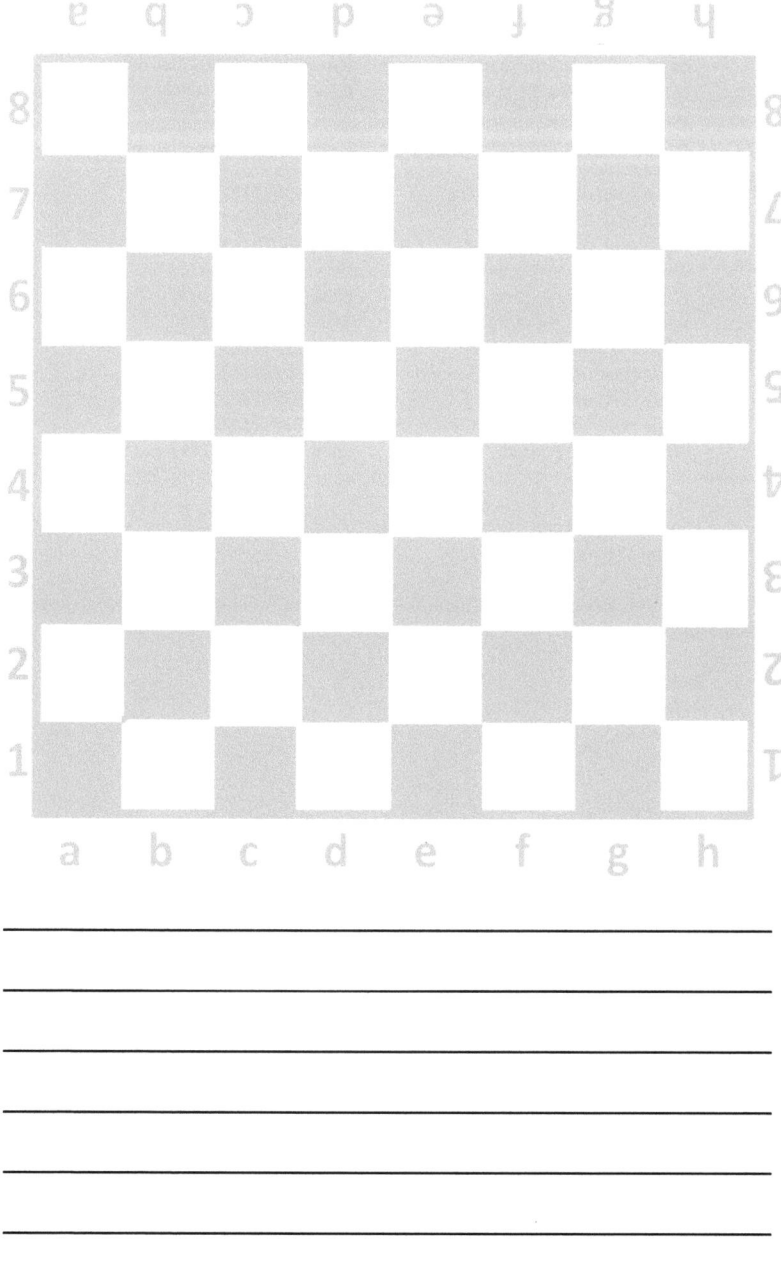

Weitere Bücher von Theo von Taane

- Happy – Wünsch dir was!   ISBN: 9783734728570
- Tennis Witze Knallbonbons   ISBN: 9783732296490
- Tennis Postkarten Kalender   ISBN: 9783734741289
- Witze rund um Volleyball   ISBN: 9783734731801
- Witze rund um Basketball   ISBN: 9783734703824
- Witze rund ums Schwimmen   ISBN: 9783734734460
- Witze rund um Schach   ISBN: 9783734731658
- Witze rund um Tischtennis   ISBN: 9783734731648
- Witze rund um Eishockey   ISBN: 9783734730716
- Witze rund ums Fechten   ISBN: 9783734731976
- Witze rund um Handball   ISBN: 9783734731690
- Witze rund um Badminton   ISBN: 9783734732875
- Witze rund um Karate   ISBN: 9783734731666
- Witze rund um Judo   ISBN: 9783734731674
- Witze rund um Golf   ISBN: 9783734731704
- Witze rund um Fußball   ISBN: 9783734731712

u.s.w.

Von Theo von Taane gibt es auch viele Rätsel-, Witze- , Spiele-, Ausmal- und Notizbücher Bücher zum Thema MINECRAFT.

Des Weiteren bietet Theo von Taane Taktikboard und Trainingsbücher auch zu folgenden Sportarten an:

- Badminton
- Baseball
- Basketball
- Bowling
- Cricket
- Eishockey
- Fechten
- Feldhockey
- Fußball
- Futsal
- Handball
- Lacrosse (w)
- Lacrosse (m)
- Netball
- Rugby
- Schach
- Squash
- Tennis
- Tischtennis
- Volleyball
- Wasserball

u.v.m.
Einfach nach ‚von Taane' im Webshop suchen um
sich die mehr als 200 Theo von Taane Bücher anzeigen zu
lassen.

Peter Handke
Die Geschichte des Bleistifts

Suhrkamp

5. Auflage 2019

Erste Auflage 1985
suhrkamp taschenbuch 1149
1982 Erstveröffentlichung im
Residenz Verlag Salzburg und Wien
Suhrkamp Taschenbuch Verlag
Umschlaggestaltung: Göllner, Michels, Zegarzewski
Umschlagfoto: Isolde Ohlbaum
Satz: IBV Satz- und Datentechnik, Berlin
Druck: CPI books GmbH, Leck
Printed in Germany
ISBN 978-3-518-37649-2

www.suhrkamp.de

Die Geschichte des Bleistifts

Der Pfadfinder sagte: »Die ganze Welt ist geographisch erforscht.« Die Frau sagte zu dem Mann: »Gestern habe ich dem Herrn XY dein Leid geklagt.« Der Kulturjournalist sagte, der Unterschied zwischen einem Schriftsteller und einem Kritiker sei, daß der Schriftsteller keine Scham habe, der Kritiker aber sehr wohl; er, der Journalist, habe eben Scham, zu viel Scham, um Schriftsteller zu sein. Der Zukunftsforscher sagte: »Ihre Angriffe auf andere sind nur der Ersatz für den Orgasmus.« Der Politiker sagte, manchmal gerate er beim Schreiben in einen Rausch, vor allem, wenn er über Allgemeines, Grundsätzliches schreibe. Der Sozialreferent sagte, das Unglück eines Sozialhilfeansuchers sei zwar selbstverschuldet gewesen, es habe ihn aber trotzdem nachts nicht schlafen lassen. Die Tochter sagte zur Mutter: »Ich werde glücklich verheiratet sein! Und du, Mutter, bist du glücklich verheiratet?«, worauf die Mutter die Tochter nur lange finster anblickte und dann sagte: »Iß weiter«, und wegging. Der Mann sagte: »Ich möchte keinen Kranz, keine Blumen aufs Grab. Wenn du zu Allerseelen auf die Friedhöfe gehst, kannst du zuschauen, wie das Geld vernichtet wird.« Die Interviewer im Radio hatten Stimmen, als spielten sie in einem Hörspiel.

»Hilf mir, Mond, beim Tischgespräch!« Das Verschwinden des Jähzorns ihres Mannes führte die Frau darauf zurück, daß er endlich zu reden gelernt habe, und auch ich habe zu reden gelernt, und es ist oft eine Wut in mir, klarer als je zuvor. Hundertfünfzig Jahre nach Eichendorff versuchte uns jemand am Ufer der Donau auf der Gitarre etwas vorzuspielen, aber kein Ton war zu hören, obwohl der Spieler sogar aufstand, um mit mehr Kraft schlagen zu können. Alle warteten darauf, wiederentdeckt zu werden: so, unentdeckt, konnten sie nur zum Schein weiterleben, sich selber bloß Ballast, sich dahinschleppen; sie brauchten eine vernünftige, irdische Erlösung. »Jedes Wesen ist ein Schrei danach, anders gelesen zu werden.« War die Welt nicht schon immer untergegangen gewesen und ging nur manchmal, kurz, mildstrahlend wieder auf? Ich schloß die Augen und sah, quer über den Himmel, ein gigantisches Weltzerstörungsinsekt daliegen, aber noch verpuppt. Schriftsteller, arbeite mit letzter Kraft die Würde des Menschen hervor. Zwangsläufig wird dein sprachliches Wiedererobern der Welt zunächst geschmäht werden als »Harmonisierung«, wobei das Wort allein schon genügen wird als Hohn. Immer begrüßte ich von weitem den Kirchturm jedes Ortes: so seelenlos konnte es dort also nicht zugehen; doch dann stand an der Ortstafel »Feriendorf«, oder »Erholungsort«, oder der Name des

Ortes war geschrieben wie eine Telegrammanschrift: »St. Georgen/Walde«, statt »Zimmerei« las ich nur noch »Zimmer frei«, und die Aussicht war mir gewidmet von der Sparkasse oder von »cash und carry«. Jede seltsam gebildete Naturform war benannt, entgeheimnist, entwirklicht, wie dieser als »Bärenkopf« bezeichnete Felsen, diese als »Räucherkammer« bezeichnete Tropfsteingrotte. Das »Willkommen«-Schild des anderen Staates war von der Sonne durchschienen, und der Grenzpolizist ging mit seiner Maschinenpistole davor auf und ab wie ein Minnesänger (die Hundenamen auf der anderen Seite der Grenze waren dieselben wie diesseits). Ich dachte: Gäbe es doch jemanden, an dem ich mir ein Beispiel nehmen könnte! Ich sehnte mich danach, daß Juden in diesem Mitteleuropa wären. Ich ging über den nächtlichen Feldweg mit seinen Steinen wie über einen unbewohnten Planeten und dachte: »Energie für ein neues Zeitalter! Es muß ein neues Zeitalter anfangen!«

Angesichts des gotischen Altars entstand in mir eine Ahnung der wahnwitzigen Schmerzen der damaligen Menschen, in der aufschießenden Hektik, der Verschlungenheit, der Gefangenschaft der Figuren innerhalb des Holzgerankes: das Schnitzwerk erschien als ein äußerst kunstvolles, ausgiebiges Monument der Zerstörung. Es ist so viel

9

»gemacht«, »zugefügt«, »geteilt«, »gestaltet«, daß der Eindruck der Zerstörtheit der damals arbeitenden Menschen ganz stark wurde. Wie eingesperrt ins Holz sind die Figuren, und über ihnen stehen die kleinen Holztürmchen mit den gebogenen Zapfen wie drohende Dornenkronen; »Ausgefressenheit« ist der Eindruck, ausgefressen die Figuren wie von einer Krankheit, einer Käferplage, einer Würmerplage; und das Wort »Gesprenge« für die Ranken obenauf, in die das Holzvolk eingekerkert ist, klingt treffend; fast empfand ich es als Aufforderung: »Sprenge!«, und sah dann zwei zugehörige Bilder: einmal den Retter dieses Altarwerks, der sich im Schmerz der Todeskrankheit vor mehr als einem Jahrhundert die Kehle durchschnitt; und später draußen auf der sonnigen Landstraße einen Motorradfahrer: einen aus meinem Jahrhundert, der als ein aus dem Gesprenge Befreiter dahinbrauste. Wohl dir!

Den ganzen Tag sah ich auf dem Land, wo ich auch vorbeikam, Frauen in den leeren Räumen, auf Leitern stehend und Glühbirnen einschraubend, die Wände weißend, und auf den Fensterbänken vor ihnen große Flaschen, leicht gelblich von den Holunderblüten, die obenauf, mit dem Kopf nach unten, darin lagen: die stillen Frauen in den vielen vereinzelten Häusern und Ställen auf dem Land, werkelnd auf den Feldern, in den Obstgärten, und daneben die Kinder, die zu zweit oder zu dritt vor den Häusern saßen, auf Bänken, im Gras, nicht spielend, nur redend, oder stumm – überall auf dem Land die rackernden Frauen ohne die Männer, und die nichtspielenden, schönen, ernsten, kichernden, lieblichen Kinder, und die an ihnen vorbeibrausenden Lastwagen

In der Kirche, beim Anblick der Gestalt Johannes des Täufers, sehnte ich mich plötzlich heftig, körperlich, nach der Zeit vor Jesus Christus

Als die Sonne auf einmal durch die Blätter auf den Weg strahlte, war es, als finge endlich der Film an, auf den man schon gar nicht mehr gewartet hat, und der Schatten des Kastanienlaubs auf dem Boden bildete das Drehkreuz nach, mit dessen Hilfe der Film sich in Bewegung setzte (»Wer wagte, die Sonne falsch zu nennen?«)

Ich dachte, frisch gewaschen, gekämmt, umgezogen: »Jetzt bin ich wieder ein Mensch«, während ich vor einer Stunde noch verdreckt, durchnäßt, erschöpft, verängstigt gewesen war. Vielleicht war es aber eher umgekehrt

»Trugdolde«, »Scheinquirle«, »Falsches ...-kraut«, »Gemeine ...-blume«: warum wohl den Pflanzen und ihren Teilen solche Namen gegeben wurden – als seien einzelne Blumenarten mies, schlecht oder betrügerisch; jedenfalls nehmen diese Namen viel Lust am Studieren

»…denn man verdient wenig Dank von den Menschen, wenn man ihr inneres Bedürfnis erhöhen, ihnen eine große Idee von ihnen selber geben, ihnen das Herrliche eines wahren, edlen Daseins zum Gefühl bringen will. Aber wenn man die Vögel belügt, Märchen erzählt, von Tag zu Tag ihnen forthelfend, sie verschlechtert, so ist man ihr Mann, und darum gefällt sich die neuere Zeit in so viel Abgeschmacktem« (Goethe)

Goethe gegenüber: das bewundernde – und zugleich doch leicht angewiderte – Gefühl, daß er immerzu aufmerksam sein konnte (oder täuschte er diese Fähigkeit nur vor?)

Auf dem wüstesten Schlachtenbild (zum Beispiel Altdorfers Alexanderschlacht) gibt es doch ein paar Unbeteiligte; Boote weit draußen auf dem Meer; oder es wird einer gesteinigt (ich), und doch spaziert hinten weit weg jemand friedlich allein durch die Landschaft (ich)

Bei Hieronymus Bosch sind wenigstens *alle* verdammt

Nie sagen: »Ein Paar« (»Ein Liebespaar keucht«, las ich gerade) –: es gibt immer nur den einen und den anderen

Das Stieren des Heiligen, abgewendet von dem Armen, dem er die Wohltat erweist (Martin): bei all diesen wiederkehrenden Motiven ein Widerwille gegen die Vergangenheit; ist denen nichts anderes zum Darstellen eingefallen als all diese geretteten, kalten, engherzigen Figuren? – »Jetzt muß ich schnell ein Gedicht lesen, sonst hasse ich mich und die Welt«

In regelmäßiger Sinnlosigkeit freue ich mich darauf, Leute zu treffen

Ich war unfähig, die Geschichte, die mir immer wieder erzählt wurde, komisch zu finden, und zählte im stillen mit, wie oft sie mir aufgetischt wurde. Ein Dritter, dem ich das dann sagte, bemerkte tadelnd, ein Onkel habe ihm dreizehnmal die gleiche Geschichte erzählt, und er habe dreizehnmal gelacht, aus »Herzenshöflichkeit«

Goethe, der von allen Dingen das Material weiß und von daher einen »Vorsprung« in seiner Kunst hat; und ich mit meiner Schwierigkeit, wenigstens den Stuckschmuck in einer Kirche wahrzunehmen

Wie durch ein Schwimmbad die ganze umliegende Natur wesenlos wird

Vor der »Goethit-Ader«, braun, im Serpentin: »Mit dem, was man klassischen Boden nennt, hat es eine andere Bewandtnis. Wenn man hier nicht phantastisch verfährt, sondern die Gegend real nimmt, wie sie daliegt, so ist sie doch immer der entscheidende Schauplatz, der die größten Taten bedingt, und so habe ich immer bisher den geologischen und landschaftlichen Blick benutzt, um Einbildungskraft und Empfindung zu unterdrücken und mir ein freies, klares Anschauen der Lokalität zu erhalten. Da schließt sich denn auf eine wunderbare Weise die Geschichte lebendig an, und man begreift nicht, wie einem geschieht, und ich fühle die größte Sehnsucht, den Tacitus in Rom zu lesen« (Goethe ging es gut: die Empfindungen und die Einbildungskraft kann man wohl nur vermeiden in einer »klassischen Landschaft«, nicht aber in dieser grünen Hölle Zentraleuropa)

Western: Erinnerung an den Traum von der Bewährung

Haben die Weltkriege unsereinem das Allgefallen Goethes nicht ein für allemal verleidet?

Musik ist an sich schon Mythologisierung; sie stellt vorschnelle Harmonien her; aber ich mag die Volksmusik (sie »entspricht« mir), mit allen Jauchzern, doch ohne Triller

Wie doch die Ortsmaße immer die der Kindheits-umgebung bleiben

Wieder Goethe: Wenn man heutzutage sich ver-äußerlichen will in Aufmerksamkeit (das ist ja auch mein Bedürfnis), statt auf seine Empfindun-gen und Vorstellungen zu achten, landet man bei Wirtshausgesprächen und -leuten (man kann dazu auch »Frühschoppen« oder »Nachtstudio« sagen)

Das Gefühl von Nutzlosigkeit genießen lernen, wenigstens einige Augenblicke lang, d. h. im-stande sein, sich von der Sonne bescheinen zu las-sen: »Hier liege ich jetzt in der Sonne, im Moment unverweslich, von Hoffnungslosigkeit bewegt«

In den Cafés meines Heimatlandes sitzen die alten Zeitungsleser, und mulmig steigen auch schon die Spruchgestänke auf: »Was ist denn der Hitler da-gegen...«, »die waren doch alle für uns«, »ich bin ja kein Judenfeind, aber...«, »ich muß ehrlich sa-gen, mir sind die Juden fast lieber, von der Wirt-schaft her...«, »ein zweites Mal dürfen wir im Leben leider nicht anfangen...«: ein riesiger trüber mulmiger Bottich mit unzähligen raschelnden, nie verstummenden, sich unaufhörlich wiederholenden Krebsscheren; die dazugehörigen Krebskörper sind schon krepiert, aber die Scheren scharren und rascheln im Mulm (im vermoderten Baumholz) weiter in Ewigkeit. – Nur einer der Alten fragte: »Haben Sie gestern die Mondfinsternis gesehen?«, und bekam die Antwort: »Nein, ist ohnedies in der Zeitung abgebildet.« – Der Frager sei gelobt; er gehörte auch nicht zu den andern: er nannte die Mondfinsternis »herrlich« und langweilte mit seiner Erzählung davon sichtlich die umsitzenden Mulmbewohner (»Die Ballade vom mulmigen Café«)

Die vollkommene Gleichgültigkeit, mit der der Portier des Werks über die Ein- und Ausgehenden redete: »Der ist ein Vertreter oder sowas«, »der geht da irgendwo herum« – als seien es einfach zu viele. Dann kamen zwei Ausländer in die Portiersbaracke: »Arbeit?« – Der Portier schüttelte den Kopf: »Nur für Staatsbürger«. – Drinnen im Werk schien die Atmosphäre – Inländer unter sich – gelöst, aber auf den zweiten Blick herrschte die vollkommene Despotie. Die Scherze, welche die Arbeiter untereinander austauschten, waren ausnahmslos Drohungen oder die Zitate von Drohungen: selbst im Spaß ging es einzig um Hinauswurf, Entlassung, Wegschicken (und der Spaß konnte im nächsten Moment ernst werden). Die einzelnen Arbeitsgänge wurden jeweils in einer finsteren Raserei erledigt, in Wahnsinnsschüben, aberwitzigen Wetten; dazwischen stand man herum, bierkistenleerend, und ließ die Drohscherze fliegen

Die Gesichter Rembrandts: offen, bekümmert, sachlich, trostlos, triumphal-sterblich: und mein Moment von Zugehörigkeit an diesem Tag – der Wind der Welt wehte von Rembrandts Augen her zu mir. Draußen betrachtete ich dann die schwankenden Grashalme und spürte, wie auch ich allmählich ein Gesicht bekam

Die Tatsache meiner Hilflosigkeit, sooft ich inbrünstig an jemanden denken will

Die Binnenlandbewohner glotzen den anderen, den Fremden, deswegen so an, weil sie das Meer nicht kennen; aber sie schauen ihn leider nicht an wie das Meer; und auch das Meer, wenn sie einmal davorstehen, wird von ihnen nur angeglotzt

Die scheinheiligen Gesichter der Gerechten beim Jüngsten Gericht; die Gerechtigkeit ist etwas anderes (gib den Menschen den Schmerz wieder)

Sie war mit Ketten und Armreifen behängt, als sie eintrat. Deswegen dachte ich unwillkürlich, es müßte ihr inzwischen gut gehen. Ihr Profil wurde im Lauf des Nachmittags das einer viel älteren Besitzersfrau: Frau, die besitzt, nicht Frau eines Besitzers; und ich bekam, beim Anhören ihrer Hoffnungslosigkeit, ein vorübergehendes Verständnis für all die Besitzersfrauen und ihre harten Blicke. Ihre Haare waren ganz aus dem Gesicht gebürstet, straff an den Kopf gelegt; es mußte angenehm sein, keine Haare auf der Haut zu spüren. In der Ruhe war ihr Gesicht manchmal das einer fremden Frau, das ich, auf der Straße oder in der Metro, neugierig angeschaut hätte, ein Gesicht voll Klarheit: die Linien zur Klarheit der Flächen beitragend und dadurch unauffällig. Das Schöne war die strenge Entschlossenheit dieses Gesichts. Dann freilich zog sie plötzlich, immer wieder, Grimassen, und die gespannte Haut erschien mit einem Schlag aus Gummi: es waren Grimassen »aus dem Stand«, worauf das Gesicht sogleich wieder ruhig und bildhaft wurde, was dann aber, durch die jähe Grimasse zuvor, starr aussah. Sie redete oft im Profil zu mir. Unvermutet hatte sie Tränen in den Augen. Sie wollte nicht gerade arbeiten, aber etwas tun. Wenn sie von ihrer Enttäuschung über alle Welt sprach, fühlte ich mich davon ausgenommen: nicht weil sie von mir eine bessere Meinung gehabt hätte, sondern weil sie sich von mir von vornherein nichts erwartete

Das verheiratete, noch junge Mädchen zeigt im Sprechen, Schauen und Handeln eine Art Pflichtbewußtsein, eine Beflissenheit, ein unablässiges Zuvorkommenwollen: auch als Ehebrecherin ist sie dienstfertig. Dabei ist sie ungeschickt: läßt Besteck oft fallen, kriegt das Feuerzeug lange nicht an, steckt sich die Zigarette verkehrt in den Mund. Sie spricht sehr schnell, mit der Stimme einer Diskutantin, auch wenn gar nicht diskutiert wird. Dabei ist diese Stimme kein Teil des Körpers, erzeugt nie einen Raum um sich, ist, sprechend, jeweils schon auf das Ende aus, das sich dann aber jedesmal immer weiter hinausschiebt. Sie will einem bei jedem Handgriff helfen: wenn ein Weinglas in die Küche getragen wird, sucht sie sogleich etwas anderes zum Tragen; ist ordentlich – leert beim Weggehen regelmäßig den Aschenbecher – und schaut einen, bei Gelegenheit, mit vollendet routinierter Zärtlichkeit an. Aber diese Routine ist ihre Ausdrucksweise; in die Routine eingeschlossen, lebt sie zugleich auch ernsthaft. Vor lauter Eifer des Zuhörens hört sie schlecht; redet sehr in Floskeln, die sie, darauf hingewiesen, als notwendig bezeichnet, »zur Überbrückung«: diese Überbrückung bleibt aber oft das ganze Gespräch, die ganze Aktion. Es gibt einen Zusammenhang zwischen ihrer Ungeschicklichkeit und ihrer Floskelhaftigkeit: die Floskeln sind ein Ausdruck ihrer Ungeschicklichkeit (ja ihres Ungeschicks) und wirken selber ungeschickt (das Slapstickhafte ihrer Floskeln, durch deren tapferen Gebrauch, auch in der Katastrophe, sie manchmal liebenswert werden kann). Ihre Scham – eher ihre Pein – äußert sich dann in einem verstärkten Weiterwursteln mit Gesellschaftsbewegungen und Schnellkursusgerede. All ihre Lebensäußerungen sind von der Art, wie sie in Sprachkursen als Beispiele jeweils für eine Lektion »Haus«, »Geschäft«, »Restaurant«, »Eisenbahn« etc. durchtrainiert werden

Wie oft bin ich schmerzlich allein auf der Bühne meines Innern, und dann kommen endlich andre dazu, du und du, manchmal die Völker der Erde, und auf meiner Bühne spielen wir dann nicht, sondern sind einfach zusammen, und in meiner Brust ist es weit und warm geworden

Ich stand unter dem Kirschbaum in der ruhig-starken Sonne und hatte die Empfindung, tatsächlich gerade das Reifen der Kirschen zu erleben. Es war eine Kraft stiller Wärme um den Baum, die dann auch von dem Baum selber mit den reifenden Früchten ausging

Verrate die Ereignisse – das Sonnenlicht auf den Blättern, den blauen Himmel – nicht an die Sprache. Die Kunst wäre es, zu warten, sich zu konzentrieren, bis diese Ereignisse von selber Sprache würden... Die Blätter im blauen Azur schimmern an den Rändern und sind fast hinüber ins materienlose Blau, an ihren Spitzen mehr Erscheinung als Gegenständlichkeit. »Verlangend« wirken sie, auf das tiefe Blau sich zubewegend, zitternd (so wie ich schreibend zittere), durchschienen von der Sonne, die sie mit mir aufhebt in etwas Zeitliches: in die Zeit dieses hellen stillen Frühnachmittags am Rand des Parks von Vanves/Hauts-de-Seine (zu manchen Ereignissen gehört der Name des Ortes dazu)

Das junge Mädchen fühlte sich an diesem Tag sportlich, ohne sich sportlich zu verhalten. Sie schlenderte nur dahin, im Trainingsanzug, wie eine Kurzstreckenläuferin nach einem Sieg. Sie sagte: »Die Kinder in Deutschland rennen viel mehr als die in Frankreich.« In ihrer vorangegangenen Niedergeschlagenheit wollte sie Macht – wobei sie alle tothaben wollte, nur jene nicht, die so allein seien wie sie selber. Ihre Schwester, die im Nebenzimmer laut für das Abitur »Geschichte« lernte, wollte sie mit einer Pistole, durch die Wand, erschießen. Daß man sie in ihrem Zustand begriff, wie ihr Freund, war ihr wohl recht, reizte sie aber auch. Sie verstand nicht, daß er Waldläufe unternehmen konnte. »Er ist nicht sportlich, sondern zäh.« Sie selber rannte jeweils nur fünfzig Meter

In der Liebe fühlte ich die Brust als ein gespanntes Instrument, aus einem anderen, härteren Stoff als dem tatsächlichen, eisenartig

Mich betrachtend, dachte ich zufrieden, daß ich die meisten der Fähigkeiten, die ich auch besitze, nicht entwickelt habe: etwa, Held in der Schlacht zu sein

Ein Mann und eine Frau: seine Stimme ist meist sehr hoch, eine reine Konversationsstimme; sie, im Büro nur mit Zahlen beschäftigt, liebt die Zahlen, und also ihre Arbeit. In der Mittagspause macht sie Kinesiotherapie, um Muskeln anzusetzen. An ihrer winzigen Tochter hebt sie die dünnen Arme empor und beklagt sich über die mangelnden Muskeln des Kindes. Der Mann gehört zu einem Radfahrerclub und legt jeden Sonntagvormittag hundert Kilometer zurück, wobei er an jedem neuen Ort sich einen Stempel in seine Clubkarte setzen läßt. Sie tranken den Wein im Freien nur aus dem Grund, weil man im Freien den Wein besser »verdaue«, hatten den Badeanzug mitgebracht und setzten sich auch alsbald damit in die

Sonne, mit ihren wegtrainierten Körpern (aber warum schreibe ich von den beiden etwas auf, da sie mich doch gar nicht kümmern, weder so noch so? Und ist es nicht auch mit mir selber so: Ich will nicht beschrieben werden, auch nicht mit Anteilnahme?)

Die durch die Geburt des Kindes vereinsamte Weltdame: humorvoll vereinsamt. Die Kinderschwester platzt immer mit den neuesten Horrornachrichten aus dem Radio ins Zimmer, und sie muß mit ihr darüber diskutieren. Das eigene Kind ist ihr lieb, aber auch »fremd«, und manchmal mag sie seinen Gesichtsausdruck nicht, wegen seiner »debilen Fröhlichkeit«. Sie liest viel, möchte aber keine »down-to-earth«-Literatur lesen. Sie ißt und ißt, weil sie dicker werden soll; wird es aber nicht. Am wenigsten mag sie sich, wenn sie spätabends zerstreut Schokolade ißt und fahrig Zeitung liest

Bedürfnis, eine lange, zusammenhängende Geschichte zu schreiben, um wieder einmal die Möglichkeit des Versagens zu erleben

Endlich konnte ich denken. Dann kam ein Wortspiel dazwischen, und ich konnte nicht mehr weiterdenken. Das Wortspiel hatte vielleicht recht, aber ich verachtete seine Desillusionierung, seine Besserwisserei

Als ob man, schon indem man »Regenschwaden« denkt, den so schön dahinziehenden Regen verriete (und doch der Schmerz, nichts anderes sagen zu können)

Gebeugtes Selbstbildnis: vom Schub der Wahrnehmung eines Zusammenhangs

Im Nachspann des Films erschien der Name eines Schauspielers, der die kleine Nebenrolle eines immer mit dem Tablett hinfallenden Kellners gespielt hatte. Dabei erinnerte ich mich an das gutmütige alte Gesicht und empfand Bewunderung für sein tapferes Aushalten so ohne Umschweife. Und ich? dachte ich, recht getröstet

Warum warte ich so auf die Erscheinung eines Wunders? Es müßte doch nur das Alltägliche erscheinen (und bleiben bis ans Lebensende)

Das wissentlich wahrnehmen, was andere auch wahrnehmen, aber nicht wissen. Hoffen auf wenigstens nachträgliche Gemeinschaft, beim Lesen

Er hatte entschieden, daß auch die anderen keine Geschichte haben sollten, so wie er selber keine

Geschichte hatte: auf diese Weise konnte er sie ertragen, ja, sie überhaupt erst recht wahrnehmen und Lust bekommen, sie zu beschreiben. Erst ohne Geschichte fingen sie zu gelten an, und die Landschaft weitete sich um sie, endlich befreit von jeder entwürdigenden Anekdote (ja, meine Herkunft aus der Herkunftslosigkeit wird mich für immer davon abhalten, einen »Text«, eine »Story«, ein »Sittenbild«, eine »Widerspiegelung«, ja sogar ein »Gedicht« zu schreiben; aber was sonst? – Eine die Leere in Energie umwandelnde und so erhaltende Erzählung)

Die meisten Geschichten, ob mündlich erzählt oder geschrieben, wären mit einem einzigen Vorbehaltsatz aus der Form, aus dem Schwung zu bringen. Aber es gibt meist nur servile Zuhörer-Leser-Kameraden. »Ich habe mich glänzend amüsiert«: dabei wurden nur kettenreaktionshaft analog-*scheinende* Stories erzählt

»Warum beschäftigst du dich so ausführlich mit deinen Vorurteilen über andere, wo du doch weißt, daß es Vorurteile sind?« – »Weil mich gegenwärtig meine Vorurteile über die anderen mehr interessieren als all die Leute. Ich glaube nichts von den Leuten zu wissen; deswegen beginne ich erst einmal, meine Vorurteile zu erforschen.«

Indem ich mich selber bedenke, habe ich keine Angst vor Unaufmerksamkeit, vor Ungerechtigkeit, vor Gleichgültigkeit. Mir selber gegenüber ist wenigstens Feindschaft möglich (anderen kann ich nicht dauerhaft feind sein). Wir sind kaum noch wir, aber ich bin doch manchmal ich. Meine Unfähigkeit, Feind zu sein: wenn ich mit einem anderen zusammengerate, denke ich dazwischen an dessen »Sterblichkeit« und fühle mich schon deswegen in jedem Fall schuldig. Meine eigene Sterblichkeit fühle ich bei Auseinandersetzungen nie

Dummer alter Mythos vom Künstler als »Handwerker«: dabei schaffe ich, Handwerker, zugleich doch auch das Material zu diesem Handwerk. Zwei Produktionsgrundlagen in einem: Natur und Handwerk = Kunst

Nach manchen Filmen kam ich mir, kurz, wie ein Held vor; nach manchen Büchern weiß ich, daß ich einer bin (und weiß mich dazu auch verpflichtet)

Wie lange ich brauche an jedem Tag, bis ich anfangen kann, aufzunehmen; bis es Linien, Gestalten, Existenzen vor mir gibt, endlich

Öffentlich zu reden, aufzutreten, und künstlerisches Schreiben gehen nicht zusammen. Schreiben allein geht auch nicht mit Schreiben zusammen; wohl aber gehen alltägliche Pflichten mit Schreiben, private Tagtäglichkeit mit Schreiben zusammen: so redet dieses von selber öffentlich und kann (will, soll) auftreten

»Einsamkeit«: was für ein beschönigender Ausdruck für einen unwürdigen Zustand

Die Idee des Erlösens (»Was die Wörter als Begriffe nicht vermögen, das leisten sie als Ideen«, lernte ich von Walter Benjamin): und ich mußte plötzlich unbedingt zu dir hingehen und einen Satz an dich richten, gleich welchen

Eine andere als die poetische Sprache, vor allem die ausdrücklich reflektierende, wo man jedem Einzelsatz das System und das Angelernte anmerkt (das »Dach und Fach«), erscheint mir als eine angemaßte, zungenbrechende und mich auch nie erfüllende Zweit-Sprache (wie es etwa ja auch die Liebe tötet, wenn ich diese in einer fremden Sprache ausdrücke)

Ich beschloß, mich nicht mehr zu beachten: und schon wurde ich zerstreut

»Glauben Sie immer noch, was Sie einmal gedacht haben?« – »Ich glaube nicht daran, ich denke es noch immer.«

»Alle Einzelheiten meiner Geschichte sind erfunden. Aber ich habe viel Nicht-Erzähltes erlebt – sonst hätte ich die Geschichte nicht erfinden können«

Das Innere (oder »Innerliche«) ist umso wirklicher, als ich es mir immer wieder erst erobern muß

Auf die Selbstaufforderung: »Zieh dich doch endlich aus der Welt zurück!« – »Wenn ich nicht jeden Tag der Welt Herr werde, sterbe ich ja.«

Ganz ich werde ich erst im Angesicht eines Baums und dessen Laubwerks: »vor dem Baum« muß dann heißen: »angesichts des Baums«: das Gesicht des Baums und meines werden eins: ganz Baum, ganz ich

Sein Dilemma: er wollte keine Schwierigkeiten vorführen mit den Wörtern, aber er wollte auch nichts vortäuschen an Harmonie in der Sprache

Hassenswert die, denen Sorge ganz fremd ist, die aber die Sorge nachahmen: nun treten sie als voll-

kommen auf (sag statt »Sorge« besser »Sorgsam-
keit«; erst sorgsam bist du mein Mensch)

Selbstlos beschreiben: und die energischste, am
meisten selbstlose Art von Beschreibung ist die der
Natur

Die großen Epiker gebrauchten einst vieles von
dem, was ich jetzt als etwas für sich aufschreibe,
als bloße Vergleiche, um ihre »größeren« Ereignisse anschaulicher zu machen. Ihre Ereignisse
waren der Krieg, und die kleinen Vergleiche dazu
stammen aus dem Frieden: »...wie die unzähligen
Scharen der Fliegen, wenn die Milch von der But-
ter herabtrieft, rastlos das Gehege der ländlichen
Hirten im luftigen Frühling durchschwärmen...«,
oder: »wie Zikaden, die auf den Bäumen sitzen,
von ihren hellen Stimmen die Wälder erschwirren
lassen...« (Homer). Von Hesiod, dem Zeitgenos-
sen Homers, dem Dichter des Friedens, sind
manchmal überhaupt nur solche Vergleiche erhalten – das Verglichene ist verschollen

Ein Geheimnis kann ich nicht »ausplaudern«, ich
kann es nur erzählend, umschreibend entfalten.
Ich kann (ich soll) dem Geheimnis seine Fülle geben

Ich hatte natürlich auch ein bißchen recht im Streit. Aber gerade das machte mich nachher besonders traurig: recht zu haben gegenüber einem Kind

Worte wie Klammern: so schreiben, daß niemand mehr lachen, »auskommen« kann; umklammern; »die verzweifelte Schrift«

Ich erinnerte mich an einen längst verschollenen Augenblick von Zärtlichkeit, und dann war das heute morgen gewesen

Das Pathos meiner Herkunft bewahrt mich vor dem Klassizistischen (das Zeichen des Bürgerlichen ist) und verlangt von mir das Klassische (das nicht nur mich adelt)

Nach Mitternacht sagt ein Betrunkener das Gedicht seines Lebens auf: er weiß es auf einmal (und nur einmal)

Ich dachte: Bis zum Ende des Jahrhunderts wird niemand mehr weiterzuwissen wagen – Schweigen, freiwilliges, bis zum Ende des 20. Jahrhunderts. Niemand mehr will des anderen Geschichte hören (ich auch nicht). Vielleicht ist sie zu oft falsch erzählt worden (so als ob jeder gerade in der falschen Welt wäre) (und die Hand rutschte vom Kopf)

In der Müdigkeit, Gleichgültigkeit, Weltverachtung: ich sah Pflanzen, die doch von unten nach oben wachsen, von oben nach unten hängen

Die Liebe wird zurückkommen, und wenn sie nicht zurückkommt, werde ich sterben

Wenn die Beschäftigung mit den anderen besonders tief, vollkommen wird, dann ist der Beschriebene, der andere, doch wieder ich

Die wiederkehrende Vorstellung von dem Streichholz, das, angezündet, etwas von der allgemeinen Kälte des Weltraums wegnimmt

Die Kraft, ernst zu bleiben; immer witzloser werden, auch zur eigenen Erleichterung

Eine Müdigkeit ergriff mich beim Lesen, wie sie nur die bekannte Beschreibung von scheinbar Bekanntem erzeugen kann

Der Regen fiel auf das Land, vor dem Fichtenwald im Hintergrund, ein einzelner schwerer Fall. Nikken der Grashalme, Orgeln in der Dachrinne. Zuvor rauschte ein Wind in der Linde, der noch kein Regen war, aber den Regen vorwegnahm. Das Gras wehte nicht im Regen, beugte sich auch nicht, sondern ruckte nur hin und her. Der Don-

ner war ein Gefühl am Ohrknochen. Vor dem Geschütte draußen glänzten die trockenen Lippen eines Kindes im Hausinnern. Dann begann es zu hageln, und die Gräser bewegten sich wie bei einem Boxkampf. Man sah den Hagel nicht fallen, sondern erst, als er aus dem Gras bogenförmig aufsprang, viel weniger hoch als von dem Holztisch und der Autokarosserie. Wolken trieben auf den Feldern, die Felderoberfläche entlang. Der Regen fiel immer schneller, als würde er im Lauf der Zeit schwerer, und die Blätter bewegten sich jetzt nicht mehr vom Wind, sondern nur noch vom darauffallenden Regen. Ein einzelnes Blatt erzitterte zweimal, von einem Doppelschlag, der es fast gleichzeitig traf, und dann fiel ein Tropfen auf den Blattstiel, unmittelbar am Blattansatz, als ein ganz starker Hieb. Manchmal geschah eine Zur-Seite-Bewegung des Baums im ganzen, ein Auspendeln der Zweige unter den Tropfenschlägen: große Anmut des jungen Baums im geschwindfallenden Regen. Allmählich war auch die Rinde des Baums völlig durchnäßt: »Landregen«. Überall im Gras schnellte es wie von dort hüpfenden Insekten: »Grashüpfer«. In jedem der Fenster des Hauses zeigte der Regen sich anders, mit anderen Geräuschen, anderen Farben, und ich legte den Kopf in den Nacken, mit der Vorstellung, mit einem Blick nach hinten die Natur des Regens zu begreifen…
Dann tropfte es von den Blättern, als habe der Re-

gen schon aufgehört (oder war es nur das Beschreiben, das ein Aufhören wollte?). Nein, es regnete weiter, aber der Regen wurde unsichtbar, nur merkbar in einer dauernden Auflösung der Formen, einem Zucken in dem winzigen Hell-Dunkel einer Lache. Manche Gräser, gerade die dünnen, bewegten sich nur an den Spitzen, während die dickeren sich mit dem ganzen Schaft regten. Allmählich war die Wiese wie »kleingemacht« durch den langen Regen, und alle Gegenstände schienen zu Einzelheiten geworden: die gelben Blumen, die Flechten an den Baumstämmen. Alles schien schwerer und eigentümlicher geworden. Auf der Tischfläche spielte der Regen, als sei da eine »Regenkultur« ausgebrochen. Mit der Zeit erzeugte der Regen im Erdreich eine Struktur: selbst die kleinsten Steine standen frei, und der Weg zeigte sich wie der übersichtliche, saubere Grund eines Baches. Und dann ging ein Hahn schon wieder pickend im Freien, und die ersten Kinder waren wieder draußen, zumindest für einen kurzen Ausflug, obwohl es immer weiterregnete. Ich ging auch hinaus, und fühlte dann die Kälte des Regens geballt, als ich in den nassen Holunderbusch griff

Mit dem, was ich weiß, kann ich so selten enthusiastisch sein; wohl aber mit dem, was ich ahne; deswegen will ich nicht zu viel wissen

Einer Lebensnotwendigkeit einen Namen geben (z. B. »Identität« – von der ich nicht weiß, was sie ist, wohl aber, daß sie etwas Lebensnotwendiges ist), heißt schon, sie aus dem Lebenszusammenhang zu lösen – literarisch gesprochen, sie aus der »Erzählung« zu lösen – und diese Notwendigkeit zu einer bloßen Ansicht, Lehrmeinung (einem Terminus) zu entwirklichen –, also hieße Schreiben: die Unantastbarkeit verteidigen, indem man sich auf das Erzählen konzentriert und jede wohlfeile Abstraktheit durch höchste Erzählkonzentration unmöglich macht, und undenkbar: das heißt, unnötig, sie ausdrücklich zu denken

Es ist klar: ich kann mir eine Heimat nicht zusammenfinden durch Sehen, Hören, Riechen, Erinnern – ich muß sie mir erschreiben, erfinden (sag auch nie: »meine Heimat«, aber doch: »meine Art Heimat«)

Auf dem Feld waren ein Mann, ein Pferd, eine Frau, ein Pflug: wie eine Prozession vieler Menschen. Dann kamen die Mittagsglocken, als Andrang. Eine Wasserlache vom gestrigen Regen leuchtete still auf einem Seitenweg. Ein wahnsinnig gewordener Kettenhund bellte. Eine Katze saß einer anderen gegenüber und fauchte. Aus den Häusern der Einöde kamen Fernseherstimmen: »wie ein Arztbesuch«, dachte ich. Von den schimmernden Ährenspitzen des Weizens blinkte es im Vorbeigehen durchs ganze Feld, so wie von einem Flugzeug aus die Wasserläufe und Wasserstellen unten auf der Erde blinkend abwechseln. Ein Indianerpfeil, abgeschossen in Übersee, kam über die Wiese geflogen und blieb rotleuchtend zwischen den Gräsern stecken. Die sich ändernden Gerüche der Hand auf dem langen Weg, je nachdem, was sie anfaßte: Kamille, Holunder, Fichtenzapfen... In der Dämmerung lief ein Hund mit rasselnder Kette, befreit, über die Wegsteine. In den Büschen schwirrten die Vögel, ohne aufzufliegen, und die Wegsteine leuchteten wie Eierschalen. Im geschlossenen Geschäft stand eine leere Waage. Die Hunde bellten sich vor dem Vollmond blutig. Eine schwarzgraue Kröte saß unbeweglich im Moos: als ich sie mit dem Fuß anstieß, kollerte sie weg wie tot, bewegte sich erst nach einiger Zeit. Im Abend ragten Pferdeköpfe auf (wie nur je Pferdeköpfe). Im Dunkel der weiße Klee; das Papier zwischen den Deckeln der Milchkannen (wobei ich an eine »Botschaft« dachte); die Motten in den Baumkronen, als einzige Flugtiere jetzt; und der allerschönste, so schwache Geruch der Lindenblüten... Der Blitz draußen als zu-

sätzlicher Streifen auf dem Teller im Wirtshaus-
zimmer

Ich sah durch den Bergzaun in der Taltiefe ein
gelbleuchtendes Hoftor: den Mond. Dann war
der Mond eine strahlende Lautsprecherbox, quer-
geteilt von den Zaunlatten davor. Er stieg zusehends, am Zaun zu beobachten, aus der Ebene
und stand neben dem Berghaus als das Fenster eines kleinen unsichtbaren Nebengebäudes. In den
hohen Linden rauschte es immerwährend, auch
bei völliger Windstille auf der Bank darunter. Ein
Glühwürmchen flog seltsam hoch. Auf dem
Mond erschienen zwei Kratzer, von den Zaunspit-
zen. Auf der Wiese war ein grauer Schein, und ein
Geruch von Kümmelpflanzen wurde spürbar
beim Einatmen. Es war jetzt, als ob das so leise
Rauschen der Bäume die Herrschaft über die
Landschaft übernommen hätte. Das Rauschen
galt. Der Mond hatte auf einmal einen langen
dünnen dunklen Wolkenpfeil zwischen den Zäh-
nen. Allmählich kam der Wind von den Bäumen
als kalter Hauch herab auf den Erdboden. Mit der
Zeit fühlte ich mich von dem Rauschen umkreist –
das auch stärker wurde. Im Gehen dann wurden
Gerüche oder Düfte und Wärme ununterscheid-
bar: mit der Wärme kam jeweils ein Duft. Allmählich befand ich mich in einer neuartigen Helligkeit, ohne daß der Mond, nun hinter dem Haus

verschwunden, schon wieder zu sehen war: es wurde immer lichter, auch auf dem Papier, auf das ich schrieb, so daß ich mich unwillkürlich nach einer Lichtquelle umschaute. Die schwarzen Fenster an dem Haus gaben mir das Gefühl von einer tiefen, schweren Abwesenheit jemandes, eines einst Geliebten. Dann blinkten die Gegenstände im unmittelbaren Mondlicht, in welchem das Glühwürmchen erlosch. Das endlich bewegungslose Ende eines Zweiges ragte in den Mond, als dessen Wappen: ein Hahnenfuß. Aus dem Talgrund – viele Kilometer weit weg – kam jetzt Blasmusik, leise wie eine Ohrentäuschung, wie eine Erzählung von einer Blasmusik und einer Tanzveranstaltung (Geräusche der fernen Rhythmusinstrumente wie von der Hand unter der Achsel erzeugt) und von Leuten als Punkten in der Mondnachtkälte. Im Gras zu meinen Füßen, tief unten zwischen den Halmen, bewegte sich in der Dunkelheit ein kleines gelbes Stück Kohle, das das Gras rundum ausleuchtete: dieses Stück leuchtender Kohle, in der Mitte ein schwarzer Längsstrich, rotierte langsam um sich selber, wie eine schwer drehbare Schraube

Zum ersten Mal verstand ich, daß man, wie im Orient, einen Teppich mit auf eine Reise nehmen will (ich wollte es selber)

»Denn ein Mythos wird, wenn er geschichtlich zu Recht besteht, zu seiner Zeit geglaubt, und er muß das letzte Wort des kritischen Denkens seiner Zeit sein.«

»Ihr seid vom Zeitungswahnsinn zerstört.« – »Wer sagt das?« – »Der vom Zeitungswahnsinn Bedrohte.«

Für meine Art zu leben muß ich allein sein (damit überhaupt eine Lebens-Art einsetzen kann) – nicht so, wie ich jetzt, in Gesellschaft, auf die Bäume schaue: mit anderen zusammen, sind mir die Bäume in der Regel schon weggeschaut

»Ich weiß nicht, ob ich ein Dichter bin oder ein Empfindungsgebundener«

Von Deutschland nach Österreich: Empfindung eines Übergangs wie vom »Gedruckten« zum »Handschriftlichen«; und: Ich nähere mich dem Zentrum meiner Vorurteile

Viele, statt daß ihr »Wesen verstummt und lauscht«, werden in der Natur automatisch zu Schreihälsen

Meine Liebesvorstellung: jemanden aufzuheben (nicht: zu tragen)

Ein Bewußtsein von »Gesundheit« habe ich, sooft ich mich verbessere (mich korrigiere)

Die Schizophrenie stellte ich mir gerade vor als akute Schauspielerei im Bewußtsein des äußersten Alleinseins

Ein Hund bellte nachts draußen unablässig, und im Traum sagte der Polizist: »Mach, mach, mach...«

Ich spürte meinen Herzschlag: d. h., ich spürte in einem Anblick, draußen, mein Herz schlagen; ich sah in einer Baumgabelung in der Ferne mein Herz

Sind die bestehenden Wörter nicht schon die Beweise, daß das von ihnen Bezeichnete, wenn auch im Moment nicht offenbar, Tatsache ist? Und kann man die Wörter nicht *alle* verwenden, im rechten Moment (im rechten Satz)?

Es gibt keine »Gleichgültigkeit«; diese ist eher das Leiden »Leiden«; ohne besondere Eigenheit mehr, ohne Lokalisierungsmöglichkeit, ohne Richtung; und erst eine *Folge* davon ist das Schuld- und Schmerzgefühl darüber, daß einem alles andere gleichgültig ist

Jeder wird, um weiterdenken zu können, die alten, in anderen Zeiten wohlbeschriebenen Lebensumstände für sich neu – schreibend oder lesend – festhalten müssen (wiederholen müssen)

Die Frau sagte am Abend, an der Straßenbahnhaltestelle in der Innenstadt, zu dem neben ihr stehenden Kind: »Nicht wahr, jetzt sind wir froh, wenn wir wieder zuhause sind!« (Große Rührung des Passanten)

Kunst: die sich zufällig ereignenden Momente von Leben zu einer undurchdringlichen, notwendigen, nicht zufälligen Einheit verbinden (Nietzsche: der Schaffende als »der Erlöser des Zufalls«)

»Er läßt keinen an sich heran« (damit die Sprache an mich heran kann)

Ich sah endlich keine Einzelheiten mehr, sondern die ganze Szenerie. Szenische Wahrnehmung: Epik. Und vom Schauen verging mir der Durst

»Die wahre, das heißt erlittene Einsamkeit bringt den Trieb mit sich, zu töten«

Kurz nach der Lektüre großer Literatur traf mich, der ich noch davon benommen war, jemand und sagte: »Sie sehen so erholt aus«

In Suetons Beschreibung des Lebens Vergils heißt es, dieser sei wegen seines schlechten Stils getadelt worden, nicht weil er »ausgefallene« Wörter verwende, sondern »alltägliche«: durch diese bleibe der schlechte Stil »verborgen«

Jemanden lieben – und ihn in Ruhe lassen, auch mit noch so verschwiegenen Blicken

Wittgenstein: »Poetische Stimmung: Es ist die Stimmung, in welcher man für die Natur empfänglich ist und in welcher die Gedanken so lebhaft erscheinen wie die Natur«

In den Augenblicken der Liebe spannte sich die Welt, und die »Falten des Herzens« klebten nicht mehr aneinander; endlich geschah ein Wärmeschwirren aller Weltteilchen (und es war auch ein begeistertes Gefühl von »Endlich!«)

Beim Einschlafen im Bett hielt ich wieder einmal meine abendliche Rede an die Menschheit

Ich sah jemanden mit äußerstem Einsatz *spielen*, und dachte: Ja, so muß man *sein*

Was heißt eigentlich »kalte Augen«? Gib das einmal genau wieder. – Nichts ist schon von vornherein lebendig, verfügbar zur Beschreibung: nicht das Vogelgeräusch draußen, nicht das Raunen des Verkehrs, nicht das Klopfen des Zugs über die Schwellen. Erfinde einen Satz dafür, Sätze, wo das alles erst auflebt; d. h., verlaß dich auf keine Kraft eines Wortes für sich allein: Nichts ist poetisch verfügbar – du mußt es erst wiedererwecken durch Denken als Platzanweisung; Platzanweiser-schriftsteller

Der alte Mann, die Unterlippe böse eingezogen; das Kind, die Unterlippe untröstlich eingezogen

»Tragende Form wird illegal geboren« (Ludwig Hohl); so wie Schwitters' »Formen ist entfor-meln«

Denkend fing er zu träumen an; eine strenge Phantasie erfüllte ihn dann, und er grüßte unwillkürlich einen vorbeigehenden Fremden (sag statt »denken« vielleicht besser: »in den Sinn kommen« – da ist alles vereint –; und »Phantasie«? – ist dann der Zusatz, die Kraft zum Zusatz, die zusätzliche Dimension, die Kraft zur zusätzlichen Dimension)

Nicht daß mir das Schreiben leichter fällt als etwas anderes – es ist nur so, daß das eine der wenigen Weltrichtungen ist, wo ich etwas erreichen kann (wenn auch nur durch äußerste Anstrengung);

und heute nacht im Traum unablässiges Schenk-
bedürfnis

Eine sterbende Wespe kreiselte auf der Straße: wie
zwei Wesen, die da einander bekämpften

Ist das Kunstwerk Teil der natürlichen und ge-
schichtlichen Welt? Ja. Aber als was ist es Teil? Als
Zier? Nein. Als Krönung? Nein. Als Kritik? Nein.
Als was also? Als eine gelungene menschliche Antwort, endlich, immer wieder

Blick von der Straße in ein unfertiges Zimmer, das
gerade renoviert wird: das Telefon steht schon auf
dem Marmortischchen, daneben liegt noch ein
Schraubenzieher – und meine Vorstellung, mein
Annäherungs-Gefühl einer gewissen Gemeinsam-
keit von uns allen, und: zur Formulierung unseres
sprachlosen, zersiedelten, auch im Bewußtsein
»zerhüttelten« Zeitalters allmählig fähig zu werden

Warum werden die Menschen nicht zur Schönheit
erzogen? (Hieße das nicht zuerst: zum freien, lei-
denschaftlichen, ungeordneten Denken?); Dro-
hung: »Schulen, ihr sollt mich noch kennenler-
nen!«

Ein Leser wird nie einen »Lieblingsautor« haben

»Ich bin jetzt zufällig schön – ich möchte aber notwendig schön sein, immer« (und zugleich flüchtete er sich jedesmal aus der Preisgegebenheit seiner Schönheit in den Schutz seiner Häßlichkeit)

Größte menschliche Fähigkeit: die anderen als *ganze* zu sehen, zu erleben, wiederzugeben (erst dann wird das Schreiben eine Kunst)

Mein Haß ist eine Realität, die ich nicht verleugnen kann; ohne ihn kann ich zu keiner anderen Realität kommen

Wieviel Kunstverstand gebraucht wird auch für eine bloße, einfache Auskunft!

Ich bin, wenn ich mich, nach einem zeitlichen Abstand, wieder an das Schreiben mache, doch immer in Gefahr, in meine alte Sprache, die von früher, zu verfallen und mich Neuen zu verraten

Kurz bevor der Schmerz tatsächlich einsetzte, wurde er schon gedacht, an der späteren Schmerzstelle

Ich will etwas lesen, das es nicht gibt, das aber von dem beeinflußt ist, was es gibt: und zwar ganz und gar – erst dann würde ich erleben, was es *alles* gibt

Er brachte sich in seine schönste Haltung, weil er so erst am besten sich fühlen und andere denken konnte

Halt gegen die empörende Selbstgefälligkeit der Text- und Geschichten- und Romanhersteller immer den preisgegebenen, sich preisgebenden, nicht anders könnenden, aber doch *etwas* könnenden und dabei doch nie nur sich bespiegelnden, sondern auch den andern ihr Spiegelspiel ermöglichenden sogenannten »Narziß« hoch! Sein anderer Name ist Prometheus, Atlas, Sisyphos, Ixion, Tantalos, Johann Wolfgang Goethe, Franz Kafka

In meinem Glücksgefühl suchte ich reflexhaft eine Begrenzung, in der Religion, oder in der »Gesellschaft«, fand aber keine; jeder Fluchtpunkt entglitt mir sofort am Ende der herbstlich strahlenden Straßen. Andererseits entglitt mir so auch das Glücksgefühl

Als Kind versteckte er sich, von der Umwelt gekränkt, in einem Schrankwinkel; als Erwachsener verzog er sich ins Kino

Meine Unfähigkeit zur profan genauen Vorstellung, zum profan (üblich) genauen Denken führt doch zu einer anderen, tieferen, meiner poetischen Genauigkeit?

Ich roch das noch nicht ganz getrocknete Gasthaustischtuch in der Herbstsonne, die, durch die Bäume hindurch, daraufschien, hell und kühl, auch etwas fahl, wie indirektes Licht, das von dem Himmel zwischen den Kastanien nur reflektiert wurde, und neigte den Kopf vor Einverständnis, in diesem geisterhaften Sonnentageslicht. Ich sah die schönen mildgelben Beine einer Wespe und konnte ihr Muster bewundern. Am dicken düsteren Baumstamm zeigte sich ein einzelnes durchschienenes Buchenblatt: vollkommene Leichtigkeit neben vollkommener Schwere. Um das Blatt herum wirbelten Insekten, und andere Insekten trieben von der Seite dazu, viel langsamer, getragener; und dann merkte ich, daß sie tatsächlich »getragen« wurden, denn es handelte sich um Baumstaub: ein langsamerer Satz in dieser Musik der Welt. (Und plötzlich machte mich die Landschaft unruhig, weil ich in ihr schon wieder alles bezeichnet, eingefangen, mitgeschrieben hatte)

»Bruder Leichtsinn« ist ein treffender Ausdruck: keine Eigenheit sonst gibt mir ein solch nahes Verwandtschaftsgefühl

Natürlich weiß ich um die Verlassenheit aller Menschen hinter ihrer lästigen, dummen Erscheinung: aber ich verlange eine andere Erscheinung, sofort!

Indem er gegen die Menge ging, die aus den Zügen kam, suchte sein Blick nach der rettenden Schönheit. Vor dem Bahnhof war dann eine Schlägerei: der Geschlagene redete, während der Sieger schwieg. Einige Frauen zeigten im Vorbeigehen und Zuschauen zufriedene Lippen

Erkenntnis: das Leben – ich brauche mich nicht um besondere Erscheinungen davon zu bemühen – hält nicht Geheimnisse für mich bereit, sondern auf geheimnisvolle Weise unbekannte Klarheiten

Warum gebrauchst du jedesmal, wenn du dich nach einem Freund erkundigst, die fürchterliche Formel: »Hast du noch Kontakt mit...?«

Das Herbstblättersausen hat Lichtqualität

Wenn ich nicht gerade phantasiere oder selbstlos wahrnehme, treffen mich alle Vorwürfe, wenn auch nur für einen Moment, weil ich da die sprachliche Unmöglichkeit der Vorwürfe nicht mehr abtun kann, sondern so trivial bin wie sie selber

»Ich werde mich rächen.« – »Wie denn, du ohne Sprache?«

Als die Geschichte spannend wurde, wurde sie eine unter vielen

Der Zug, angekommen vom Meer, stand am Abend im Bahnhof, jetzt leer. In den Waggons waren schon die Lichter aus; die Plastiksitze nur vom Bahnsteig aus beleuchtet. Doch die Fenster waren noch bedunstet von den entschwundenen Passagieren, und es zeigte sich eine Fingerzeichnung im Dunst, die einen großen fliegenden Vogel darstellte – eine Möwe? (Le Croisic – St. Nazaire – Nantes – Angers – Paris-Montparnasse)

»Welche Maschine beherrschst du?« – »Die Maschine Weltstadt«

Im vom Herbststurm stark aufgewühlten Wasserbassin zu Füßen des stadthöchsten Hochhauses, von wo sich am Vortag »der erste Selbstmörder« herabgestürzt hatte, schwamm jetzt eine durchsichtige Plastikplane von der Größe etwa einer Tür. Darüber wehte sehr kräftig die Nationalfahne, wie an allen Wochenenden, und die Leuchtschrift blinkte: Société Générale

Die Gewißheit vom Reichtum der Welt, auch nur auf dem kurzen Weg zu einer Metrostation: es war eine von stürzenden Körpern durchzuckte Ideallandschaft (Nietzsche über Poussin: »Heroische Idylle«)

Wie schwach scheint im Lauf der Jahre der Sternenhimmel über diesem Europa geworden

Ich habe mich ausgebildet als Empfänger für Form-Atome (die ebenso Teil der Materie sind wie alle anderen Atome). Ein denkbarer Beruf wäre also: »Ausgebildeter Empfänger und Registrierer von Form-Atomen«

Man erzählt einem Kind einen Witz, und es bricht darüber in Tränen aus

Ein Augenblick der Wahrheit müßte dann, in der Kunst, viele andere aufleuchten lassen

Form: eine Linienführung, durch herbeigedachtes Selbstbewußtsein – »und die Musik spielt dazu«

Manche Anblicke, mögen sie noch so klar, überraschend, berückend sein – wie gerade das grasende Pferd auf der Waldlichtung und unten in der Ebene die Weltstadt –, erscheinen zugleich so fern, so unfaßbar, so wenig sinnenhaft, als hätten sie ihre Geschichte bereits gehabt und seien keine geltende Wirklichkeit mehr; als gehörten sie einer anderen, vergangenen, entrückten Zeit an – für immer auch jeder lebenden Sprache entrückt: Unzufriedenheit ergriff mich schließlich über dem Anblick, eine Art Museumsmißmut, in der offenen Natur

Wenn ich als Leser gleich zu Beginn eines Buches (wie z. B. bei »Entweder – Oder«) direkt angeredet werde, verliere ich jede Fähigkeit zur Aufmerksamkeit, jede Möglichkeit, mir etwas vorzustellen – besonders, wenn dazu noch an mein eigenes Erleben ausdrücklich appelliert wird (es ist ein bißchen wie einst in der Schule, wenn der Lehrer beim Vortragen einen persönlich anschaute)

Ich dachte plötzlich selbstsicher: »Meine Leser sind die unabhängigen Menschen«

Ein Kind stand in der Dämmerung allein auf dem Gehsteig. Nach einiger Zeit kam eine Frau dazu und schimpfte, in der Hüfte starr abgeknickt, auf das Kind herab, welches streng zuhörte, noch strenger, als seine Mutter schimpfte. Dann zog sie das Kind am Ohr und zauste es. Aber das Kind blickte nur weiter mit überaus strenger Miene, und die Mutter nahm es an der Hand und verschwand mit ihm

Die japanischen Schauspieler (etwa bei Ozu) verstehen zu trauern (beispiellos und beispielhaft); sie trauern, wie ich nur in Träumen Trauernde erlebt habe; sie stehen mit leuchtenden Gesichtern da und trauern

»Im Gedränge der U-Bahn saß eine Frau, die unter dem Mantel die Hand ihres Kindes suchte. Ein Atom Trauer kitzelte dem Betrachter den Nasenscheidewandknorpel. Quer durch die beiden Augenkörper zog sich, mit einem leichten Anrucken, die Schwelle der Tränen...« (So würde Lukrez erzählen)

Gehört es nicht zu einem guten Satz, daß er mißverstanden werden kann? Auch als sein Gegenteil würde er überzeugen

In der Senke unten, in einem beginnenden Morgenregen, so fein, daß man ihn wohl fallen, aber kaum auf dem Boden auftreffen sah, fuhr der Zug wieder zurück ans Meer, mit weißen Tischtüchern in den Abteilen erster Klasse. Die meisten Leute saßen gegen die Fahrtrichtung und hatten die Zeitungen noch kaum aufgeschlagen. Dieser vorbeifahrende Zug gab dem Tag seine erste große Bewegung. Die abgefallenen Blätter rochen aus dem Rinnstein. Noch war Morgenluft

Ich dachte so lange, bis ich hinter der Sache war —
die tiefe Empfindung ihrer Gestalt gewonnen
hatte und doch wieder außen wurde: das nannte
ich Humor (nach einer solchen Prozedur: Kreis-
vorstellung der Dinge)

Die Bewegung der Baumblätter, auch nur das
leichte Heben in den weit entfernten Kastanien-
kronen, ist doch mit meinem tiefsten Inneren, dem
sonst völlig Ruhenden, immer wieder verbunden:
erscheinend dieses aufrührend

Sie hatte ihren Mann in meiner Gesellschaft —
wenn sie überhaupt zu ihm sprach — nur schroff-
verächtlich zurechtgewiesen. Aber an einem kurzen heimlichen Blick von ihr hin zu ihm merkte ich
dann auf einmal, daß es ganz und gar »Liebe war«

Meine einzige Lesechance bei einem Philosophen:
ich muß mich sofort ganz mit ihm identifizieren,
seine Sache zu der meinen machen, willentlich der
Gegenstand seiner Sätze sein, damit ich überhaupt
mit(spielen) kann; die Sätze müssen in der Vorstellung alle von mir selber sein, so daß ich also
Grund habe, an ihnen etwas zu finden — an ihnen
auch panisch etwas finden *will*

Zur lebendigen Schönheit wesentlich: Nachsicht

Müdigkeit vom, auch noch so sorgfältigen, Denken bei anderen – Aufgeregtheit über das sorgfältige, alle Voraussetzungen meidende, aber alle Voraussetzungen einschließende Beschreiben bei anderen

Eine Fußgängerschar wartete an einer Ampel. Als diese endlich umsprang, waren sie allesamt schon so sehr versunken, daß sie vergaßen, weiterzugehen

»Ich kann mich nicht an den ersten Eindruck von ihr erinnern – sie fing gleich zu reden an«

Als mir in dem öden Gasthaussaal die Flasche Wein auf den Tisch gestellt wurde, frohlockte tatsächlich das Herz (»und die Bibel hat doch recht«: ihre Alltäglichkeit wiederfinden)

Ich atmete auf, und meine Brust wurde frei, als ich plötzlich jemanden, an ihn denkend, verstand

Ein geliebter (und zugleich in Ruhe gelassener) Mensch würde vielleicht zu einem Wesen werden, das alle anderen, außer dem Liebenden, gernhaben müßten; ein ruhiges Lieben würde ihn, ohne sonstiges Zutun, zu einer Persönlichkeit stärken, sänftigen

Im Einschlafen wurden aus den Fragen Träume (und beim ersten Blick aus dem Fenster am Morgen erinnerten die Wolken noch an etwas, aber ich wußte schon nicht mehr, an was)

Weil Orpheus seine Zuhörer nicht von der Vernunftgemäßheit seiner Lieder überzeugen konnte, mußte er ihnen als ein göttliches Wesen erscheinen

Als müßte ich durch vernünftiges Denken ein beständig guter Mensch werden können (»vernünftiges Denken« als Ganzheitsvorstellung vom andern); und zugleich weiß ich: um andere gut zu beschreiben, werde ich verrückt spielen müssen

Große Empfindung von Wirklichkeit – d. h., in der Wirklichkeit zu sein – einfach beim Anblick einer Katze, die weit weg von einem Mauersims sprang, oder des Abdrucks von Kopfhaaren an einem bedunsteten Zugfenster. Ab jetzt weiß ich also die Antwort auf die Frage: Was ist Wirklichkeit? – Wirklichkeit ist die Katze, die in einiger Entfernung vom Mauersims springt

Oktober: schon dringt das Licht der Nachbarhäuser wieder her durch die Gartenbäume

»Wenn ich so zurückdenke...«, hörte ich im Vorbeigehen, und als ich mich umschaute, war da ein sehr junges Mädchen

An Courbets »Verzweifeltem« zeigt sich deutlich die Zunge im halb geöffneten Mund und gibt den Eindruck, sie könne nie wieder ein Wort bilden (»alle Schatten im Haus sind meine eigenen«)

Ein Kommunist sagte in einem Nachruf auf einen anderen, welcher einmal aus der Partei ausgeschlossen, dann wieder aufgenommen worden war: »Er ist als Mitglied der Partei gestorben.« (Er hat also ein geglücktes Leben geführt)

»Ich bin in der Arbeit drinnen«: diese ist mehr als ich

Courbet: episch *und* lapidar; in der Malerei kann das Epische lapidar bleiben

Interesselos, wurde er energisch; interesselos-energisch, wurde er interessant

Ich konnte wieder einmal gut zuhören: als von einem Sterbenden die Rede war

Zu einer gewissen Gesellschaft unfähig: die anderen wittern das natürlich und taufen es um in »lebensunfähig«

Ich erhielt die Nachricht vom Tod eines lieben Menschen und wollte an ihn denken, aber es gelang mir nicht. So verstand ich, daß es eine Zeremonie für ihn geben sollte, die Totenmesse: in dieser Zeremonie würde das Denken dann möglich sein, und ich würde daran teilnehmen

Es stimmt nicht, daß so vieles, was einst in Büchern beschrieben, in Bildern dargestellt wurde, »verschwunden« ist. Durch die Bücher und die Bilder *ist* es und wiederholt sich, mittels dieser, in mir, in dir

Die Stärkung durch die Toten: die Tatsache des Todes brachte die Straßengeräusche zum Schweigen wie einen Streit von Meinungen. Wasser zitterte in einer kleinen Schale im Garten. Ein Seelenwindstoß ging durch alle Vorstellungen. Der blaue Himmel erschien zart und zugleich stark. Senkrecht aufsteigende Wolken, Rauch, grüne Drähte, blanke Schienen: die Dinge sanft bewegt, und der Himmel tief von den Abgeschiedenen. »Trauer, trag mich durch den Tag!« – »Wieviele werden noch sterben müssen, damit ich ein annehmbarer Mensch werde?« – Und schließlich:

»Toter, du sollst nicht vergessen werden!« (Ein Gestorbener ließ mich heute jedem Blick standhalten)

Der Forscher: »Er kam lebend an« (so möchte ich sein)

Erwachsene, behaltet euren Kindergang bei (Gebet)

Immer wieder die Lust, die ganze Welt vor mir zu durchqueren mit der Bewegung des Schreibens, als Weltreise; so wie ich gerade den Eisenbahn-Drähten nachging, die in der Sonne die Farbe eines anderen Metalles angenommen hatten, und mich mit ihnen verlief. Tau lag blasig auf den Autodächern, die noch im Schatten waren, und ich hatte das Gefühl, in einer Friedenszeit zu leben, und wollte diesen Frieden auch verteidigen: sein Sinnbild war der Steg im Wiesengrund, leicht gewunden, lehmhell (die Mörder sind woanders gegangen)

Diese schöne Frau war schüchtern, weil sie noch eine Sehnsucht hatte (und sie war so schön, daß sie als Antwort die Schönheit von Kultur brauchte, als Spiegel, um nicht zu zerstrahlen)

Als ich sie unter der Schulter berührte, verkörperte mich, mit der Wärme dort, die Zuneigung, das Liebevolle

Meine Flucht – wenn es eine ist – ist eine Flucht hin zum Geheimnis

Beim Denken unterbrochen durch einen Ruf spürte ich einen Ruck lang Ärger: also konnte es kein gutes Denken gewesen sein

Eine weiße kleine Frau und ein großer schwarzer Mann, beide sehr jung, trugen zwischen sich einen Korb, in dem, mit dem Gesicht nach unten, ein Baby lag, eine Haube über dem Hinterkopf. Neben dem Säugling lag in dem Korb ein Brief. In der jeweils freien Hand trugen die beiden kleinere Taschen. Sie waren auf dem Weg zum Bahnhof

Muß es, wenn die Arbeit mir Freude macht, heißen, daß sie aufhört, Arbeit zu sein, und daß ich mich als Müßiggänger anzusehen habe?

Ein Blatt schwebte so langsam hernieder, daß es in der Luft zu stehen schien. Ein anderes plumpste zu Boden. Manche Blätter fielen sozusagen verzögert, als hangelten sie sich eine Leiter herunter. Andere drehten sich, mit dem Stengel voran, im Fallen um sich selber. Die Blätter mit Löchern

stürzten schneller, ohne Umstände. Die Akazien-
blätter hatten die gleiche Form wie die Federwol-
ken dahinter. Himmel und Erde wurden eine
Kurve, in die ich mich legen konnte

Umweg der Zuneigung: Ich beschrieb den Umweg
der Zuneigung, in der Nacht, zum Bett des Schlafenden

Eine Ursache dafür, daß ich mich zeitweise von
den Bewegungen anderer so gestört fühle: ich
könnte ihnen im Ernstfall – wenn sie am Boden
zappelten – nicht helfen

»Alles will in der Stille erworben und in Schweigen vergöttlicht werden« (Entweder – Oder)

Meine Bedrückung verging, als ich in dem, was
mich bedrückte, eine Struktur erkannte: seine
Darstellbarkeit

Ein Kind als Gedanke, welcher das Endliche und
das Unendliche verbindet

Gerade hörte ich wieder die geheime tagtägliche
Liturgie, die, in einem unheimlichen Singsang, un-
unterbrochen (man muß nur zuhören können),
unter der Weltoberfläche tönt: Liturgie aus einer
Katakombenwelt, selbstbewußter, brutaler, wil-

der als jede tatsächlich geltende Liturgie, kaschemmenhaft und feierlich, als Grundton aller Existenz

Statt »Empfindlichkeit«, »Sensibilität«, »Zartgefühl«, usw., sag: Schwellenbewußtsein (insofern war Franz Kafka, der in seinem Elternhaus einmal nichtsahnend ein Zimmer betrat und dort einen schlafenden Fremden antraf, das Beispiel eines Menschen mit Schwellenbewußtsein, indem er nämlich zu dem schlaftrunken Auffahrenden sagte: »Betrachten Sie mich als nicht vorhanden!« und auf Zehenspitzen wieder hinausging)

Mißmut der Liebe: als schwinge in der Liebe auch immer ein Moment Lebensüberdruß mit. Der andere lebt auf, doch der Liebende selbst empfindet sich dabei als ein sich von allem Lebendigen Entfernender. Als sei das Welt-Gefühl »Liebe« (es ist kein Ich-Gefühl) etwas, das ihn zurückdrängte hinter eine Lebendigkeitsgrenze, und er wäre nur noch Zuschauer, ganz Auge: ach, rotes Kleid, das da hinter den Laubhaufen verschwindet, hinter den Steinen

»Präsentische Ruhe«: »der ewige Augenblick, den jedes wahrhaft künstlerische Werk besitzt«

Ich bin nicht so, wie ich manchmal denke, und ich handle doch oft so, wie ich nicht bin

Mein Blick wird dir immer unheimlich sein, denn ich sehe an dir das Traumbild, das heißt, deine Märchenhaftigkeit (oder ich sehe sie an dir nicht)

Vor Jahren hatte er eine Freundin gehabt. Sie hatten sogar überlegt, miteinander zu leben. Jetzt traf er sie zufällig in einer fremden Stadt, in einem fremden Land, wieder. Er saß vor einem Café auf einem stillen Platz einer Flußinsel. Plötzlich näherte sie sich ihm aus der Herbstdämmerung. Sie setzte sich neben ihn. Es zeigte sich, daß sie sich schon seit längerer Zeit in derselben Stadt aufhielt wie er. Er fragte sie, ob sie zufrieden sei. Dann, ohne nach ihrer Adresse zu fragen, stand er auf, wünschte ihr alles Gute und ging weg

Ein anderes Mal saß er wieder auf dem Platz und war verabredet mit einem Freund, den er dann, auf der Suche nach ihm, vorbeigehen sah. Er wartete, ob der andere ihn finden würde. Als das nicht geschah, ließ er ihn schließlich verschwinden

In seinem Fieberzustand wollte er auf der Fahrt in der Untergrundbahn alle Frauen, die ihm gefielen, von hinten besprungen erleben. Während sie, an den verschiedenen Stationen, ausstiegen und weggingen, starrte er ihnen heftig nach und meinte dabei, daß die Empfindung von seinem Glied in den Frauen sich auf diese übertragen müßte: sie würden sich gleich umdrehen und ihn fassungslos anstarren. Eine drehte sich dann auch tatsächlich um

Können manche Franzosen deswegen so geläufig erzählen, erzählend reden – im Gegensatz zu fast allen Deutschen und Österreichern –, weil sie, jedenfalls bis vor kurzem, Kolonien hatten? Momentlang dachte ich, die Tatsache »Kolonien«, das Zuhausesein in Übersee, wirke wie eine körperliche Befähigung zu einer Erzähl-Grammatik

Wenn Goethe sagt: »Der aufgeregte Dichter«, so ist das kein Pleonasmus, sondern eine Definition: »Der Dichter ist aufgeregt«

Er zählte an der Hand seine Freunde ab. Im Lauf des Abends kam die zweite Hand dazu

Als das große epische Geheimnis erschien mir gerade der Wechsel zwischen langen und kurzen Sätzen. Lange Sätze, das wäre ich auf meinem Weg gerade gewesen, allein, grübelnd, über die Wiesen, durch den Wald, zur Schule hin; und die kurzen Sätze, die kämen jetzt im Blick auf den Vorraum der Schule: der Feuerlöscher, die Kindermäntel, die tiefstehende Sonne, die angestrengt energische

Stimme des Lehrers – als Befreiung, als reines Außen, nach der vorangegangenen Langsatz-Verschränkung des Außen (der Maronen im Wald) mit dem Innen (dem »Grunzen vor Sammellust«). Und hernach kämen wieder andersartige kurze Sätze, reine Zustände des Innern wiedergebend: »Er hatte Angst. Er war froh. Er war glücklich. Er nahm teil.« Und dann müßten bald wieder die langen Sätze kommen – Außen mit Innen –; usw., usw.

Ich muß immer erst die Lächerlichkeit überwinden, mich überhaupt poetisch auszudrücken

Er ist so ungeübt, von Leuten zu reden, Leute zu beschreiben, daß seine Redeweise dann automatisch eine zynische wird

»Es fehlt mir noch ein Gefühl zur Arbeit.« – »Aber wird dir nicht die Arbeit das Gefühl geben?«

Jemand wie Ernst Jünger hat sicher die Todesangst überwunden (d. h. »beschlossen, sich ihr nicht anheimzugeben«); und was hat er damit gewonnen? Selbstgefälligkeit und Auserwähltheitsdünkel

Zähl nur die Gefühle, in denen die Umwelt mitzählt (miterscheint) – die Gefühlstatsachen; dehn das Vergnügen an dir aus auf die Häuser und die Landschaft: so dauert es an (statt »Gefühlstatsache« sag vielleicht »Gefühlsgesetz«)

Der vollkommenste Augenblick des Tages ist der, mit dem sich die unbändige Sehnsucht nach dem Liebesdienst einstellt, das Bedürfnis, »ewig entgegenzugehen«

Warum hast du die Gabe, mich jedesmal in einer Haltung anzutreffen, in der ich nichts bin? Gerade noch habe ich gearbeitet, aber als du auftrittst, stiere ich nur noch vor mich hin. Kurz zuvor wärst du dazugekommen, wie ich den Nachthimmel betrachtete, aber als du dann tatsächlich kamst, putzte ich mir die Zähne, usw.

Das Kind hatte sich auf der Tratte hinter der Scheune erhängt. Ich lief dazu, nahm es ab und beatmete es. Es kam zu sich und bewegte sich wieder, mit einer säuglingshaften Lebendigkeit. Dann beschrieb es das Gefühl, das es erlebt hatte, in der Schlinge hängend: nachdem der Schmerz vorbei gewesen sei, habe es nur noch »Süße« gegeben. »Mit welch wortgewandter Begeisterung dieser Bauernbub vom Genuß des Sterbens redet!« dachte ich

Ich blickte den Hohlweg hinunter, in den weit unten, wo der Weg sich verdunkelte, blinkend die Herbstblätter hineinfielen, ganz hell vor dem düsteren Höhlenhintergrund, nur an dieser einen Stelle des langen Hohlwegs. Dazwischen regten sich große graue Vögel im Laub am Boden, huschend, als seien es Ratten. Weit hinter den still stehenden Baumstämmen bewegten sich, rundum im Wald, schmale Äste, sich aneinander reibend mit einem Geräusch wie das Gefiederstreichen von Vögeln. Ein rundes Blickfeld entstand mit der Zeit, als würde um mich herum an einer Einheit, an einem Frieden, an einem Trost gewebt, am Rande dieser kleinen Waldscheibe, in deren Mitte ich mich jetzt befand und die mir, mit den Schatten der fallenden Blätter, zu denen ich gar nicht mehr aufschaute, mit der seltsam still unten in der Flußebene eingefügten Millionenstadt, mit dem Klopfen der Maronenkugeln, mit der fast still daliegenden Laubmasse (in welcher sich nur ab und zu ein einzelnes Blatt aufrichtete), auf einmal eine kindliche Weltidee wiedergab. Ich empfand mich als »Figur in der Landschaft«, sah mich »von der Landschaft aufgenommen und angestrahlt«; sie machte mich sich zu eigen, ich wurde eine pflanzlich-tierisch-menschliche Gestalt. Ich wußte nur noch ein wenig zu viel von mir dabei. Ich hätte da einfach hineinstolpern müssen. So aber ging ich, saß da, lehnte mich an. Es gab noch den Riegel in meiner Stirn. Meine Körperwärme kam noch vom eigenen Herzen. In meinem Kopf sprach es noch kleinlich... Mehr war mir im Augenblick nicht möglich. (Danach hatte ich das Bedürfnis, etwas Nützliches zu verrichten)

Ideale Temperatur: wenn überhaupt keine Empfindung von Luft da ist, nur noch das Gefühl, im Freien zu sein, mit einer gelegentlichen, warmen, oder auch kühlenden Berührung durch eine Windbewegung innen an den Oberarmen, unter den Achseln

Zwei Frauen gingen den breiten hellen Sandweg an der Fontaine Sainte-Marie hinauf, in Sonne und Schatten. Ein Fahrrad wurde zwischen ihnen geschoben, und sie gingen da wie in ein monumentales, ihrer endlich würdiges Bild hinein, wobei das Fahrrad blinkte wie ein Fixativ. Im Vordergrund fielen unzählige jubilierend, triumphierend helle kleine Blätter an dem fertigen Bild vorbei, in welchem, als ich wieder vom Papier aufblickte, die beiden Frauen mit dem Kinderwagen – es war kein Fahrrad – schon so sehr im Fluchtpunkt des Bildes zu verschwinden im Begriffe waren, daß ich auf den Tisch kratzte, um sie zurückzuhalten. Und als ich wieder vom Schreiben aufschaute, war der Weg leer, nur noch die Blätter fielen, als Herbstinsekten, und über dem leeren Weg stand der völlig einfarbig still und großartig blauende Himmel dieses Nachmittags

Im episodisch glückenden Selbstbewußtsein erscheint mir jede Gefahr harmlos: ohne weiteres laufe ich einen steilen Abhang hinunter, greife in Brennesseln, ohne gebrannt zu werden (natürlich brennt es später dann doch)

Er schaute nicht das Gesicht der Frau an, die da allein im stehenden Auto im Herbstwald saß und irgend etwas draußen betrachtete, sondern er folgte ihrem Blick. So begann ihrer beider Geschichte

Die Vorortleute gingen mit ihren Kindern und Hunden in einem linden Traumblau oben auf der Hügelkuppe, und ihre Arme schwangen. Es war eine Farbe, die besänftigte, umfächelte, einbezog, eine Farbe, die alles andere und jeden anderen endlich zur Geltung kommen ließ, und die schaumweißen Wolken am hohen Himmel erschienen ganz nah, als sei man weit hinaufgestiegen, in eine Gipfelnähe. Das Glück wurde so stark, daß es für Ruhe sorgte, wenigstens für eine Zeitlang, und es durchdrang mich die helle Wärme des menschlichen Planeten Erde, die Luft kam mir entgegen, und im Sandweg sah ich einzeln die Regentropfen des Vortags (auch sie sorgten für Ruhe). Ich spürte das Gewicht der Welt einmal sanft auf den Schultern und drehte mich unter dem Blau des Himmels wie unter der wunderbarsten Dusche

Kein Bürger kennt das Glück, das möglich ist, wenn jemand längere Zeit außerhalb der Meinungen der Gesellschaft lebt. Ist dieses Glück lächerlich, oder die Unfähigkeit, davon Kenntnis zu haben?

Mein tägliches Problem: ich kann zu nichts mehr bekehrt werden. Es gibt für mich nicht mehr die Möglichkeit eines höheren Wesens »Gesellschaft« usw. So bin ich auf die tagtägliche Wiederbelebung des mir eigenen als des klar erkannten möglichen höchsten Wesens angewiesen, als Gewähr für das Bestehenbleiben meiner Menschenhaftigkeit

Schön an einem Zusammenleben war das nachbarliche Umblättern einer Buchseite, am Abend, oder auch ein gemeinsames Räuspern, erst hier, dann dort

So wie Pascal (in den Pensées) den Menschen im Menschen zunichte machen will (»Wenn er herausfordernd wird, strecke ich ihn nieder; wenn er niedergestreckt ist, fordere ich ihn heraus und rede ihm unablässig dawider, bis er begreift, daß er ein unfaßbares Monstrum ist«), so möchte ich den Nicht-Künstler im Menschen (in mir und in dir) zunichte machen

Er war so lange sprechunfähig, daß dann, als er doch einmal zum Reden durchbrach, daraus eine Predigt wurde (so war es recht)

Seine Schönheit war seine Art, Schönheit zu erblicken

Vollkommener Himmel: in seiner großartigen Stofflichkeit befinden sich, als Ahnung, ohne Beobachtung, alle Erdlandschaften. Ich brauchte nur genug selbstlose Energie, und ich würde in ihm überleben: in dem ewigen Ziehen, Strahlen, Blauen, Scheinen, in seiner Gegenbewegung zur Idee von Leben und Tod. Bei seinem Anblick möchte ich mich verwandeln. In was? Nur verwandeln, aus mir heraussteigend, mich übersteigend, riesig werdend und leicht, selbstüberwältigt, überwältigter Überwältiger. Und in meiner Lust, mich in die Landschaft zu verwandeln, zu entfalten und so gleichsam der Vertikalität von Leben und Tod zu konterkarieren, fühlte ich plötzlich, bei der Vorstellung, das könnte mir sogar gelingen, gleich jetzt, und zwar bei lebendigem Leibe, eine Angst, ich könnte tatsächlich weg, entleibt sein

Freundschaftsgefühl: wir haben vergleichbare Gedanken, aber ganz verschiedene Gewohnheiten (du machst »noch vor der Dämmerung Licht an«, usw.)

»Welchen Namen hat denn dein Stofftier?« – »Warum soll es denn einen Namen haben? Ich ruf es doch nie.«

Wie bin ich abgestoßen von einem, der von sich sagt: »Ich bin glücklich!« Wie bin ich erfreut von einem, der von etwas sagt: »Wie ist das schön!«

Aus den in mir am häufigsten wiederkehrenden Wörtern könnte ich versuchen, mein Weltbild herzustellen

Sieht man den Kindern denn an, wie oft sie, wenn auch nur im geheimen, verflucht worden sind?

»Folgen Sie mir unauffällig!«, das sagt auch der Schriftsteller zu seinen Lesern

Er ging manchmal ins Kino, um in einem zufälligen Film vielleicht ein paar zufällige Bäume rauschen zu hören. Selbst in den dümmsten Filmen bewegten sich ja irgendwo zufällig die Blätter

Wieder einmal knipste er, sein eigenes Rätsel im Leib, das Licht aus und legte sich schlafen: Und da buckelte sich gespenstisch das Ich (ja, von unserer Epoche wird nichts bleiben als dieses und jenes Ich: diese und jene Gerechtigkeit)

Ich zweifle nicht mehr an der Kunst, obwohl ich zu ihr oft keine Lust habe

Viele Vogeltöne erinnern an Saiten, die man anschlägt und zugleich mit der Hand am Schwingen hindert

Wenn ich mich selber schmähe, meine ich es leider nicht ernst

Die *Idee* der Gemeinschaft scheint vorbei, wenn auch viele noch verlogen-traurig-verzweifelt-frech weitermachen. Und doch ist das *Gefühl* von Gemeinschaft da, ganz tief in mir, »von Anbeginn«, und wird akut manchmal bei einer trivialen Melodie in einem Restaurant; es ist dann ein Gefühl der Gemeinschaft sogar mit Hunden

In schöner Gesellschaft bekomme ich Augen für die Umwelt

Wieder einmal wagte er es aus Höflichkeit nicht, ihnen zu sagen, daß er allein sein wollte; statt daß er all seine Höflichkeit angestrengt hätte, ihnen das beizubringen

Schönheit erlebe ich zugleich als einen geheimnisvollen Vergleich: das heißt, mit dem Erlebnis der Schönheit tut sich eine Vergleichsmöglichkeit auf, deren zweites Glied aber geheim bleibt; ich werde zum Vergleichen nur angestachelt

Überrascht erblickte er die Milchstraße; es war wie das Gewahrwerden einer Legende

»Des Menschen Würde erträgt nicht, Vorbereitungen zu machen« (Ludwig Hohl); also werde ich mich auf die Arbeit nicht vorbereiten, sondern sie einfach anfangen?

Bei einem großen Schreiber wären seine Wut, seine Verachtung, seine Liebe völlig in die Sprache aufgegangen, als eine neue Bewegung, eine andere Bewegung, eine neuartige *Ruhe*. Die zu eifervollen, voreiligen Schreiber bleiben im Deklamieren stecken, wie zum Beispiel manchmal Ludwig Hohl: statt daß die ruhige sprachliche Darlegung einen schimpflichen Zustand erledigte, schimpft er oft gleich, und der schimpfliche Zustand wird dadurch absurd verteidigungsfähig

Gemessen an meinem Ursprung müßte mir jeder neue Ort des Erdkreises frisch die Augen taufen (und als ich das dachte, spielte draußen der Himmel, für mich)

Meine Partei ist die Sprache: die sich deren Moral öffnen, mit denen gehöre ich zusammen

Zu den Spatzen kann man sagen: »allerliebst«

Dein Feind, gerade indem er dich immer beobachtet, hat das allerfalscheste Bild von dir

Stundenlang ging ich am Stadtrand entlang, von einem »terrain vague« zum anderen. Selbst die Dinge da waren verlassen. Dann kam ich zu einer Telefonzelle, so einsam und zugleich so anheimelnd, daß ich von ihr aus sofort jemanden anrufen wollte. Neben der Zelle stand ein aufgegebenes Auto, an dessen Antenne noch in Fetzen die rosa Hochzeitsschleifen hingen, und endlich einmal hatte ich eine klare politische Vorstellung: die Zerstörung der Welt, die endgültige Zerstörung, als Lösung (aber Vorsicht: das kann wohl manchmal ein Ausruf sein, nie aber ein Aufruf)

Intuition heißt: einen Angelpunkt finden

Ich kann nichts schreiben, bei dem ich etwas besser weiß; bei dem ich aufhöre, Menschenkind zu sein

An einem glücklichen Tag tauft man alles, was einem begegnet, um und gibt auch dem sonst Unbezeichneten Namen (hat, unwillkürlich, Bezeichnungen dafür)

Sie erkannten die eigene Sehnsucht, als diese in ihnen endlich lebendig wurde, nicht wieder, weil sie ihnen bis dahin immer nur ausgestopft begegnet war

Die Photos nackter Frauen stürzen in eine andere, in die üble Einsamkeit: in die Einsamkeit ohne Bewußtsein meiner selbst

Die Filme, in denen Kinder »Erstaunen« spielen müssen, »mit offenen Mündern«: Mißbrauch der äußersten Art

In den letzten Tagen hat alles noch mögliche zu reifen aufgehört; die Tomaten, die Brombeeren bleiben grün. Nur die Pilze wuchern noch im nassen Gras

Manchmal schlicht die Sehnsucht nach einer Delikatesse. Es ist keine Lust, sondern eine Sehnsucht

Drinnen, wo er saß, überrieselte ihn der Laubfall draußen

Goethe reagierte manchmal angemessen gewunden

Wenigstens an den offenen Gräbern standen ein paar denkende Menschen. Was dachten sie? Alles

Organisierende, organische Phantasie: als der Glanz des Alltags. – Wenn dieser aber unfaßbar und undeutlich geblieben ist, ist auch die Phantasie ohne ihr Lebenselement. Sie tritt unverbunden auf mit dem Erlebten; eine unorganisch kalte, bloß herumgeisternde Phantasie, die dann versagen muß bei ihrer Wiederbeatmung des vergangenen Tages. Auch die Menschen dieses Tages sind dann für immer vergangen, versunken in der Zeitenferne. Die Phantasie ist so nur noch grausam: spielt, unfähig, den Zusammenhang zu stiften, mit den Tagesereignissen und -menschen wie mit Fossilien, hinter bedunsteten Scheiben

Im Schreiben spiele ich die Rolle nicht, die ich mir im Leben in der Regel aufzwingen lasse: ich spiele keine Rolle mehr, sitze nur einfach dabei

Ich brauche jemanden, der manche meiner Taten freundlicher schildert, als ich sie empfinde, und trotzdem genau

Er war zuhörend so aufmerksam, daß er dabei kein einziges Mal nickte

Wenn ich ganz ruhig *versunken* bin, nehme ich wahr eine Art ewiger Schrift (besser: ewiger stiller Rede); wenn ich ganz ruhig *aufmerksam* bin, nehme ich wahr eine Art ewiger Bilderfolge: das bewußte Schreiben aber hieße, daß beides in eins geschieht: RIDET ACANTHUS (Vergil)

Das Auge der geängstigten Maus blinkte im Gras wie ein Tautropfen

Je auswegloser sein Leben wurde, desto schöner wurde seine Schrift

Das Kind schlief erschöpft, endlich von jeder Liebe verschont

Jeder soll den Tisch, an dem ich gerade sitze, als Schreibtisch achten, auch wenn es der Tisch in einem Restaurant, der Klapptisch in einem Zug ist; der Schreibtisch geht vor

Was heißt: »Schöner Traum«? – Ich gehöre dazu

Praktizierende Liebe: ein Wählen ist möglich geworden in den alltäglichsten, scheinbar unabän-
derlichen Handreichungen, in den einförmigen,
vor-fertigen Abläufen. Ja, das ist die Wohltat, die
Freiheit, das Abenteuer des Liebens: ich kann
wählerisch werden innerhalb eines scheinbaren
Zwangssystems

Ich will so schreiben, daß ich dich, ohne Ausreden
für dich zu suchen, entschuldige

Er wollte weder geliebt noch gehaßt werden. Aber
er sehnte sich nach einer kurzen, verschwiegenen,
unausgesprochenen Komplizenschaft

Die große Erkenntnislust manchmal, ja, eine Erkenntnis-Energie: ohne daß sich dann aber etwas
zu erkennen gibt; nur Kinder laufen auf der Straße
(es gibt vielleicht keine Erkenntnis; aber es gibt die
Erkenntnis-Energie)

Wie oft ich die Gewalt des Himmels, der Bäume,
der Blätter, der Gräser vergesse; die erhebende,
tröstende, würdigende Gewalt

Warte auf die Phantasie: sie wird das Erlebte als
Stoff undeutlich machen, es andrerseits genauer
formen

»Sein Auge ruhte auf…«: Epik

Das Schöne, das ich erlebe, will dargebracht werden; dargebracht werden wem? Dargebracht werden

Plaudere im Wahnsinn keine Namen aus

Mit einem letzten Blick aus dem Fenster versorgte er sich mit Munition gegen die Träume

Der poetische Mensch ist vielleicht auch daran zu erkennen, daß, wenn ihm einmal Geunke und Gejammer entfahren, ein Mißton daraus wird: im Gegensatz zu den stetigen Unkern, deren Geunke einen anhaltenden Ton gibt aus Mißtönen, welche im einzelnen gar nicht mehr auffallen

Meinen Schein wahren: große Aufgabe (meinen Schein wahrmachen)

Durch den bloßen Willen zwang er aus dem leeren Horizont eine Erscheinung: und eine Art Nordlicht erstrahlte dann dort, einige Momente lang

Frag dich bei jedem Satz, der dir durch den Kopf geht: »Ist das wirklich meine Sprache?«

Beim Hinaufschauen in das Gewölbe der Kathedrale empfand ich dort sanfte, mächtige Bewegungen. Fast unwillkürlich fing ich ein Gebet an. Der Blick in das sich wölbende Gerippe ging wie in eine weite Hügellandschaft, wo die Hügel gegeneinander verliefen: ein Abbild des ganzen Landes in der Kirchendecke mitten in seiner Hauptstadt. Und das schönste war die Dunkelheit in dem Riesenraum (Notre Dame de Paris, Unsere Liebe Frau von Paris)

Ich hatte das Gefühl für den anderen schon im voraus, für mich, gehabt, und teilte es dann nur noch mit. Aber warum nicht? War das nicht besser, als Unmittelbarkeit vorzutäuschen? – Es käme also auf das Nicht-Leugnen des bloß Mitteilungshaften an – und die Mitteilung würde etwas Schönes. (Und wirklich, das Gefühl für den anderen entstand neu, durch die ruhige Mitteilung)

Ein Epos aus Haikus, die sich dabei aber keinesfalls als solche Einzeldinge bemerkbar machen, ohne Handlung, ohne Intrige, ohne Dramatik, und doch erzählend: das schwebt mir vor als das Höchste

In diesen Jahren vergaßen wir alle sehr schnell, daß wir den anderen einmal geliebt hatten. Oder ist das immer so gewesen?

Hinter der Zeder und der Bahnhofsbrücke war ein Gefühl von »Westen«, und das still glänzende Lila des Himmels gab den Eindruck von »Luxus«. Ein Regenbogen stand am Morgenhimmel, noch fast in der Dämmerung. Es war kaum ein Bogen, sondern eher ein gerade anliegender Schein an der Unterseite der Wolken; und dann erst bildete sich der Bogen zusehends ganz über den Himmel aus und verschwand danach ziemlich rasch, mit einem letzten kleinen Scheinen, das nur dem sichtbar wurde, der auch den Bogen zuvor gesehen hatte. Der Himmel am Horizont war jetzt wie eine Augenfarbe. Doch sowie man willkürlich zu ihm flüchten wollte, war er nicht da

Schreib so leicht wie schneidend

In der Betrachtung des gigantischen Zitterns, Flimmerns, Gleißens, Irrlichterns, Rieselns, Treibens auf dem Teichwasser, das vorbeizog, stetig und langsam wie ein Strom, und dann wieder nur streifig dastand, mit der Sonne, die aus den Wolken kam und die Uferbäume erhob, fühlte ich mich als Wissenschaftler: vielfältig regte sich die Welt am Etang de Villebon, und die Erscheinungen auf dem Wasser wirkten, ruhig betrachtet, als ein wärmendes Ziehen in den Händen

Jugendliches Nacktsein im Bett; dann steigt man in die Kleider wie in Jahre

Nimm dir ein Beispiel an der Katze: wie jäh sie jeweils zu spielen aufhört und verschwindet

Runge berichtet, daß er als Kind, todkrank, einmal aufgewacht sei, weil seine Mutter über ihm weinte. Da habe ihn eine solche Liebe zu ihr erfaßt, daß er sich fest an sie geklammert habe; diese Kraft habe ihn ins Leben zurückgeholt. Darum habe er Liebe zum Grund seines Lebens gemacht

Liebeshandlung: Er versetzte sich nicht in den anderen, sondern versetzte den anderen in sich

»Es fehlt mir dafür, was mir für alles fehlt, was nicht Kunst ist: die Begehrlichkeit« (Flaubert)

Ich möchte nicht bekannt sein als »Schriftsteller«, sondern? als Sachverständiger (der seine Sache liebt)

»Was ist Wahrheit?« – Ich kann nur sagen, wie sie wirkt. Wenn sie erscheint, nickt man jedenfalls nicht und sagt: »Ja, das ist wahr, ja, das stimmt«, sondern man ist erschüttert, bis zum Aufschrei (oder zum Inschrei)

Im Bewußtsein der Schuld habe ich keine Sprache mehr (Flaubert aber hat immer Sprache, selbst wenn er sich unentwegt rhetorisch beschuldigt)

»Wie fröhlich melancholisch diese Dichtung ist!« sagt Flaubert über den Don Quichote (so wünsche ich es auch für Sorgers Geschichte)

»Das politische Denken ist eine Mystifikation, die darin besteht, daß man das Böse in seine Gegner projiziert. Deswegen bleibt es unzerstörbar«

Er heilte das leidende Kind durch ruhiges Vergleichen

Eine Arbeit erscheint mir fehlgeschlagen, wenn die Welt danach Kulisse blieb. Wäre die Arbeit gelungen, so würde die Welt dadurch körperhaft und massiv

Von Jahr zu Jahr wurden die Jahreszeiten tiefere Räume, in denen würdevolle Menschen (und würdevolle Kinder) gingen, und es gab kein Neidgefühl mehr, wie früher, auf Leute in anderen Gegenden, anderen Breiten: *ich bin im Geschehen* (nur manchmal noch denke ich, zwanghaft, in die unschuldige Landschaft das System der gerade ausgestrahlten Fernsehprogramme hinein, und meine Gefühle können sich nicht mehr zu dem anderen hinschwingen, »hinter die Hügel«)

Ein Krieg wird, was ich tue, nicht widerlegen; aber ich habe ihn auch nicht nötig zur Selbstbestätigung

Auf einer Bank saß ein Mann und blies den Speichel aus seiner Pfeife. Auf einer anderen Bank saß ein Mann, der mit den Fingern den Rosenkranz abzählte. Auf das sei aus, und das halt fest, was die Gegenwart friedlich verbildlicht und die Zukunft nicht schwer macht

In der Zivilisation war eine »Straße für den Herbst« übriggelassen – eine Allee mit Mauern und Zäunen beidseits –, und ich bewegte mich durch diese vom Wind hervorgerufene Furt, in der mir die Blätter entgegenkamen, -purzelten, -sprangen, wie über unsichtbare Schanzen

Flaubert widerstand den Huren in Ägypten, »um die Melancholie dieses Bildes zu bewahren und zu erreichen, daß es noch tiefer in mir erhalten bleibt«. – »Deswegen bin ich wie geblendet weggegangen. Es gibt nichts Schöneres als diese rufenden Frauen.«

Sie hatte schöne Augen, vom geduldigen Warten

Die nur für einen Bestimmten strahlende Frau ver-
schloß dem zufälligen anderen sofort das Gesicht.
Der dritte lachte nicht darüber, sondern war er-
grimmt. Findet die Schöne »ihren Mann«, hört sie
auf, schön zu sein, auch wenn ihr Mann ich bin

Oft log er nur deswegen, weil er beim Lügen weniger reden mußte. Und oft verletzte er jemanden
mit einer kurzangebundenen Wahrheit, weil er zu
faul war zu lügen; usw.

Für einen Augenblick des Tages so leichtsinnig
werden, so bewußt seiner selbst in der Landschaft,
daß jede Äußerung zu einem Spiel auffordert, und
selbst das Nichtstun spielerisch ist: tatenlos sitze
ich da und spiele

Ich wäre gern ein fundiert feierlicher Mensch, für
mich, allein, öfter

»Ich glaube, daß die Ideen Fakten sind. Ich weiß,
daß es schwierig ist, damit jemand zu interessieren, doch ist das dann die Schuld des Stils« (Flaubert)

Als wäre das Leben ohne die Kunst nur ein täglich
sich wiederholender Fortsetzungsroman, ein Leben wie das des Zuhörers einer Schlagersendung:
er wartet jeweils noch das nächste Lied ab, und

dann noch eines, und dann noch eines, und schließlich war er bis zum Ende dabei (die Kunst aber erhöhte den Schwierigkeitsgrad von Leben)

Sorgers Geschichte soll ganz abseits von der öffentlichen Geschichte vor sich gehen, ähnlich wie die des ins Abseits verschlagenen Odysseus

Beim Sport einen Sieger zu sehen, kann erschütternd sein (oder ergreifend), in der Kunst nicht: da ist der Sieger abstoßend

»Ich weiß nicht weiter«, das hieße: »Ich fühle keine Formen mehr«

Er sah das Meer als das, was sonst hinter den Hügeln und Häusern war, und diese Leere bevölkerte sich im Betrachten mit seinen unbenutzten Lebensmöglichkeiten, die sich dort blaß, vage, unbestimmbar, und doch mit großer Kraft abzeichneten. Bei der Rückkehr ins Landesinnere fühlte er dann das Meer unter den Häusern der Weltstadt

Sorger, abgesetzt im Urwald von Michigan, hielt, mit großer Stimmanstrengung, eine Rede an viele über die Vorzüge des Kommunismus (dieser sei doch die erste umfassende Idee der Menschheit und noch gar nicht richtig versucht), als ihm dabei Schleim aus Mund und Nase sprang, so daß er

eine Zeitlang vor den Zuhörern Tanzschritte machen mußte. Dann, weitersprechend, wurde er
von der Menge unterbrochen, die ihn lallend von
oben mit Herbstblättern überstreute

Die Frau lächelte dem Mann zu, und lächelte dann
weiter, in ihre aufgestützte Hand hinein

Ist in der Zärtlichkeit etwas anderes als Berührung
nicht Übertreibung?

Auch die Erfinder der Ausdrücke »Hoher Norden«, »Tiefer Süden«, »Ferner Osten«, »Wilder
Westen« waren große Poeten

Seine Erinnerung blieb plötzlich, zitternd, stehen,
wie ein Bussard in der Luft. So ließ er sie lange: sie
stieß nicht herunter, sie flog nicht weiter

Es war in Alaska, in jenen gefährlichen Momenten
bei Sonnenuntergang, wenn das Licht kurz so hell
wurde, daß es töten konnte. Alle Leute flüchteten
sich schnell in die Hütte, wo er war, und als jenes
Licht aufblitzte, warfen sie ihn Ahnungslosen zu
Boden

»Ich empfinde ein Jucken nach einem Epos«
(Flaubert)

Nach einem überstandenen Schock: Bedürfnis, zu erzählen, zu erzählen, zu erzählen

»Ich habe am Donnerstag abend zwei volle Stunden damit verbracht, mit in die Hände gestütztem Kopf von den gestreiften Einfassungsmauern von Ekbatana zu träumen«

Fast jedesmal, wenn ich mich mit dem Kopf an etwas anlehnen wollte, merkte ich, schon in der Bewegung, daß es nicht das Richtige war

Der mit einem Garten leben könnte, und ohne Garten lebt, und vom Leben ohne Garten winselt, begeht ein großes Unrecht

Als er wahnsinnig wurde, hörte er auf zu urteilen; wie manchem Kind gefiel ihm alles, besonders in der Kunst. Er sah die Umwelt nur noch aus den Augenwinkeln. Er wollte sich nicht mehr informieren; als er sich dann aber doch dazu zwang und eine Zeitung aufschlug, brach der Wahnsinn aus, totschlägerisch. Er faltete alles, was zu falten war. »Glück gehabt!« sagte er zu sich selber, wenn ihm einmal eine Sache nicht gleich aus der Hand fiel. Er stierte, konnte aber seinerseits keinem Blick standhalten. Ein Wahnsinnsmerkmal war, daß er alles übertrieb. Er war pünktlichkeitshysterisch, fahrplanabhängig; und jede kleine Pflicht

des nächsten Tages war schwer im Kopf festge-
hakt. Er konnte nicht schweigen (dabei hatte er
gehofft, im Wahnsinn wenigstens schweigen zu
können). Was er besonders hervorkehrte, waren
die üblen Gewohnheiten. Vergeblich wünschte er
jemandem, der ihm Vorwürfe machte, sagen zu
können: »Helfen Sie mir doch!« Er wollte töten,
um mit dem Getöteten seinen Abgrund zu ver-
stopfen. Die Abwesenheit der Vernunft spürte er
nicht im leeren Kopf, sondern in der beängstigend
leeren Brust. Er sah sich als »Riesen des Wahnsinns«: riesig aufgerichtet in einer klein-kleinen
Umgebung (Gulliver). Die Röte in seinem Gesicht
blieb sehr lange auf seiner Haut, wie eine Schrift.
Am Abend dann dachte er: »Ich war heute inwen-
dig den ganzen Tag verrückt. Aber niemand faßte
Verdacht, außer einem Kind und einem Tier.
Fürchterlicher, heiliger Tag des Wahnsinns!« Später erzählte er davon einer Frau, die ihren Wahnsinn samt Anstalt schon hinter sich hatte. Sie sah
ihn an und sagte: »Das Leben ist lang, nicht
wahr?« Eine andere, der er davon erzählte, sagte,
für sie sei schon als Kind der Wahnsinn eine Alltäglichkeit gewesen, auch eine Art der Lebendigkeit und Abenteuerlichkeit. Der Wahnsinn war
schon immer auch ihr Reich, in dem sie herrschte.
Angst vor dem Wahnsinn habe sie nur insofern,
als es darin keine »Grenzen« mehr geben könnte.
Draußen auf dem Bushalteplatz schrie dann ein

ausdrücklich Wahnsinniger, und er dachte: »Seine Stimme könnte jetzt auch die meine sein – und ich sitze versunken da im Bus und lausche deinen unverständlichen Lauten...«

Ich werde schreibend die Schönheit wiederfinden. Es gibt keine »leere Schönheit«, sie gibt immer eine Idee oder läßt eine vergessene wiederkehren; die Schönheit geht immer durch und durch

»Ja! Wenn sie verrückt ist, wird es möglich für sie, sich ganz alleine zu amüsieren« (Unica Zürn)

Täglich fällt der Satz, der einen verurteilt, und er ist in der Regel gar nicht an einen selber gerichtet, sondern wird gesprochen in einem Film, wird auf der Straße gesagt über einen Unbekannten, steht in einem Buch als Weisheit; aber ich höre ihn als mein Todesurteil

Unica Zürn drehte, verrückt geworden, das rote Futter ihres weißen Mantels nach außen, wie zu einem Fest. Es war eine neue Erfahrung für sie, die Menschen zu erschrecken, und das gefiel ihr. Endlich war sie, wahnsinnig, undurchdringlich geworden: das größte Spiel. Manchmal lächelte sie vergnügt, einen anderen Wahnsinn erfindend als den eigenen

»Dieses da wird kein gutes Buch sein. Sei's drum, wenn es nur von großen Dingen träumen läßt« (Flaubert)

Als müßte man aus der All-Informiertheit sämtliche Lebensbereiche wiedergewinnen und für die anderen, schreibend, wiederbeleben. Jede Einzelheit scheint bereits zur Meinung »geklärt«, ein weißer Fleck geworden. Immer mehr Bereiche der Welt sind, vor lauter Information, Meinung, Nachricht, wieder zu weißen Flecken geworden

Liebesmühe: Ich suche nach einem Wort (ich ändere ein gewohntes)

Personifizierte Zartheit = Klarheit, und Schönheit, und Aufmerksamkeit

Nach dem zu langen Herbst setzte mit der Schneeluft wieder die Hoffnung ein, unterstützt von einem Satz aus dem Radio: »In Savoyen fiel der erste Schnee«, und in die alten Pfützen fiel der neue Regen (in die Morgenpfützen fiel der Abendregen); und eine Pfütze, sonnenglänzend die Ränder, hatte die Form der Unendlichkeitsschleife

»Schau, wo du gehst!« Durch diesen Spruch wurde Sorger zum Erdforscher

Die Poesie fühlend, vertrage ich keine (andere) Information mehr

»Das ganze Problem besteht darin, auf harmonische Weise zu übertreiben« (Flaubert). Im Zeitalter der Übertreibungen übertreibe auch ich täglich, vor mir selber (auch »harmonisch«?)

Ein Zorn, der sich nicht bemüht, auch recht zu haben, sich auch an den anderen zu richten, ihn zu betreffen, zu ihm zu sprechen, ist kein Zorn, sondern bloßes Wüten. Der richtige Zorn muß sich zugleich formulieren, für den anderen, gibt dem Formulierenden Stärke (anders als das Wüten) und ermöglicht endlich die Heiterkeit

Der Kommunismus ist eine Idee; der Faschismus aber ist eine bloße Ausrede, eine angemaßte Freisprechung des täglich Bestialischen durch Ritualisierung desselben

Sicherlich ist die Vernunft nicht zu umgehen; aber was mich enthusiastisch macht und dem, was ich tue, erst den Zusammenhalt gibt, ist seit je das, was die Vernunft übersteigt: das Himmelslied, der Himmelsschrei

Sich zur Liebe vorbereitend, machte er sich vor allem darauf gefaßt, daß es dem anderen gar nicht um Liebe zu tun wäre. So gewann er zugleich die nötige Sachlichkeit und war damit zur Liebe bereit

Sie redete Kinder nie von sich aus an: aus Achtung, und Vorsicht, und Verwandtschaftlichkeit

Eine schreckliche Entdeckung: die Idee, die ich, von klein auf, von mir selber hatte – das Bild, die Abgrenzung, hinter welche ich mich bei jeder Infragestellung durch die anderen immer wieder im Stolz des »Ich bin ich und für mich allein zuständig« zurückziehen konnte –: diese Idee gilt nicht, es gibt sie nicht, weder Bild noch Abgrenzung noch Eigenbereich, wo ich mich zuvor als Unberührbarer fühlte. Schreckliche Entdeckung? Nützliche Entdeckung?

Ich träumte das Märchen von dem, den es nach langer schmerzhafter Irrfahrt in ein Schloß verschlug, wohin seit vierzig Jahren niemand mehr gekommen war. Der Ankömmling erzählte dem einzigen Bewohner des Schlosses nun nicht seine Geschichte, sondern salbte ihm Brust und Rükken. So bestand er die Prüfung, und der Schloßherr war erlöst, weil der andere ihm einmal *nicht* seine Leidensgeschichte erzählt hatte (wie sonst die Ankömmlinge)

Sich in das andere ganz hineinfühlend, sagte er dann zu diesem: »Mein Wesen!«

Gefährlich wird mir das Lob, weil ich doch nicht glauben kann, daß es so ganz und gar erfunden ist

Ja, er war fähig, sich ganz in andere hineinzudenken, sie sich anzuverwandeln. Er brauchte dazu nur jenen Moment, in dem sie offen waren; sich ruhig preisgaben; Vertrauen hatten; und sich dann zeigten als allegorische Figuren von »Trauer«, »Zorn«, »Freude«, »Begehren«: da merkte er sie sich, für immer

»In meinen freien Augenblicken mache ich nichts, als an die Gestorbenen zu denken« (Flaubert)

Zart konnte er nur sein, weil er eigentlich grob war

Wäre ich, in welchem Fach auch immer, ein Kenner, so wäre ich verloren

Vollmond / Reif im Gras / Morgenstern / Zugrauschen / Fensterleuchten / Gaszischen / Katzenschmatzen / Weltstadt

Einmal würde er die Drohungen, die er immer wieder gegen sich ausstieß, verwirklichen müssen; sonst blieben sie ewige Ausreden

Der Wahnsinnige hat immer schon Pläne für den nächsten Tag, und weil diese Pläne sich ja nie vollständig verwirklichen lassen, wird er immer wahnsinniger. Dabei werden die Pläne immer detaillierter und um immer mehr Tage vorverlegt, und der Wahnsinnige wird wahnsinniger und wahnsinniger. Aus allen offenen Türen und Fenstern hört er schließlich nichts mehr als Zahlen. (Hat dieser Zahlenwahnsinn nicht schon mit jenen dem Kind einst aufgezwungenen zusätzlichen Essenslöffeln angefangen: »Noch fünf Löffel...«?) Wenn er nach dem Wahn mit dem Denken wieder in sich einhakt, »sich einholt«, ist es, als kehre er in sein Raumschiff zurück, nach einem unfreiwilligen Gependel über dessen Rand hinaus (er, ohne sich, hat »getrudelt«)

Er war schuldig, aber noch nicht angeklagt; und er wußte, daß es mit den meisten ebenso war: sie waren schuldig, ohne Einschränkung. Und er sagte sich: »Als Angeklagter würde ich endlich aufrichtig, lebendig, selbstverständlich werden!« Aber niemand klagte ihn an (»die Zeit nach Kafka«)

Um sich in der Gegenwart zu halten, wollte er sich bewußt machen, mit welchen Dingen er jeweils umging: den Stoff der Dinge, ihre Farbe, ihren Ursprung, ihre Form. Dann merkte er, daß er sich ja schon »hielt«, gerade indem er, und zwar sorgfältig, mit den Dingen umging

»So tröste ich mich wieder wie so oft mit dem Paradox, daß man auch in Ahnung und Unwissenheit eine Art Erfahrung machen kann« (Entweder – Oder)

Was da an Schmutz sichtbar ist, z. B. an den Fensterscheiben, das ist doch nur der schöne Dreck der Welt

Was entspricht mir als Werkzeug? Nicht die Kamera, auch nicht die Schreibmaschine (und nicht die Füllfeder oder der Pinsel). Aber was entspricht mir als Werkzeug? Der Bleistift

»So dürftig meine Fiktionen auch sein mögen, sie sind besser als die erdrückende Wirklichkeit« (Flaubert); »Das Suchen nach Sätzen bewirkt, daß man das Bedauern über die Dinge vergißt, und allmählich vergeht so das Leben. Umso besser!« (derselbe)

Visionen sind für mich nicht Bilder, sondern Worte (*diese* Visionen erst überwältigen mich)

Haß: ich sehe keine Einzelheit; Verachtung: ich sehe nur die Einzelheiten

Schändlich der Mathematiker, der kein Philosoph wird

Eine Amtsstube, in der man vergessen hätte, die Kalenderblätter abzureißen (Achtung: oft ist, was ich wahrnehme – und hier aufschreibe – keine den Tatsachen entsprechende Wiedergabe, sondern die Idee zu einer Erzählung – so wie wenn ich in der Tatsächlichkeit einen Pudel über den Rasen hoppeln sehe und dazu dann aufschreibe: »Ein Pudel ging an einem Rasenscheinwerfer in Flammen auf«)

Erst lange, nachdem er die Arbeit beendet hatte, kam die Unverletzlichkeit dessen, der etwas geschaffen hat; dazwischen aber war es die große Verletzlichkeit

Verwechsle nicht die Selbstbeschuldigung mit der Selbstkritik: in jene versinkst du, aus dieser tauchst du erfrischt wieder auf

Erobere dir täglich zu deinen täglichen Wörtern eines dazu

Es geht nicht an, sich über die Kinder lustig zu machen, die schamhaft sind

Eine ungezwungene Allegorie des Lebens: der Massenlanglauf, zu Beginn ein Pulk, dann nur noch einzeln Laufende

Die Toten saßen am Tisch und gerieten untereinander in Streit, ganz wie in den Sagen: als sei das Streiten das Leben der Toten

Das Problem des Lebens: die Fortsetzung, der Übergang (wie setze ich ein erworbenes Wohlsein fort?). Immer schwieriger scheint es zu werden, sich von einer Art Tätigkeit zur anderen weiterzuschwingen, sei es auch nur vom »Aufräumen« zum »Briefeschreiben«, vom »Fernsehen« zum »Lesen«, vom »Holzsägen im Garten« zum »Helfen beim Aufgabenmachen« (nur mit gleichsam fürchterlichen Umschaltgeräuschen schaffe ich manche Übergänge im Tageslauf)

Nach Kierkegaard erscheint in den Volkssagen das Musikalische als das Dämonische: »Das Sinnliche... erwacht zu tiefer Melancholie. Die Begierde ist noch nicht erwacht, sie ist schwermütig geahnt«

Sie bewegte sich in ihrem nackten Körper wie in einer Uniform

In dem Geschäft gab es nichts als Kissen und das Lächeln der Geschäftsinhaberin

Was soll das heißen: »die Weigerung, sich mit dem Bösen zu konfrontieren«? Ich konfrontiere mich doch mit mir selber

Zwei Menschen standen nebeneinander auf der Straße, im Abstand, stillhaltend, einander liebend. Beide zitterten, für sich, aus sich selber

Ich saß im Haus und bewegte mich stetig durch die Nacht, ohne ein einziges Kopfwenden, mit dem schweren tiefen Selbstgefühl eines seit je Verwundeten; kosmische Gestalt, gehüllt in das Wohlgefühl, auf einer Reise zu sein, das durch jedes Türenschlagen im Wind noch verstärkt wurde. Zugleich saßen die Leute draußen in den brausenden Zügen, kopfwackelnd, sehr allein, meine Getreuen! Ich würde jetzt die sonderbarsten Fragen beantworten können, rasch und selbstverständlich, so als hätte ich gerade auf sie gewartet. Die Welt war still, mit einzelnen Werkzeuggeräuschen darin, und ich hatte keine Eile mehr. Eine große Lust überkam mich, Schöpfer zu sein! Dann vertiefte ich mich in ein

Buch, und wurde zwergenhaft vom nächtlichen Lesen

Drei Stadien der Begierde nach Kierkegaard: 1) träumend 2) suchend 3) begehrend

»Wenn man nun (bei Wahnsinnigen) die Musik anwendet, so macht man den Patienten nur noch wahnsinniger, mag es auch den Anschein haben, als ob er geheilt wäre«

Eheliche Liebe: »absolut unmusikalisch« (Kierkegaard)

Wenn ich »Größe« will, heißt das: die Sprache, in der ich mich aufrichten kann (nicht »sich veredeln« oder »besser werden«, sondern einfach: sich aufrecht erhalten)

Es gibt die Momente, da ich Hilfe herbeirufen möchte; aber bei wem?

Die besten sind jene Bücher, die einen immer wieder dazu bringen, innezuhalten, aufzuschauen, in die Gegend zu schauen, tief einzuatmen, sich von der Sonne bescheinen zu lassen – auch wenn diese gar nicht scheint (das einzige, was ich jemandem wie Simenon »vorwerfe«: daß ich ihn zu schnell lese)

Er sah in die Augen des Autolenkers, der ihn gerade um ein Haar überfahren hätte, und erkannte, daß der Blick des anderen im Unglücksfall genauso gewesen wäre wie jetzt: nicht feindselig, auch nicht gleichgültig, einfach nur bösartig-abwesend; und er, der Betroffene, nickte inseitig zu dieser Tatsache

Eine literarische Erfindung heißt, daß ich immer weiter erfinden kann: die Erfindung geht nicht zu Ende, verbraucht sich nicht, hat keinen Schluß (das erst ist das Zeichen, daß sie gilt)

Nimm den Leuten ihre täglichen Metaphern weg

Eine Spießgesellin würde ich brauchen gegen die Zeit, in der ich lebe: keine »Geliebte«, keine »Freundin«, keine »Vertraute«, sondern eine Spießgesellin

»Die Begierde hat in dem einzelnen ihren absoluten Gegenstand. Hierin liegt das Verführerische. Die Begierde ist deshalb in diesem Stadium absolut gesund, sieghaft, triumphierend, unwiderstehlich und dämonisch«

Die letzten Blätter hängen in den Bäumen wie die Glühbirnen zu einem Fest

Verhaßt werden mir die Leute, sowie sie sich als Typen zeigen; entweder das erhabene Lebewesen setze dagegen, oder das bekümmerte Menschlein (das meiste, was ich über das Schreiben denke, denke ich ja zugleich über das Leben)

Der Wind: Zuerst zogen nur die Wolken oben schneller. Dann fingen die Blätter allmählich zu zittern an. Dann erst ist der Wind da

»Je mehr das Drama durchreflektiert ist, umso mehr ist die Stimmung zur Handlung verklärt«

Im Umgang mit ihm, den sie »wahrhaftig« nannten, wurden sie nicht etwa selber wahrhaftig, sondern logen besonders beflissen, um seiner »Wahrhaftigkeit« zu schmeicheln

Durch seine Herkunft – aus keiner Klasse – erschien es ihm unstatthaft, das ausdrückliche Denken mitzumachen: solcherart Denken sah er tatsächlich als eine »klassenspezifische« Beschäftigung, aus der er, auch wenn er sich darauf einlassen wollte, immer wieder herausfiel – in Waldlichtungen, Misthaufen, geschnittenes Schilf (wie Karl Philipp Moritz)

Wenn es ihm nicht gelang, sich in die Welt zu vertiefen, wurde er von dieser vergessen: die vergessende Welt

Sorglos betrachtete er die Vögel im Gras: aus Sorglosigkeit erst war er zu solcher Betrachtung fähig: das Hochgefühl »Leben« hieß: Sorglosigkeit

Die Kraft der Märchen – die Kraftlosigkeit der Legenden: die Märchen ergreifen mich als Lebenslehre und wirken so in mir nach; was die Legenden dagegen erzählen, war einmal, nur *ein*mal, ja, nicht einmal einmal

Er empfand eine paradoxe Eifersucht, weil die schöne Frau nur für ihn da war, und identifizierte sich mit den Männern, die sie anblickten, an denen sie aber so achtlos, nur Augen für ihn habend, vorbeiging: er hätte sie für diese Achtlosigkeit schlagen können

Gebannt betrachtete er eine Blinde, die sich mit dem Stock durch die Bahnhofshalle tastete und gleich gegen eine Betonsäule stoßen würde. Und schon stieß er gehend selber gegen eine Säule, während die Blinde sich spielend an der ihren vorbeitastete

Anrede an ein Tier: »Einsamer Spieler!«

Dumm werde ich auch davon, daß ich zu lange nur für einen anderen da bin

Er wollte dem Tier eine Seele einreden, Tag für Tag: einmal würde es ihm gelingen (»Tier, du mußt eine Seele kriegen!«). Als das Tier dann starb, blieb die Anmut seiner Gesten und Haltungen im Gedächtnis, besonders sein schief erhobener Kopf in der Haustür, und die Welt draußen auf der Straße wich zu Bildern zurück (Tableauhaftigkeit der Welt in der Trauer). Mit diesem kleinen Tod wurde ihm wieder die Lieblosigkeit bewußt: als sei jeder Tod, wie auch immer, durch Lieblosigkeit bewirkt; und als könnte Liebe tatsächlich zum ewigen Leben führen. Und doch genügte bei ihm dann ein Abend, die tote Katze zu vergessen. Nur das Kind hörte nicht auf zu trauern. Trauernd, war es nicht mehr kitzlig. »Sie ist mir tot«, sagte es von der Katze. Dann erst kam eine gnädige Müdigkeit über das Trauernde, eine Aura von Müdigkeit, die göttliche Müdigkeit, der Gott der Müdigkeit. In der Haltung der Trostlosigkeit schlief es *ganz leise.* Der Erwachsene ging hinaus in den Garten und sah die nichtbeleuchtete Seite des zunehmenden Mondes. Der unwiederbringliche Verlust gab ein starkes Gefühl des Ekels: er ekelte sich vor dem Tod, weil nichts dazu zu denken war. Schlafend war er sich dann bewußt, daß er, so daliegend, immer wieder, wie in wechselnden lebenden Bildern, Haltungen des verstorbenen Tiers verkörperte. Allmählich wurde das Tote in der Vorstellung durchsichtig und verlor seinen Körper; die Räume, in denen es gewesen war, wurden wieder leer. Nur manchmal wurde es noch hörbar, als Regentropfen im Haus

Zeitweise spüre ich eine Macht, die nicht auszuüben scheinheilig wäre

Im Entsetzen bleibt nicht etwa »das Herz stehen«, sondern der übrige Körper ist es, der stehen bleibt – das Herz schlägt weiter

Meine Fehler sind Flüchtigkeitsfehler. Aber meine Flüchtigkeit ist ein schwerer Fehler

Da ich eher wie das Feuer bin, lodernd, zusammenfallend, lodernd, zusammenfallend, fühle ich mich hingezogen zum Wasser (und der Name für das fließende Wasser ist: »endlos schön«)

Ich *glaube* an gewisse Gesichter

Im Verlauf meines Lebens sollte mein Denken in immer minimaleren Reaktionen bestehen, überhaupt nur noch Reaktion sein, schließlich nur noch Reflex: das wäre die höchste Stufe

Wortwörtlich – d. h. ein Wort ums andere – denke ich, wenn ich nicht ganz vom Denken erfüllt bin

Das Ich erschien als eine Kanonenkugel, die aus dem Meer hervorschoß, und ich warf mich zur Seite vor Ekel. »Ekel«? Es war eher konzentrierte Bewußtheit, ein Platzen aller Gegebenheiten, der *Ekel der Erkenntnis*. Welcher Erkenntnis? »Daß ich nackt bin, daß ich Ich bin«

Ein Kind beschreibt die Erwachsenen in der Gewißheit, daß es selber unbeschreiblich ist

»Das Poetische war das Mehr, das er selber mitbrachte«

Don Juan: »Sobald die Wirklichkeit ihre Bedeutung als Inzitament verloren hatte, war er entwaffnet, darin lag das Böse in ihm. Dessen war er sich selbst im Augenblick des Inzitaments bewußt, und in diesem Bewußtsein lag das Böse.« (Nach Francis Ponge ist die Sehnsucht, die Don Juan zu dieser oder jener Frau treibt, »die Bovarysation des sexuellen Instinkts«)

Sein Wahnsinn brach aus bei der Frage eines Kindes: »Wie spät ist es?«; und er brach dann immer wieder hervor, wie Feuernester nach dem Löschen, nur durch diese eine Frage, in der er sein Versagen als Zeit-Füller erkannte. Das Elend war, daß das Kind doch nicht aus seinem Bauch gekommen war, und er es auch nicht wieder in seinen Bauch zurückdenken konnte. Es fehlte ihm trotz allem das Rettende, das den anderen in sich aufnehmende mütterliche Gefühl; die Gefühls-Tatsache. (Und die Schultasche stand schwer und breit auf dem Boden des Kinderzimmers, ein schon im voraus tragischer Gegenstand)

»Identität« war eine Schönheit ohnegleichen. Keine Identität mehr zu fühlen, hieß, nicht mehr mit dem bloßen Ein- und Ausatmen die Grenzen um sich ziehen zu können: er war dann, für sich allein, unschön, »unerträglich unschön«; und in den Träumen, wo sich zuvor doch alle Frauen ohne Umschweife hingegeben hatten, wies ihn nun jede ab (Verlust der Identität: mein Leben ist nicht mehr abenteuerlich)

Am umfassendsten ließe mein Haß sich so formulieren: es ist ein Haß auf jene, die sich breitmachen

»Seelenruhe« hieß, daß die Zeit sich öffnete zu einem Raum, wie eine Straße auf einen Platz

Geborgen in seiner Schuld, hatte er keine Angst mehr

Mit der Zeit verlor er das tragische Gefühl für sich. War dieses in seinem Leben nur Episode gewesen? Als tragisch empfand er dann nur noch die unerbittlich einsetzende Gleichgültigkeit und Vergeßlichkeit. Das Wissen blieb übrig als bloßer Stoff, bei dem man an das »Stopfen« der Gänse dachte

Ich habe schon manchmal gelacht beim Schreiben: nicht weil das Geschriebene humorvoll war, sondern weil es mir als die Wahrheit erschien

Er sah das Ich als etwas von Natur eigentlich nicht vom Platz zu Rückendes, und jedesmal, wenn er sich bewegte, war es zum Verwundern, daß er es (oder sich) doch »mitgenommen« hatte mit der Fortbewegung seines Körpers. Es war, als würde man, unbewußt, immer wieder etwas bei Bewußtsein im Grund Unmögliches schaffen und ließe, etwa indem man eine Straße hinunterging, sein Ich an vielen Stellen zurück: als hinterließe man überall »Haufen von Ich«

Bloch hat so lange gesessen, »bis er zu warten anfing«; Sorger dagegen wird so lange sitzen, »bis er nicht mehr wartete« (bis auf den Wolken der Schatten eines Tigers erschien)

Die meisten haben den Tod nicht gesehen, und das ist keine Sache der »Erfahrung«: sonst hätten die Reporter ja alle den Tod sehen müssen. Aber kaum einer von denen hat den Tod gesehen

Indem ich »über Leute« schreibe, ist die Gefahr, daß die inneren Bilder, die sich dann in dir Lesendem von den Beschriebenen zusammensetzen, viel häßlicher, abstoßender sind, als es ihr bloßer Anblick, etwa draußen auf einer Straße, wäre. Die Lesebilder sind oft so viel abtötender, in ihrer Sattsam-Bekanntheit, als der Anblick noch so gewöhnlich erscheinender Leute

Eine Volksdichtung erkenne ich nur in manchen Ortsnamen

In meiner Erinnerung gibt es wenig Sturm: als hätte sich, in der Erinnerung, jeder Sturm besänftigt

Vielleicht ist es doch nicht richtig, daß das Fernsehen ein »kaltes« Medium ist, wo nur »gut ankommt«, wer ruhig und leidenschaftslos bleibt. Das gilt wohl für den Ausschnitt, die Raffung, die Kürzung: sobald freilich Leidenschaft, Hitze, Begeisterung des Auftretenden andauern können, dringen sie doch zum Zuschauer durch, und das Fernsehen hört dann auf, »kalt« zu sein, überhaupt, ein Medium zu sein

Sein Aberglaube: es könnte ihm etwas zustoßen, gerade weil er jeden Aberglauben mißachtete

Das Erlebnis von Wahrheit bringt, im Versuch der Erzählung davon, von selber die Erfindung hervor. Die äußeren Umstände des Erlebnisses verrücken dann notwendig, um die Wahrheit erst sinnfällig zu machen, und rücken in der Erfindung neu zusammen. Die erfindende Erzählung ist also, habe ich nur das Erlebnis »Wahrheit« gehabt, ein Ding der Selbstverständlichkeit. – Und wie weiß ich, daß ich Wahres erlebt habe? – Ich möchte unbedingt davon erzählen

Wie viele Leute sind doch täglich beim Erwachen fassungslos über die Größe ihrer Träume. Sie antworten darauf mit einem ungläubigen Lächeln – einem häßlich ungläubigen Lächeln. Dann ist der Schmerz des Großen vergessen und die Größe wieder abgetan

In der Selbstbiographie Rousseaus kehren sehr oft die Sätze wieder wie »Das waren die Fadenzieher meines Schicksals«, »Das waren die Hintermänner meines Lebens«, »Das waren die Verursacher meiner Leiden«: Sorger würde es nie dulden, daß jemand so etwas von seinem, S.'s, Leben behaupten könnte: er wollte selbst »der Autor seiner Tage« sein

Sterbevorstellung: das träumende Ich ging in das träumende Es über: »Es begann zu träumen«, so wie: »Es begann zu schneien«

»Ich würde die Gesellschaft lieben wie nur irgend jemand, wäre ich nicht gewiß, mich dabei nicht nur von meiner schlechteren Seite zu zeigen, sondern als jemand ganz anderer, als ich bin« (Rousseau)

Die »schreiende Mittelmäßigkeit«: das Schreien gehört dazu

Gibt es vielleicht ein Naturgesetz, nach dem sich im Lauf eines Tages die Welt und die menschlichen Sinnesorgane in der Regel einmal entzweien?, so daß also die Menschen in Wirklichkeit von einem anderen Planeten stammen, der sich in einem anderen System um eine andere Sonne dreht?, und dieses fremde System, von dem wir abstammen, wird hier auf der Erde die Ursache all der Amokläufe von uns Erdfremdlingen?

Er träumte von dem ägyptischen Politiker und wurde dabei dessen Doppel, folgte ihm, als Doppel, in den Wahnsinn und in den Tod. Dann, aufgewacht, dachte er, zu solcher Traumverbindung zwischen sich und einer politischen Person sei es gekommen, weil er erstmals diese begriffen hätte:

als Friedensspringer, als jemanden, der, gegen alle öffentliche Meinung, den Sprung vom Krieg zum Frieden schaffte. Und indem der Politiker den Friedenssprung geschafft hatte, schaffte auch der Träumer den Sprung hin zu ihm. Warum aber hatten er und der Politiker, in einer Person, dann Selbstmord begangen? – Dem Politiker war auf seinem Sprung niemand gefolgt, und so blieb ihm und dem Träumenden nur die Selbstabschaffung

Ich kann den Leuten nicht durch Beobachtung gerecht werden, sondern einzig durch den phantasierenden Entwurf (der unter anderem auch aus Beobachtungen besteht, diese aber zugleich »vergessend«)

Die Nachrichten am Abend gingen an alle, die den Tag überstanden hatten (ich saß in der Vorstellung mit Millionen vor dem Fernseher, zu einem Muster geflochten, zaunähnlich)

Gar nicht sehnsüchtig wird mir zumute, wenn ich die Kindheitsschlager wiederhöre, sondern ich denke: »Da sind sie, die Kindheitsdiebe!«

Launenhaft war er vor allem mit einem Kind; denn dieses störte das Tagträumen, das Phantasieren. Allein, konnte er phantasieren; mit Erwachsenen konnte er erst gar nicht damit anfangen

Sie sagte, zwanzig Jahre alt: »Ich möchte jetzt endlich nicht mehr von Gefühlen sprechen. Jede Regung möchte ich als einen Vorgang beschreiben.« Und: »Nur durch die Versuche, ein normaler Mensch zu werden, werde ich immer eigenartiger.« Und: »Die Worte im Hörsaal hallen weit. Es ist nicht schlimm, wenn sie einen nichts angehen. Man ist weit genug entfernt, um seine eigenen Worte zu finden.«

Ich lernte ihn kennen: d. h. ich sah, wie jung er war; ich sah, daß er jung war

Ein homerischer Vergleich bei Kierkegaard: »...gleich dem Gang der Postpferde in der stillen Nacht«

Ein bekannter Ablauf verwandelte sich unversehens in der Vorstellung in eine unbekannte, nie gedachte, auch nicht denkbare Möglichkeit. Aus der Vorstellung des bloß Vorgegebenen entfaltete sich eine unerhörte Variante: das war die Vision – wenn auch nur im kleinen. (Und ich lachte – wegen der jähen Erlösung vom bloßen Nachdenken, bloßen Nachbeten)

Glücklich, nehme ich keine Natur mehr wahr: »Es regnet«, das ist dann schon alles (die Dummheit eines Glücklichen)

Rousseau erreicht, mit den sogenannten vagen, »gefühligen«, unbestimmten Wörtern, welche die Dinge nie beim Namen nennen, in seinen erotischen Beschreibungen doch die ideale Genauigkeit. Die Aufzählung oder Beschwörung der Einzelheiten ist also unnötig, ja blindmachend (die Lüge, oder der Irrtum, der Literatur der »harten Tatsachen«, der »Direktheit«, der »Ungeschminktheit«, usw.)

Verlogene Zauberhaftigkeit: plötzlich war der Zauber weg, und nur noch die Verlogenheit belästigte

Gesichter im Fernsehen, nicht zu entziffern; Bedürfnis nach einem lateinischen Satz

Schnee flog unversehens aus der Dunkelheit und machte die Welt wieder denkbar; der Schnee als der Sinn (gut, daß er hier so selten ist)

Ich erlebe die Größe nicht als meinen »Wahn«; ich sehe eher *das* Große, immer wieder, mit Sehnsucht (nie aber »meine Größe«); und was ist das Große? Etwas, das mich Alltäglichen inmitten meiner Alltäglichkeit über mich hinaus nach draußen zieht – und doch mit dem nötigen Schwerpunkt Alltäglichkeit – und doch nach draußen zieht, nach draußen zieht, nach draußen zieht

Wo war heute der Garten? Das heißt: Wo war ich?

An ihrem Lachen bemerkte er, daß ihr Ernst nur Beherrschung gewesen war

Unfähig zur Liebe, dachte er nur noch an die Liebe. (Eine Liebes-*Erklärung* war Unsinn, die Liebe mußte ein Sprech-*Ereignis* sein.) Dann kam die Liebe, als plastisches Gefühl: Vorstellung des Geliebten als eines Kunstgegenstands. Und nun ergriff ihn wieder die Unerhörtheit des anderen und erlöste ihn zur Wehrlosigkeit. – Liebe! Und das große Haus war voll

Die Frau vom Land stieß Entzückensschreie aus, so ungeübt, daß sie wie Entsetzensschreie klangen

Zum beliebten Vorwurf der »Flucht«: Ist eine Flucht heutzutage vielleicht nicht das allerabenteuerlichste? (»Der Held der Flucht«)

Sie sagte: »Verdorben hat mich meine Phantasie. Sie verleidete mir zuerst meine Eltern.«

Hoffnung auf den realisierten Sozialismus, wo es dann nur noch die ewigkeitlichen Künstler gäbe: Leben und Tod, Männer und Frauen, Erwachsene und Kinder, Welt und Ich, Himmel und Erde, Rätsel, die zugleich Auflösung wären

Wieder einmal gelang es mir, mich zu verleugnen: und der Hahn in meinem Innern krähte fröhlich. Wenn ich besonders stark der bin, der ich bin, gelingt es mir, zu sagen, daß ich nicht der bin, der ich bin

Nach einer überstandenen Gefahr: unbestimmte Schenklust

Die zwei am Körper hängenden Hände des kleinen Kindes erschienen wie noch kleinere Zwillingskinder

Was heißt für mich »stark«? Daß ich mich aufnahmefähig fühle und ruhig um mich blicke (mit der Ruhe eines Wilden), fähig, jetzt, gerade jetzt, öffentliche Dinge zu denken (sanft ist nicht schwach)

Manchmal, bei der Betrachtung einer geglückten Arbeit, der *Inschrei* (niemand hört ihn): »Ich bin gerettet!«

»Dem Glücklichen schlägt keine Stunde«, dem Trauernden auch nicht; es ist, als verkörpere er die Zeit

Untereinander haben die Tiere eine *Sprache*, dem Menschen machen sie *Bezeigungen*

»Atmosphäre«: um den kleinen Gegenstand war plötzlich eine Welt

Als er noch nicht genau wußte, was er eigentlich sagen sollte, redete er mit großer Energie. Später wurde er ruhiger

Einer meiner immer wieder zunichte werdenden Vorsätze: streng zu sein (ich fasse ihn jedesmal auch nur in Abwesenheit des anderen)

Ein gemäßigter Jugendlicher: servil heuchelt er sein Jungsein weg

Ich vereinigte mich mit der Erde, die sich von Osten nach Westen streckte. Schließlich fiel ihr Kopf hintüber; dieser war die untergegangene Sonne. Ich, der Schöpfer, griff in den Lehm, und wurde selber zu Lehm

Die fremde Frau war so schön, daß ich sie wiedererkannte

Nach dem Erlebnis der Kunst die Lust, nur zu gehen, zu gehen, an einem Fluß entlang immer weiter zu gehen

Warum gegen den Erfolg sein? Er wollte den Erfolg und verachtete die Erfolglosen, gab ihnen die

Schuld daran. Erfolg war ihm ein Zeichen von Tugend, Klarheit, Entschlossenheit, Eigenart, Formbewahrung. Eigenart hatten in seinen Augen nur die erfolgreichen Menschen; wozu dann noch Gelassenheit und Großmut kamen. Der Erfolg erst gab dem einzelnen recht

Ein geheimnisvolles Leben führen! Warum führt ihr kein geheimnisvolles Leben? Ich meine natürlich keine Affairen, Schatzsuchereien, Erstbesteigungen, Urwalddurchquerungen, kuriose Hobbys usw., sondern das Rätsel, dessen Auflösung *nicht* in der nächsten Ausgabe erfolgt oder am Ende des Buchs: das warme Rätsel, nicht das kalte

Nachdem sie gemeinsam das Kunstwerk erlebt hatten, sprachen sie hernach nicht darüber, sondern bewiesen einander die Liebe

Die letzten Geräusche des Tages: das Zugbrausen in der Schneenacht und das Hinfallen des Bleistifts auf den Tisch. Dann die Stille, und der im Garten fallende Schnee als Sehenswürdigkeit

Was ich manchmal mit der Katze mache, indem ich im Vorbeigehen über ihr Kopfrund streiche, das macht der ziehende Himmel manchmal mit mir

Er träumte, daß er Zeit hatte, und sah sich als lange gerade Straße

Pathetisch werde ich nur im Widersprechen (und Widerlegen)

Wie schön war dieser Tag! – und dabei liefen schon an den üblichen Stellen unaufhörlich die Katastrophenmeldungen für die Abendnachrichten ein. Während ich am Waldteich den Wind über das Wasser ziehen sah, wurden im Nebel die Gleisarbeiter überfahren

Die als Kinder schon gemein gewesen waren, wurden schnell nur noch Erwachsene (an denen die Gemeinheit dann nicht mehr so deutlich war)

In der Gesellschaft eines Wahnsinnigen sehnte er sich nach einem Betrunkenen (»Ein müder Mann und eine betrunkene Frau, das gibt doch ein gutes Paar!« sagte die betrunkene Frau)

Ein Tag in der Schneelandschaft: und am Abend die Vorstellung, ein Abenteuer mit einer herrlichen Frau erlebt zu haben

Am Abend blinken die Flugzeuge schweigend oben am Himmel, und unten auf den Straßen geht die Besatzung nachhause

In meinem Rücken ist immer das schönere Bild

In Gesellschaft mußte er mehrmals am Tage »verschwinden«, geheimnisvoll wie der Fremde im Märchen; und eine gute Gesellschaft war jene, die ihm sein Geheimnis ließ

Was ich angesichts der Gewalt- und Verbrechenspolitik und ihrer von nichts sonst mehr ansprechbaren Täter und Zuschauer und Leser empfinde, ist nicht Ekel, sondern Verzweiflung; sekundenlang, bei einem Artikel über abgeschlagene Köpfe in…, glaubte ich gerade, sterben zu müssen, aus ohnmächtiger Wut nicht etwa über die beschriebenen Zustände, sondern über den Beschreiber und mich, den gierigen »Leser«

»Gibt es da irgendwelche Ziffern, oder ist das nur ein unbestimmtes Gefühl?« fragte der Frager im Fernsehen

»Und da sie gut bezahlt wurden, schien bei ihnen der Begriff von Abenteuer vollkommen zu werden« (Goethe über Bergführer)

Mit Leuten wie ihm hätte es keine Geschichte der Menschheit gegeben, nur blinde Auflehnung und baldige, endgültige Vernichtung. Er war zerstörerisch, auf eine unauffällige Weise

Die Frühlingswelt, von der Geschichte ausruhend (an den letzten Schneehaufen des Winters putzen sich die Spaziergänger die Schuhe ab)

Ja, er konnte sich vorstellen, jemanden zu brauchen, der für ihn von den Toten auferstand; aber im *irdischen* Leben

Triumphierend lieben, nur so

Alle machten sich, der Reihe nach, über ein Kunstwerk lustig, verhöhnten es, taten es ab. Dann sagte einer: »Ich mag es aber!«, und auf einmal bekannten die anderen, es im Grunde auch zu mögen (spiel dieses Spiel)

Wie ansteckend sind die Stumpfsinnigen, die Uninteressierten, die alles Abwehrenden; wie schwer ist es, neben ihnen auf dem Erlebnis und der Begeisterung zu beharren

Das, was das Gedächtnis oft von den Personen behält, ist die Leere um die Personen

Ich brauche zu meiner Vision die Verpflichtung der Alltäglichkeit

Einmal möchte ich auf der Straße einen Zettel in die Hand gedrückt bekommen, auf dem tatsächlich etwas ganz Persönliches über mich steht

Er wurde ein Held in seinem Bereich nur deshalb, weil es in diesem Bereich schon Helden gab

Die Redensarten einer fremden Sprache erscheinen glaubhafter (»Wie geht es Ihnen *heute abend?*« fragen die Amerikaner)

»Ich will dich« heißt nicht: »Ich will dich haben«; sondern: »Ich akzeptiere deine Existenz«

Vor dem lustvoll Arbeitenden vergeht die Zeit, so wie ein Feind »vergeht«, ein Block Eis, ein Gespenst

Eine wirkliche Schönheit trat auf, und die Reklamebilder sahen nur noch beleidigt aus

Er wollte nicht geliebt werden; nur ab und zu einbezogen

Die Mythen der Geographie: z. B.: »Die Stille von Skandinavien ergriff ihn«; oder: »Starker Schneefall im Pas-de-Calais«

Engelsgleiche und madonnenhafte Gesichter sind nicht »richtig«; in einem Menschengesicht muß auch ein Zug (leicht) des Schurken sein, der man notgedrungen ist, und der dazugehörigen (mehr oder weniger) traurigen Selbstironie (Rembrandt)

Nur beim Abschied würde er sie berühren können. Also täuschte er den Abschied vor, um sie berühren zu können: Don Juans letzter und wirksamster Zug ist es, den Abschied vorzutäuschen

Könnten nicht die Angeklagten immer viel besser die eigenen Richter sein?

Träumend / kam er an

Mein Haus soll ein Haus ohne Musik sein

Vor ihm wurde Selbstmord begangen, beispielsetzend, nachahmungsfordernd, durch Springen in die Tiefe, an Orten, die ohnehin schon in der Tiefe, unter der Erde, »die Tiefe«, waren. Dann aber erschienen die ihm persönlich bestimmten Heilszeichen, als Antwort auf sein stummes Gebet, welches lautete: »Wie kann ich weiterleben?« Und die Antwort war: »Gesetzt«. Gewiß, dem tatsächlichen Tod gerade noch entronnen zu sein, nahm er sich beim Erwachen sofort ein gesetzteres Leben vor. Draußen war eine matte, schon zu lang dauernde Nacht, ohne Geräusch, ohne Bewegung, ohne Luft, das Drücken der Ur- und Endzeit

Sie war stolz und konnte gut bewundern

»Es ist zu sagen, daß niemand nur durch sich allein die Zeit spürt, / getrennt von der Bewegung der Dinge und von der sanften Ruhe« (Lukrez)

Würde ich dich nicht kennen, wärst du jetzt gerade häßlich

Seine Mutter war der Autobuschauffeur, der ihn in der Nacht vom Dorf in die Stadt zum Zug brachte. Er war der einzige Fahrgast und saß zuerst hinten. Dann dachte er, daß die Mutter ihn vielleicht noch sehen wollte, und setzte sich vorn neben den Fahrersitz. Während er mit ihr sprach, fiel ihm ein, daß es ja verboten ist, während der Fahrt mit dem Fahrer zu sprechen. Schweigend fuhren sie dahin; die weite Nacht erfüllte den breiten Bus. Die Mutter verfehlte eine Abzweigung

Ich warf einen Blick der Zufriedenheit in die Runde: »Alle haben zu essen – es ist Friede!« Auch das Haustier fraß in einer Ecke (und ich spürte, was es für mich hieß, zu »versagen«: nicht mehr der Ernährer sein zu können)

Prahl nicht mehr mit »Urerlebnissen« – auch jede schlichte Erzählung davon ist doch ein Prahlen:

du spielst dich als Erwählter auf. Versteck (verbirg) diese Erlebnisse in der Naturbeschreibung

Wenn er einige Zeit stumm bleibt, werden sich schon Argumente gegen ihn finden lassen, wegen seiner Stummheit

Du ißt wie ein Dieb, der beim Stehlen all sein Begehrtes kaputt macht

Das Ich: Blitz, Nacktsein, Krümmung, Januskopf, höchster Gedanke

Er betete zum Augenblick, weil er ihn fühlen wollte: »Bleib, Augenblick, auch wenn du nicht schön bist!«

Am Rand des Kuhweidenwegs brauste das Meer. Nach der Biegung lagen auf dem Rücken Mann, Frau und Kind. »Nicht berühren!« riefen wir im letzten Augenblick. Stromleitungen lagen auf den Körpern. Die steckengebliebenen Todesschreie kamen erst jetzt, bei den längst Toten, heraus. Wir setzten die Flucht zu Fuß fort

Die Träume sind schon die Lehre (nicht ihre Deutung); »Man suche nur nichts hinter den Phänomenen, sie selber sind die Lehre«

Das Tier sucht sich nicht im Spiegel, wohl aber im Schemen

Wenn in der Odyssee zwei über einen Dritten »flüstern«, reden sie Gutes über ihn

Die »Fülle des Gesichts« eines Phantasierenden: er ist da ein menschenfreundliches Zufluchtsbild, und niemand wird sich vor ihm schrecken wie etwa vor einem verzückten Propheten (und »Fülle« bedeutet, daß der Phantasierende nicht zu bestimmen ist)

Sie vollzogen die Vereinigung im Reden – ohne daß dieses davon handelte – und gingen hernach gelöst, ohne Müdigkeit und Traurigkeit, auseinander (als sie einander noch leibhaftig umarmt hatten, hatte es in ihnen gekocht vor Elend)

Als er im Vorort aufbrach, sah kein Mensch ihn an. In der Stadtmitte angekommen, zog er die Blicke auf sich. Man sagte: »Du wirkst, als kämst du von weither.«

Er begeisterte und überzeugte sie so sehr, daß sie aufhörte, ihn zu lieben

So müßte Glück sein: ein Schwenk des Blicks um dreihundertsechzig Grad, und jedes Ding muß dabei als Titel erscheinen, zu einer unendlichen Begebenheit

Der Impuls, sie nachzuahmen, war Haß gewesen. Aber indem er sie dann nachahmte, empfand er allmählich Sympathie für sie

Der »geglückte Tag« wäre ein Tag ohne Bedürfnis nach dem eigenen Spiegelbild, ein Tag ohne mein Zutun: »Heute bin ich da, und es gibt die Natur.« Aber am Ende wird derjenige vielleicht doch heilfroh sein, daß der »geglückte Tag« vorbei ist: froh wie nach einer Geisterstunde – denn er hat schließlich Angst gehabt, an der Vollkommenheit zu sterben. (Zuletzt ähnelt das Bild des Glücklichen dem des Geängstigten: es zeigt unendliche Schwäche)

Jeder sehnt sich, von Kind an, nach dem einen (der einen), dem (der) er begeistert sein Reich zeigen könnte

Er wird nicht schreien. Niemand, auch nicht Gott, hat ihn verlassen. Er war von Anfang an für sich. So wird er am Ende nur verstummen und sich verschweigen: seinen Tag in Stummheit beschließen

Die sogenannten metaphysischen Fragen (ja, es waren immer Fragen, und es blieben immer Fragen) waren alle schon in der Kindheit dagewesen; und sie beschäftigten ihn, wenn auch selten, noch immer: der Anfang der Zeit, das Ich, der andere, der andere Ort, das Hier und Jetzt als bloßes Traumbild

Er und sie wußten, daß sie beide Schurken waren. So war eine gewisse Zärtlichkeit möglich. Einander nicht liebend, blickten sie einander zärtlich an

»Und Athene goß einen dichten Nebel um ihn aus, damit ihn keiner verhöhnte und ihn fragte, wer er sei«

Das Glück von gestern dauert heute, am traurigen Tag, wenigstens noch an als einsilbige Strenge

Sonntag: kein Brief weckt eine verfrühte Hoffnung

»Und wenn ein böses Wort gesprochen wurde, so mögen dieses auf der Stelle Sturmwinde auf und davon tragen« (Ich grüße dich, Homer)

Die Lieblichkeit der Dinge bei Homer: der »Dreifuß auf dem Feuer«, der »gutgewaschene Mantel«, die »Scheide von frischgesägtem Elfenbein«

Abstrahiere nur, wenn es das einzig mögliche ist, und wenn das Ergebnis schön ist

Zuerst Sehnsucht nach, dann Wille zu Wunderbarem

Er erlebte den Schmerz der anderen, wie auch den eigenen, in der Regel als dessen Schauspieler; der Schmerz verwandelte ihn übergangslos in einen Darsteller (ohne daß er dabei freilich theatralisch wurde)

Homer läßt keine Aktion aus. Jede noch so kleine Zwischenhandlung wird besungen: »Ich aber trat heran und spitzte das Holz oben zu und nahm es und brannte es alsbald...«

Die alte Frau saß in der Sonne und hatte den Rand ihrer Einkaufstasche mit einem blauen Blumenstrauß geschmückt, wie den Bug eines Schiffs. Immer wieder möchte ich die alten Frauen preisen, für ihre Sprüche auf die Sonne, für ihr Schweigen angesichts der Sonne

Das Kind sagte am Morgen zum Erwachsenen: »Du schaust mich an, als ob ich gerade erst geboren wäre«

Wahrheit ist für mich immer eine Erscheinung, und deswegen schön (und die Erscheinung hat einen *Schwung*)

Endlich wurde der still am Halteplatz stehende Bus mit den vielen Wartenden darin erschüttert von dem Fahrer, der einstieg und ausführlich seinen Sitz einnahm

Im Zugbrausen blätterte die stille Nacht sich auf, und es entstand ein Wald

Die Zeitungen sprechen wieder einmal von einem »vergessenen Krieg«. Wer hat ihn denn vergessen? Sicher doch nicht die Kriegführenden und die Betroffenen; »vergessen« wurde er nur vom Nachrichtengeschäft; bei mir und dir ging er immer weiter

Der Bettler erinnerte ihn an sich selber; so gab er ihm nichts

Jedem Satz muß beim Schreiben ein wortloses Vorschwingen vorausgehen, welches Länge und Rhythmus angibt

In der unübersehbaren Menschenmenge waren doch die verschiedenartigen Nationalgesten erkennbar

Bei Homer wissen die Toten nichts über die Lebendigen

Manchmal »empfange« ich ein Bild von mir selber: die einzelnen Wörter der Religionslehre, aus dem Zusammenhang der Verkündung oder Erzählung genommen, stimmen immer

Die Leere aushalten, ohne den Informationsschluckzwang

Nach ihrer Vereinigung betätigten sie sich nicht, sondern wurden nur immer schwerer, versanken so erst ineinander, regungslos, in einem stillen, schweigenden, gewaltigen Austausch. Dann suchten sie nach einzelnen Wörtern, nicht wie früher nach Sätzen. So ernst nahm man endlich einander, daß man das Reden ernst nahm

Gedanken-Ereignisse sind nur die Gedanken eines Ich (die anderen sind höchstens ehrenwert)

Die ganze Nacht hindurch fehlte ihm etwas. Dann begann es zu regnen, und in den unfruchtbaren Träumen des unfruchtbaren Träumers stieg das Lebenswasser. Im Tageslicht sah er die Regenwelt: im kleinen unruhig, im großen ruhig; im Vordergrund tickend, im Mittelgrund blinkend, im Hintergrund wirrend. Es war eine Einheit

Er war gut im Anfangen und Beenden; dazwischen freilich...

»Ich lehne dich ab: du bist so illusionslos!«

Ein Untier kam auf ihn zu. Überzogen von Grauen, fand er aber doch im letzten Moment einen Namen für es, und das Monstrum stutzte. Steif entkam er aus dem Schuldturm seiner Träume

Er hat nicht allen Versuchungen widerstanden; sich nicht immer enthalten. Daraus kam natürlich Schuld, aber auch das Sichtbarwerden eines Ziels

Sie sah aus wie eine, deren Geliebter weit weg ist, oder wie eine, die einst einen Geliebten hatte und jetzt allein ist: nicht stolz, auch nicht unnahbar, aber herausfordernd ernst

Wenn sie sich beklagte, erschien sie weinerlich. Wenn sie sich nicht beklagte, wurde sie unheimlich

Die parkenden Autos standen da als eine Versammlung verschiedener, verschieden großer, in verschiedenem Winkel zueinander stehender Konserven, aus denen kein Entkommen mehr war (nur ein paar Inhalte ent*rannen*)

In ihrem völlig unbewegten Gesicht antwortete ihm ein Glanz auf den Lippen

Homer hilft zur Heiterkeit des Redens; seine Bei-wortlust ist eine Art Heiterkeit

Ein Kind sieht die Ähnlichkeiten zwischen Dingen oder Menschen als jemand, der noch am wenig-sten Vergleichsmöglichkeiten hat, am besten. Seine Vergleiche sind die genauesten. Einem Kind, das Ähnlichkeit feststellt, kann man vertrauen

Traurige Vorstellung, wiedergeboren zu werden als Haustier, statt z. B. als Tiger

Alles von sich erzählen und doch nichts verraten

Die Gefahr (von innen) für einen Künstler (heut-zutage), daß er, im Alleinsein und Alleinarbeiten, verbiestert; daß er tatsächlich, zur Verteidigung seines mehr oder weniger kleinen Quells, zum Biest wird

Eine Göttin und ein Sterblicher, Pallas Athene und Odysseus, heiter redend, verschmitzt einander schmähend und verspottend: höchste Erotik

Epische Zeitangabe: »Um die Zeit, als die frisch erwachten Morgenvögel die einander müde gejagt

habenden, müde geliebt habenden Nachttiere verhöhnten...«

Der Koch fragte immer viel zu schnell, wie es
schmecke

»Die Knie gelöst« bedeutet bei Homer: »sterben«

Über eine Idee komme ich dir nicht nahe, nur über
einen immer wieder neuen Blick

Heute erkenne ich mich in einem Stein wieder, so
tief ist mein Haß auf die Menschheit (und als ich
rundum wütend war, erkannte diese mich)

Nein, die Welt ist sich selbst nicht genug, die Meereswellen genügen sich nicht, die Wolken genügen
sich nicht

Mit dem Gedanken: »Ich muß heute noch etwas
Liebes tun!«, machte er sich auf den Weg und belästigte, drohte, schlug tot

Diesige Tage, an denen das einzige Farbige im
Fernsehen geschieht (besonders im Blau der An-
züge der Nachrichtensprecher)

Das wunderbar Pointenlose der Gesang-Schlüsse
bei Homer, das majestätische Ausklingen in Ereig-

nislosigkeit, in den Schlaf, in Alltagsverrichtungen, ins Essen und Trinken, ins »Beiwohnen«

Ein Tag kam ins Schwanken, wenn wider Willen und wider die Einsicht doch die ersten Hoffnungen entstanden: diese erst machten dann später wehrlos, matt, zu Tode betrübt

Die Liebe als die wesentliche Ablenkung

Ich fühle mich manchmal vom Staat, von dessen bloßer Existenz, im innersten gekränkt. Es genügt dann, eine Pistolentasche zu sehen, und ich denke: Das darf nicht sein!

Ideal ist es, wenn mit meinem Blick die Welt sich selber anschaut, groß

Ein Buch schlug quer in eine Mauer ein und blieb darin stecken. Kafka lebte noch, in Prag, und ging auf Krücken. Er war Mannequin und zugleich Kaufmann. Überall in der Stadt standen in den entlegensten Gassen Bekannte, die ihn schon von weitem erkannt hatten, an seinem »Gang«; sie waren alle schön und tadellos gekleidet, wie Tote. Ein Wunder ereignete sich: jemand kauerte hilflos auf einem Mauersims, und ein Engel kam und trug ihn zurück zum Fenster. Alle schrien begeistert, klatschten, und kämmten sich dann, nach der gemeinsamen Panik. Quer durch die Stadt lachten die Gebisse. Kafka schloß die Augen und sah in die eigene offene Rolltreppe hinein. Er wußte jetzt ein Geheimnis, das ihm nie verlorengehen würde

Das, was ich persönlich (auch nur ganz kurz) erlebt habe, schreibend entfalten: verklebte Herzkammern, auseinander!

Sie erschien in einem anderen Kleid, und er »fiel in Liebe«

Nachdem seine Mutter gestorben war, ging er zum Ufer des Sees und küßte die Wellen. »Da waren auch Raben«, erzählte er

Wartet nur – ich bin jemand, der sich organisiert!

Im Hotelflur bäumte sich ein Sterbender auf, und unten auf der nächtlichen Straße drehte sich der Kreisverkehr. Der auf dem Boden Liegende wurde von seinem Freund betatscht, im Gesicht und auf dem Rücken, und wälzte sich ein bißchen hin und her. Die Schatten der Buspassagiere erschienen unten, riesig verzerrt, an den Häuserwänden. Der Speichel wurde gummihaft. Ein Hummer bewegte sich in seiner Rüstung wie ein sterbender Ritter

Er beneidete die Ruhe der Religiösen. Dann fand er selber seine Religion: die der Tragik, und gewann daraus seine Ruhe: das heißt, er blickte dorthin, wo der Raum leer war, und die anderen folgten seinem Blick, zumindest irritiert

Erstmals in diesem Jahr empfand ich gerade stille Wärme, das frische Gras, als Entsorgung des Kopfes. Ich schloß die Augen

Ich gewann einen Fremden lieb, nur weil dieser kritisch war – kritisch zu sich selber

Sie hatte eine religionslose Kindheit. Jetzt kann sie bei Religion die Rührung nicht beherrschen

Er zeigte sein wahres Alter im Geben

In der Kunst möchte ich keine Angst mehr haben müssen um die Personen der Handlung (oder des Bildes)

Ich sehe einen Plan in der Menschheit, aber ich sehe bei Vollendung des Plans keinen Menschen mehr: die Tragödie jedes einzelnen ist doch die Tragödie der Menschheit; und das Tragische kann doch nicht Plan, kann doch nicht Schluß sein?

Er betrachtete ein Kunstwerk, und eine vergessene Liebe wurde wieder lebendig. Er machte sich auf den Weg

Sie beide, einander begehrend in der tiefen Nacht, in der dunkelsten Kammer, waren zugleich doch aller Welt sichtbar, ins hellste Licht getaucht

Sie war eine schöne Einheit von Kind und Erwachsener: ohne dauernd die Kindheit zu zitieren (das war ihr Erwachsensein), war ihr diese doch immer gegenwärtig

Zwei alte Eheleute betrachteten einander auf alten Photos, mit dem kläglichen, verschmitzten Lächeln zweier Bösewichte

Das Erfassen des anderen ließ ihn vor Anteilnehmen erstarren: gerade deswegen hatte man Vertrauen zu ihm

In der Odyssee hat auch der Sauhirt – eigentlich jedermann – eine sehr edle Herkunft. »Wer rühmst du dich, zu sein?«

Er warf das Messer so sanft, daß es genau steckte

Selbstbewußtsein hieße, von etwas wegschauend etwas anderes sehen

In der Hutkrempe lagen Kirschblüten wie die Kreise von gelochten Fahrkarten. Die paar blühenden Bäume bildeten vor dem Fenster einen ganzen Wald. Die bloßen Füße, still im Gras. Die Hand auf warmen Augenhöhlen. Geräusch von Gras, das ausgerupft wurde. Frühling; den Jahreszeiten nachleben; bei der Sache bleiben

Jedes Himmelsbild, das sich ereignete, wurde im Innern sogleich leicht verzerrt durch die in Gedanken angrenzende Hölle. Der am Boden zitternde Staub war ein sterbendes Tier. Der plötzlich zusätzliche Spalt im Zaun war ein Blitz. Das Weiß des Kirschbaums dauerte nur ein paar Tage, dann fraß sich das Grün durch. Schnee aus dem Tiefkühlfach wurde ins Waschbecken geworfen

Die Müdigkeit war so stark, daß er, ausgezogen daliegend, meinte, er sei noch ganz angezogen. Was hieß »Müdigkeit«? – Es gab keine Gehirnfunktion mehr, und draußen bellten die Hunde. – Die schlimmste Müdigkeit war jene, die man im Kopf als Dummheit spürte. – Aber es gab auch eine andere Müdigkeit, in die man eingehüllt war als in einen triumphalen, »regen«undurchlässigen Stoff; man fühlte dann die Freundlichkeit der Müdigkeit als die tiefste der Freundlichkeiten. (Wenn ich alt geworden sein werde, werde ich meinen »Versuch über die Müdigkeit« schreiben)

Im Bedienen wurde er wieder stark; *lief* (gegen Mitternacht *fliegen* die Kellner)

Frauen, geistesgegenwärtige Prüfer

Er suchte den Streit, brauchte ihn. Er suchte die
natürliche Feindschaft, hinter allen Gründen. Und
doch gab es die wiederkehrende Feindesliebe im
Traum

Er sah eine ebene Landschaft mit an verschiedenen Horizonten stehenden, wenigen Häusern, die
aber, trotz der Entferntheit, als ein Dorf zusam-
mengehörten. Durch die ganze Breite der Ebene
kreuzten Straßen. Der Himmel wölbte sich, mit
kleinen weißen Wolkenflocken, in die Ebene hinein und setzte sich über den Straßen als Nebelflok-
ken fort. Hinter den Wolken- und Nebelflocken
bewegten sich einige Gestalten. Der Betrachter
schrie vor Entzücken, lief den Grashang hinunter
und gelangte am Fuß des Kessels an eine Quelle.
Himmel und Erde waren *ein* Griff, *ein* Schnitt

Etwas Schönes war die Begeisterung des Phlegma-
tikers, oder des Schüchternen, oder des Melan-
cholikers

»Ich liebe dich und werde dir jetzt meine Meinung
sagen«

Achtung, gib einem Kind keine Definition von
sich, weder im guten noch im schlechten. Sag nicht

zu ihm, es sei »unsportlich«, oder »träg«, oder »mutig«, oder »gutherzig«. Sag zu ihm nie, wie du meinst, daß es ist

Eines Nachts brachen die Wurzeln der Lichtmaste aus dem Asphalt. Hinter den Rinden lebten, gepreßt, Leute. Manchmal ging in der Finsternis irgendwo ein Rollbalken auf, und die Rinde wurde weggespleißt, mit einem seufzenden Geräusch. Die Leute waren zu schütter im Raum verstreut, als daß man vor ihnen seine Scham verbergen konnte

Ich kann dir meinen Ernst nur beweisen durch meine Arbeit (wenn ich etwas, von dem ich eigentlich *schreiben* sollte, ausspreche, ist es, auch wenn ich das ganz ruhig tue, als plappere ich es aus). Ich weiß etwas Gutes über dich. Aber es soll tief in mir bleiben. »Tief« heißt: viele Schichten sind darüber, und es lebt

Der »Beschwichtiger« ist etwas noch Schlimmeres als jener »Mittler« aus den Wahlverwandtschaften: weil er noch dazu vom Problem *ablenkt*

»Alles ist zuende für mich auf Erden. Man kann mir da weder Böses noch Gutes mehr zufügen. Es gibt auf dieser Welt für mich nichts mehr zu hoffen und zu befürchten, und siehe, ich bin ruhig in der Tiefe des Abgrunds, armer unglückseliger Sterblicher, aber unbewegt wie Gott selbst« (Rousseau)

Es war eine Urschuld in ihm, die ihn immer neu schuldig werden ließ. Ohne die tägliche Schuld konnte er sich sich selber gar nicht vorstellen. Der Friede kehrte jeweils erst ein, wenn er diese tägliche Schuld endlich auf sich geladen hatte, am besten möglichst früh

Die homerischen Vergleiche in der Literatur dieses Jahrhunderts: »Die Stille, welche seinen Worten folgte, war wie die Stille eines Feldes am Grunde eines Gebirgstales, wenn die untergehende Sonne die Flanken einer da grasenden Rinderherde berührt« (John Cowper Powys, A Glastonbury Romance). – Oder: »Die Worte waren wie das Knarren eines abgestorbenen Zweiges in einem abgelegenen Gebüsch eines verlassenen Gartens« (derselbe)

Schreibend, bleib immer im Bild. Wenn du dich von den Wörtern davon wegführen läßt, ist es ganz natürlich, daß diese dir wie modrige Pilze im Mund zerfallen (es sei denn, du bist ein bummelwitziger, pedantischer oder wortfallenstellender moderner Texter und montierst, haspelst, permutierst, tüftelst an einem zweiten, noch monströseren Ulysses oder Mann ohne Eigenschaften); kehr, sowie du die Gefahr merkst (sie besteht bei jedem Satz), sofort zurück zum Bild (zum Inbild), und schreibe (im Bild); »Heraus aus der Sprache!« Erst so wird die Literatur wieder neu anfangen können

Euer »geschichtliches Bewußtsein« ist nur euer Ersatz für Sprache (und ich gebe meine Sprache nicht her)

Ich kann nur die lieben, die eine unsichere Sprache haben; und die mir gefallen, deren Sprache will ich unsicher machen

Sie erschien, begehrenswert, und erlöste ihn von allen begehrlichen Vorstellungen

Aus dem, was er vergessen hatte, ihr zu sagen, erstarkte in ihrer Abwesenheit dann die Zuneigung

Die Kastanien wurden in der Nacht zu Indianerfelsen, und hinter den sich wellenden Bäumen erschienen die Häuser als Pioniershütten, in denen auch tatsächlich noch Pioniere wohnten. »Wir leben in einer abenteuerlichen Zeit!« dachte er. (Und am Morgen bewegte der Wind die Reklamezettel im Briefkasten, und draußen auf der Straße schoß wieder ein Mensch in Form eines Autos vorbei)

Das nächtliche Katzengeschrei geschah zugleich mit den ersten Vogellauten. Kurze Zeit gingen Vogelgesang und Katzengeschrei fürchterlich durcheinander. Dann kam die Dämmerung, und nur noch die Vögel sangen

Das sprachlose Elend, etwa einer »Hausfrau und Mutter«, ist auch eine Art Sprache, und zwar eine sehr klare. Jedes Sprechen »darüber« ist eine Frechheit. Die Sprachlosigkeit, das Stummsein, das Verschweigen im Elend ist eine Leistung. Ich hasse die als Sprecher für andere Auftretenden, die Wortführer

Kind, freundlicher Leitzwerg!

Ja, du hast jene »starke Intuition«, die du behauptest. Aber du verrätst sie jedesmal durch die tötende Banalität der Sprache, mit der du glaubst, deine Intuition weiterzugeben

Odysseus weiß genau, welche Kleider er vor zwanzig Jahren getragen hat: einen »Leibrock, glänzend wie der Glanz auf der Schale einer trockenen Zwiebel«

Er warf zum Einschlafen die Decke über sich wie den Mantel für eine Reise. In ihm verneigte sich jemand mit weiten Gewändern. Er stand mit Wartenden in einer Reihe. Dann war er dran und trat über die Schwelle: der Traum begann. Schon rutschte er die Bobbahn hinunter. Seine letzten Geldscheine wurden hoffnungslos naß. Er war das wasserlose Flußbett, und die Menschen waren die Auen

Hinter dem Haus war über Nacht ein Viereck Erde eingesunken, das sich mit Wasser gefüllt hatte. Wir nahmen ein Bad darin; das Wasser war sehr warm. Ich lag auf der kostbaren Frau, deren Bauch aus einer Spitzendecke bestand. Wilder Wein wehte plötzlich ums Haus, das ganz verwittert erschien. Pferde, klein wie Katzen, liefen als Haustiere. Das Licht war sehr hell und alt. Die Liebesworte waren auch am Morgen noch im leeren Zimmer

Seltsam an mir ist der Anspruch, den ich habe, an die Welt, nicht an die Naturwelt, sondern an die Menschen-, besser, an die Gesellschaftswelt: diese ist mir etwas schuldig, sie muß sich von mir etwas gefallen lassen

Schon wieder ein »Jahrhundertbuch«; halt dich dagegen an die Bücher der »Saison«, d. h. der Jahreszeiten, die Jahreszeitenbücher

Auf der besonnten Kuppe des Kastanienbaums stand ganz obenauf eine Blütenkerze als der äußerste Wipfel. Der Kamm der Kuppe wurde gebildet durch einzeln aufragende Kerzen, die wie durch eigene Anstrengung da hinaufgelangt schienen. Im Innern des großen finsteren Laubkörpers leuchteten ein paar Blätter von der Sonne. Immer wieder will ich hinpilgern zu diesem wie stammlosen, als Kugel inmitten der blaßblauen Luft ruhenden Baum, um seine Gestalt innerlich nachzuleben. Immer wieder will ich mich umdrehen nach den weißen Schmetterlingen, die, auf und ab steigend, den Baum umkreisen und auch Blüten sein könnten. Die herzförmigen Blüten sollen mein Herzinneres durchfächeln!

Die Träume kamen entweder aus Toren von Elfenbein oder aus Toren von Horn. Die ersteren äfften bloß, nur die letzteren erfüllten sich, und in ihnen erst standen dann an den Hängen der Millionenstadt statt der Häuser Menschen

»Erinnerung« ist für mich nicht der Duft eines Backwerks oder der Salon der Herzogin, sondern die Tropfen des Regens im Staub des Feldwegs in der Morgendämmerung: es ist der Moment, da »mein ganzes Wesen« immer noch, dreißig Jahre danach, »verstummt und lauscht«; das große Auge und Ohr der Welt ist

Wenn ich nicht gut arbeite, blickt mich die Arbeit nicht an (wie ein Kind)

Odysseus kann das eigene Herz ansprechen: »Und es bellte ihm das Herz in seinem Innern. Da schlug er gegen die Brust und schalt das Herz. Da verharrte ihm das Herz ganz im Gehorsam.«

Still saß er in der Nacht am Tisch, nur bewegt vom Herzschlag. Die verschieden offen stehenden Türen überall im Haus gaben den Räumen etwas Beflügeltes. Der Gartenbusch hob sich im Wind und kam ins Zimmer zu Besuch. Das Tischtuch bewegte sich wie ein See. Im ersten Morgenlicht schwirrten die Vögel um die Anhöhen des Vororts, und die Weltstadt in der Tiefe war ihr Nest

In der Liebe ist oft jede Distanz, auch nur die Reichweite, zu lang. Ich will flattern, um schneller beim andern zu sein

Die Öffentlichkeit hat ein Recht auf Heiterkeit, Größe, Gelassenheit; sie hat ein Recht auf eine andere Art Öffentlichkeit

Die Sexualität als das Schütteln von jemandem, von dem man eine Antwort hören will: kein Schlagen, aber auch kein Streicheln; eher etwas wie ein Fenstersturz (nur beherrschter); schöner Ausdruck für die Sexualität: »die heitere Gewalt des Odysseus«

Über einen Menschen gut zu denken genügt nicht. Ich muß es festhalten für alle Zeit

Du verdienst den Wahnsinn: für die Dummheit deiner Wünsche

Er sah sich nie als Alleinhandelnder: die Gegenstände ringsum zählten jeweils mit. Mit ihm, der sprach, ragte ein Schornstein auf, stand ein Blumentopf auf einem entfernten Balkon, war es kalt in einem windbewegten Gebüsch, nahm ein Kind auf der Straße einem anderen im langsamen Dahingehen ein Bonbon aus der Tüte

Deine Liebsten weist du zurecht, und deine Feinde läßt du leben

Am morgendlichen Bahnhof hatte er plötzlich eine Vision von der überwältigenden Kleinheit der Schönheit, mit dem schwankenden Kastanienbaum im Frühnebel und dem rotgelben Zug, der sich von weitem auf dem Gleiskörper näherte. »Das ist eine Vision, mein Lieber, merk dir das: die schöne Kleinheit der Welt!« Die Fürsorglichkeit dieser Kleinheit – alle Zivilisation erschien damit klein, und solcherart tapfer, bedeutend, lie-

benswert, und jede Einzelheit der Zivilisation –
die Schienen, die Lokomotiven, die Siedlungshäu-
ser – blickte ihn an, spielzeughaft und erhaben

Er nahm Formen wahr: er hatte sich wieder. Ja, er
war überzeugt, daß die Form die Freiheit war. »Ich
will euch von den Meinungen erlösen!« (»Richtig
war dein Tagwerk«, sagte die Frau im Traum,
»wenn wir danach Hand in Hand aus dem Dickicht
springen können, hinaus an den hellen Saum«)

Odysseus, nach zwanzig Jahren Abwesenheit zu
Penelope: »Seltsame…« Und sie erwidert: »Selt-
samer…«

Der Held traf seinen Autor am Ufer des großen
Flusses, blickte das Wasser hinunter und lobte
dann des Autors Erzählung mit folgenden Worten: »Diese Geschichte ist so geschrieben, wie man
eigentlich Tierfilme drehen sollte.« Die Erzählung
gab es im Tageslicht dann leider wieder einmal
nicht

Sommerlich bewegen sich Büsche hinter Büschen,
und dieses Blatt an der Hausecke ist ein Kind: hinaus aus dem Haus und hinein in den Sonnenwa-
gen, schönstes Gefährt für ein Erdenwesen!

Ich nehme erst richtig wahr in der Wiederholung

Jedem Volk dankbar sein: für seinen Beitrag zur Freiheit: durch seine Eigenart

Eisenstein: »Sexualität ist der billigste Weg zur Ekstase.« Ja, wir sind von der Sexualreife oft dumm geworden

Eher lieblos einander beiwohnend, drückten sie einander doch die Hand, als seien sie daneben zwei Dritte, die sich, mochten sie diese Vereinigung auch wieder einmal nur vorgetäuscht haben, doch verstanden, brauchten, trösten wollten; denen die eigene Unmenschenhaftigkeit so nichts anhaben konnte

Retten wird mich mein freundliches Phantasieren über andere

Die Umrisse seines Heimatlandes legten sich ihm auf das Gesicht wie Spinnweben, oder wie eine seinem Mund entstiegene, erschlaffende Kaugummiblase, die ihn zwar nicht erstickte, sich aber doch schlaff über seine Gesichtsfläche legte. Blind geworden, geriet er mit der Hand in das Maul eines großen Hundes. Daneben rauchte ein Gletscher. Er spürte, wie der kommende Schmerz als Mauer aus Gummireifen um ihn aufgezogen wurde. Endlich bog er um die Wegecke, wo wieder die Welt anfing

Lieben die Frauen zwar die Verlierer, aber nicht die endgültigen?

Nein, du hast dich mir nie hingegeben. Manchmal hast du es geschehen lassen, erstaunt, amüsiert, müde, überrumpelt, zufällig, resigniert, gutmütig, servil, beiläufig. Aber du hast dich nie hingegeben. Du hast mich nie gewollt. Du bist ein Monstrum

Einst sagten doch nur die Schurken: »Endlich allein!«?

Neben Spielenden habe ich Zeit. Sie geben mir Zeit. Ich bin euch Spielenden dankbar

Allein, empfinde ich für viele eine Dankbarkeit, die ich in ihrer Gegenwart nicht empfinden könnte

Er empfand seine Hast, auch nur beim Erdbeerenpflücken, als Verkommenheit. Seine Bewegungen wurden erst seine Bewegungen, als er sie langsam vollführte. Er ließ sich dann tragen von der Langsamkeit der Dinge. Ja, die Verlangsamung war eine Erkenntnis

Ich bin in der Regel unharmonisch. Aber wenn ich die Harmonie finde, ist es die Harmonie der ganzen Welt

Schon wieder drohte jemand damit, daß er Humor habe

Nur ein Huhn und er waren draußen im Gewitter. Dann hockten in einem Holunderbusch noch ein Kind und ein Vogel

Er freute sich *namenlos:* Ideal

Solange habe ich keine Kultur, als ich nicht frei ausrufen kann. Solange habe ich keine Kultur, als ich nicht klagen kann (sondern mich nur beklage). Solange habe ich keine Kultur, als ich mich nicht mit eigenen Augen überzeugt habe (O Karst!)

Bei der Wandlung stand die Kirchentür offen, und die Glocke verkündete der Welt draußen, was gerade geschah. Er begriff; begriff auch das Knien. Und doch: Wäre er vom Glauben durchdrungen, so brauchte er jetzt weder gerührt noch erschüttert zu sein: er wäre dann einfach ernst und gesammelt. – Was begriff er? Er begriff das Geheimnis, und die Forderung, es zu behaupten durch das Ritual. Und doch dachte er wiederum: Ich möchte nicht aus einem Verlusterlebnis in eine Meßfeier flüchten. Es müßte natürlich, alltäglich, grundlos geschehen

Auf dem Hochweg in der Einöde füllte sich seine Seele mit Ruhe (er spürte die leibhaftige Seele in seiner Brust und konnte sie, wie Odysseus sein Herz »Mut« nannte, »Ruhe« nennen; sie war mächtig, weit, und ging von seiner Mitte aus). Der Wind war in den Kiefern ein Sausen, in den Eichen fast schon ein Raspeln, in den Buchen ein leises Sieden (oder gar kein Geräusch), in den Haselnußbüschen ein sehr leises Kleidergeraschel, in den Eschen – weiche Stengel mit den ovalen Blättern – ein Geräusch wie das des Windes selber, oder wie aus einem Getreidefeld: ein liebliches Säuseln oder Lispeln. Das Geräusch der einen Baumart gab der anderen gleichsam die Antwort, wie Vögel. Ein paar vertrocknete Äste tschilpten dann tatsächlich, und aus den Eichen kam ein dunkler Ton, fast ein Dröhnen. Die Birken dagegen hatten eine fast menschliche Aufdringlichkeit, ihre Blätter raschelten wie Zeitungspapier, oder waren wie fernes Beifallklatschen, welches allmählich an Heftigkeit zunahm, frenetisch wurde und nach und nach wieder aussetzte. Bei einem Hopfenbuchengeräusch war es, als ob einen aus dem Gebüsch heraus jemand anschaute. Von den Olivenbäumen kamen Geräusche wie Weglaufrascheln von Eidechsen. In den Nußbäumen, deren Blätter schon schwarz angewelkt waren, mischte sich leichtes Knacken ins Rauschen. Dann war der Wind unten im Tal ein Zugbrausen. Die schlaffen

Maisblätter machten Mahlsteingeräusche, und in allen Büschen und Bäumen rieselte, sauste, knackte, lispelte, dröhnte, sirrte es und sagte: »Komm!«

Raum, Zeit, Mitte, Form: auf diese vier war er aus; – und worin wurden Raum, Zeit, Mitte, Form eins? – In der – fortlaufenden – Schrift (diese war die Mitte der Welt; ja, die Literatur ist das Reich der Mitte: das Reich der Gerechtigkeit)

Die alte Frau sah von der einen Seite beleidigt aus und von der andern tragisch erschöpft

Nachdem er die Hostien ausgeteilt hatte, setzte sich der Priester schweigend vor das Gebetspult und schien zu sterben

Der Käufer betrat melancholisch ein Geschäft, in dem ein melancholischer Verkäufer saß: so ging es gut

Nichts galt für sie. Er könnte vom Großen Abenteuer zurückkommen, und sie hätte gerade nur Verständnis. Sie war unliebenswert, weil sie ohne Enthusiasmus war. »Ich will dir nichts mehr sagen. Es ist dir sofort anzusehen, daß du nichts ernstnimmst.«

Das Leid der Kinder, die, auf der Straße oder wo auch immer, nicht (weiter)gehen wollen: ja, der Unwille ist bei ihnen noch ein Leiden

Ideal wäre es, wenn die Phantasie zugleich kritisch wirkte

Es gibt keine *kleine* Form

Ich bin manchmal ein religiöser Mensch, weil ich das Bedürfnis habe, dankbar zu sein, und nicht weiß, wem

Liebe ist auch: »Lieber Körper!«

Zeit: Die anmutigen Frauen von gestern watscheln heute schwerfällig über den Platz. Eine seufzt, von einem Tag zum andern alt geworden

Ich möchte gleichmütig sein, und bin nur gleichgültig. Und du möchtest leichtsinnig sein, und bist nur leichtfertig

Als brauchten die beweinenden Frauen den *toten* Jesus. So erst wird ihr Blick wirklich

Auf dem nächtlichen Weg flirrte ein Schatten, und dann fiel eine Feder darauf. »Das Bewußtsein der Toten rollt mit den Kieseln im Bach«, und es wirbelt im Wind mit den Taubenfedern

Jeder, der auch nur ein einziges sogenannt »abstraktes« Wort, wie etwa »Form«, einmal als Ding begriffen hat, hat zu philosophieren angefangen und wird das sein Leben lang weitertreiben

Das Laterankonzil von 1215 verkündete: Zwischen Schöpfer und Geschöpf kann keine Ähnlichkeit festgestellt werden, ohne daß die Unähnlichkeit jeweils immer noch weit größer ist

Sein Gesicht, indem es ganz offen war, blieb so ganz verborgen: etwas zeigte seine Gestalt und verbarg sich

Er sah den Christus als den ewigen Menschen, der sich ständig offenbaren wollte und doch das Erkanntwerden zurückweisen mußte. »Gott«, das war demnach die Gestalt des ewigen, nie zu Ende kommenden, nur im Sich-Offenbaren sich jeweils von sich selber erlösenden und dann wieder, aus Offenbarungs-Schwäche, dem Erkanntwerden preisgegebenen Menschwesens: der ewige Mensch im Wechsel zwischen seiner glanzvoll sich anonymisierenden Offenbarungskraft und seiner dem stierenden »Dich kenne ich!« ausgelieferten Offenbarungsschwäche. So stellte die Kirche für ihn nicht den »mystischen Leib Gottes« dar, sondern den des ewigen, sich allein nicht offenbaren könnenden Menschen (»Wer die Gemeinschaft flieht, flieht den Leib...«)

Ich denke nicht, wenn dieses Denken nicht zugleich ein Gedicht ist

Wie oft hatte er sie, indem er sie in Gedanken – nicht betrog, sondern einfach verglich, verraten (es gab den Verrat des einen durch den anderen, mitten im Frieden)

Durch die körperliche Vereinigung entstanden in der Erinnerung Räume (durch die Selbstbefriedigung, wie auch immer, nicht)

Einmal einem Prediger begegnen, der das auch mit Leib und Seele ist, und die Leute erwecken will (und als ich ihm endlich begegnete, war er der einsamste Mensch im Dorf)

Sie hatte von drei Dingen zu erzählen: von einem Vogel, der auf einer Blume saß; einem Auto, in welchem alle Insassen einen Kropf hatten; und von einer Fleischersfrau, die zu ihrem Mann sagte: »Liebes, reich mir die Wurst!«

Ich kann mir nicht vorstellen, daß das Volk zu einem Dichter kommt, damit er etwa »einen Lahmen gehend mache«, wohl aber, damit er einen Toten wieder zum Leben erwecke

Die in der Regel so mißtrauisch blickenden Gläubigen in den Kirchenräumen: wahrscheinlich wurde doch gewußt, daß nur ganz wenige Leute mit der Gläubigkeit begabt waren, und daß es also gar keine Kirche geben durfte. (In den Kirchenräumen begriff Sorger auch sein ewiges, endgültiges Ausgeschlossensein, und sein ewiges Drumherumschleichen)

Lerne, beim Laufen zu sehen

Auf dem großen Platz stand eine unabsehbare Menge, die sich freute (Ideal)

Du siehst den anderen nie, erkennst ihn nur jeweils wieder

Ein Tag in einer fremden Stadt: vom Dachzimmer in die Bäckerei; von der Bäckerei ins Wohnzimmer; vom Wohnzimmer auf die Straße; von der Straße auf eine Bank an einem Kinderspielplatz; von der Bank unter einen Baum (starker Regen); vom Baum in das Museum; vom Museum auf die Straße; von der Straße in eine Telefonzelle; von der Telefonzelle ins Café; vom Café in eine Kirche; von der Kirche in die Untergrundbahn; von der Untergrundbahn ins Kino; vom Kino ins Dachzimmer

Ich höre die sogenannte Volksmusik (ohne Gesang, nur Klarinette, Harmonika usw.) gern; ich höre sie gern, weil sie mir nichts von mir entzieht, sondern mich einfach eine Landschaft, *das Land,* fühlen läßt; sie läßt mich die – mitteleuropäische – Erde sehen, so wie Bach (keiner nach ihm) mich den Himmel sehen läßt mit seiner Karawanenmusik; und in ihrem Gleichmaß ist sie mit Bach vergleichbar (aber wehe, ihr singt!)

Nie hatte er die Gewißheit gehabt, von jemandem geliebt zu werden. Doch eines Tages war es Gewißheit, daß er von niemandem geliebt wurde: ein klares, erlösendes Gefühl

Die gemeinen Gesichter der Folterknechte bei Grünewald würden bei etwas weniger Verzerrung hilflos traurig wirken

Schöne Biographie: »Getauft am..., begraben am...; pflegte seine Bilder nicht zu signieren«

»Wo möchten Sie leben?« – »Im Königreich der Kunst.« (Dem Blick Dürers standhalten; den Blick Rubens' erwidern; Rembrandt nacheifern, der erlebt hat, daß man den Figuren nicht wirklich nah kommen kann; sich endlich eine Kultur erzwingen)

Eines Tages stand er wieder einmal vor dem Haus der Freunde und kehrte plötzlich für immer um. »Was soll ich da? Was sollen die drinnen mit mir draußen?«

Das einzelne Buchenblatt, gelb, schon beinahe durchsichtig, fiel, und flog wieder auf, schwebte vor dem blauen Himmel, von diesem durchschienen, mit deutlichen Blattadern. Im heftigen Wind standen hohe Schirmpilze und schwankten. In der kalten Nacht dann kroch auf dem Weg eine kleine Eidechse. Einige Baumblätter stürzten, durch ihre Lanzettform, so heftig in den Teich, daß sie erst einmal untertauchten. Auf der Kuhweide schrien die Möwen. Der Wind lief tief im Gras und war eisig. Darüber flogen noch die Libellen des Sommers

Er hätte zu den gefallenen Engeln gehört, nicht zu den bescheidenen Heiligen

Phantasieren hieße: Er hatte jemanden, an den er denken konnte. Aus dem Bild von dessen Lippen entstand in der Phantasie die ganze Gestalt. (So leben, daß die gegebene Sprache sich belebte: das war bereits Phantasie)

Wie bereitwillig ließen sich immer wieder alle dazu überreden, etwas, das sie eigentlich lieben könnten, zu verachten

Ich empfinde meine Wunschlosigkeit oft als Schwäche, möchte sie aber als Stärke spüren

Oben auf dem Heuwagen staken im Heu die Kinder als die zugehörigen Blumen (und fuhren heimwärts)

Als er sie an sich zog, zog er eher sich an sie

Zu schnell mache ich jedesmal aus meinem erst beginnenden Phantasieren eine Struktur (von Erwartung) und bringe es damit wieder ins Stocken. Die höchste Lebendigkeit wäre es, wenn das Phantasieren durch das jeweilige Erkennen und Formulieren der Phantasie nicht abgebrochen, sondern nur noch entflammt würde. Über mir, der bisher phantasielos in der Ödnis gestanden hat, faltete sich dann, beim Erlebnis des Erscheinens des anderen, die Zuneigung auf als ein Zelt, mit einem sanften Ruck

Seine Liebe nicht begründen könnend, weinte er. »Schlaf, gib mir in meinem Elend mein Menschenrecht wieder.«

Mein Geist verbindet sich gut mit der Menschenleere, mit der Leere überhaupt; eine böse Leere ist nur die, die in meiner Tiefe herrscht, so daß es dann vor Leere keine Tiefe mehr gibt

Sie hatte ein schön-sorgloses Tagesgesicht. »Es ist Tag«, sagte das Gesicht

»Im Retten der Erde, im Empfangen des Himmels, im Erwarten der Göttlichen, im Geleiten der Sterblichen ereignet sich das Wohnen als das vierfältige Schonen des Gevierts.« (Und nach einiger Zeit glaubte der Leser dieser Sprache)

Als Sorger nach Nome an der Beringsee kam, sagte der Barkeeper dort zu ihm: »Was wollen Sie hier in Nome? Sie waren wohl schon überall?«

»Allein die Dinge selbst bergen das Geviert nur dann, wenn sie selber als Dinge in ihrem Wesen gelassen werden. Wie geschieht das? Dadurch, daß die Sterblichen die wachstümlichen Dinge hegen und pflegen, daß sie Dinge, die nicht wachsen, eigens errichten. Das Pflegen und das Errichten ist das Bauen im engeren Sinne. Das Wohnen ist, insofern es das Geviert in die Dinge verwahrt, als dieses Verwahren ein Bauen«

Um wahrhaftig zu sein im Umgang mit anderen, dazu müßte ich für jede meiner Äußerungen viel mehr Zeit haben; müßte man mir viel mehr Zeit lassen

»Ich, der Verlassende, bin selber der Verlassene. Ich, der Erlösung Wollende, muß selber der Erlöser sein.« (Und wie ein Stempel lag er auf der Erde und wartete auf die Gnade)

Er blickte so lange auf das fremde Meer, bis da wenigstens eine kleine Stelle ihm gehörte: dort nahmen »ihm« die Wellen Gestalt an (so wie zuvor beim Laufen die Wiese »ihm« geduftet hatte). Es war eine Landschaft in der Unlandschaft, etwas, an das sein Blick sich nun halten konnte, eine Art Land im Meer. Die Wellen liefen von ihm, dem Schauenden, bestärkt, und umgekehrt. Vertraulichkeit und Kompaktheit entstand. Dieses Gebiet der Wellen, nach langem Verharren vor dem ganzen Meer, war endlich etwas

Ereigneten sich die Gefühle, die der Menschheit in den Jahrtausenden allmählich möglich geworden waren, bei ihm nur noch springend wie Zehntelsekundenanzeigen, und waren jeweils so schnell auch wieder vorbei? – wie jetzt das Gefühl der Dankbarkeit im Anblick der Beringsee (Dankbarkeit darüber, daß er da sein durfte, und jetzt da war): schon einen Moment danach war solch zeitausschaltende Dankbarkeit wieder ersetzt vom bloßen Zeitgefühl. Wieder einmal mußte er sich auf die Form vertrösten, die, erarbeitet, das Zeitgefühl aussperren würde

Zu oft bewege ich mich als bloße Hülle: es wird aufgestanden, es wird auf die Straße getreten. Zu selten gelingt es, diese Hülle zu erden, mich selber einzuholen in einer Form. Daher ist das Formerlebnis ein Innigkeitserlebnis. In einer Form mich errichten!

Die zufällige Gesellschaft, wo einer dem anderen, ohne Worte, nicht unlieb gewesen war, ging nach kurzem Zusammensein – ein Nachmittag auf dem Gletscher – wortlos wieder auseinander, und er sah sein besseres Ich in einem anderen auf Nimmerwiedersehen verschwinden, weg nach Australien

Ich werde ganz sorgfältig erst dann, wenn ich mich kaum mehr rühren kann, ein bißchen wie ein Betrunkener

»Die Grenze ist nicht das, wobei etwas aufhört, sondern jenes, woher etwas sein Wesen beginnt. Demnach empfangen die Räume ihr Wesen aus Orten und nicht aus ›dem‹ Raum«

Über Nacht waren all seine Freunde zu Polizisten geworden, und die Mauern des Staatsgefängnisses wurden nachtlang still angestrahlt. Jaulend fuhr das Polizeiauto vorbei, ein Wollknäuel, vollgesteckt mit stahlfarbenen Stricknadeln

Bereichert durch Trauer, wurde er sich selbst los: das war die der Weltlage entsprechende Existenz. Hinzukommen mußte nun noch die Aktivität der Form, als seine Art Politik

Das Todesbewußtsein war eine massige, gerundete, schottrige Ablagerung, auf der liegend er die wunde Brust gelindert fühlte. Dieser »Hügel des Todesbewußtseins« machte ihn, den Daraufliegenden, erst vollständig – ohne diese Ablagerung galt er nicht. Und der Hügel unter ihm war im Zunehmen

In der geologischen Zeit gibt es doch auch immer wieder »unsere« kleinen Momente, etwa den Moment vor dem Durchbruch eines Mäandersporns. Dann ist das Wort »plötzlich« am Platz, auch in der ungeheuren Ausdehnung der geologischen Zeit

Ein pures Gefühl wird schon als Form erlebt (und diese, ja, segnet)

Wo sich im Phantasieren endlich die Struktur bildet, setzt mein persönliches Denken ein

Das Wohlgefühl über die Vielheit, den Reichtum, die Pracht der Formen: wie über viele gute Nachrichten

Aus der Klage, dem Mißmut, der Verzweiflung, dem Unheil entsteht in der Phantasie, diese alle aufnehmend, eine Figur?, ein Charakter?, jedenfalls ein Umriß, eine Begrenzung, ein Erzählruck, eine Fiktion

Er dachte: »Ohne Religion ist man verloren«, und war hernach zufrieden, als hätte er eine

Die Formlosigkeit fing an als dichter brauner Bodennebel und griff, von unten herankriechend, ein in die Formenwelt. Es war ein unheimlich still ansteigendes Fluten, aus welchem die Formen sarkophaghaft emporragten, zu Totenmasken geworden. Als das Wasser wieder sank, waren in der Natur nur noch Grimassen übrig; der austrocknende See bildete mit den letzten Wasserzipfeln eine Sanduhrform. Es war eine sterbende Landschaft, so kalt, daß man nur noch mit der Faust schreiben konnte. Die tote Erde schien dann auf eine morphologische Erlösung zu warten. »Gleich werde ich bluten!« schrie ich, letzter Mensch, innerlich

Die Aufnahme der Dingformen als Gebet um »Dableiben«

Die Schuldigen beschuldigen immer wieder die, die sich der Schuld entzogen hätten

Einsamkeit heißt: nicht die Menschen fehlen mir, sondern die Vermählung mit der Natur (soll ich also wieder jagen und sammeln gehen?)

Die in der Religion so schön Verzückten erschienen doch in einer veralteten Geborgenheit: für ihn jedenfalls würde diese nie wiederkommen. Er glaubte nicht an die Menschheitsgeschichte als Wiederkehr. Auf der Plakatwand gegenüber las er, statt »Schweigt Gott wirklich?«: »Schweigt Gott endlich?«

Vor der im Hintergrund fahrenden, hell erleuchteten Straßenbahn fuhr im Mittelgrund ein Blumenauto vorbei, aus dem hinten zwei grüne Buchsbaumstöcke ragten, an welchen steife schwarze Schärpen hingen. Es war Nacht, in der Straßenbahn das Schattentheater der Überlebenden

Warum gibt es eine eigene Sprache in der Regel nur im Unglück?

»Wer diese Predigt verstanden hat, dem vergönne ich sie wohl. Wäre hier niemand gewesen, ich hätte sie diesem Opferstock predigen müssen« (Meister Eckhart)

Nach der kurzen Erschütterung soll sogleich die lange Sachlichkeit, die sachliche Pflichterfüllung einsetzen. Die Erschütterung macht die Pflicht natürlich. Schlecht gelaunt bin ich nur aus mangelndem Pflichtbewußtsein

Sich nicht um den Anschluß an eine Religion zu bemühen, sondern sich in seiner Unerlöstheit geduldig und sachlich zu beschreiben, ist schon Religion

Wenn ich von meiner Arbeit gefangen bin, kann ich nichts tun als diese. Alles andere verwahrlost, wird vergessen, geht zugrunde, und der Anblick der herrlichen Frauen wird mir verhaßt

Als er bemerkte, daß er keine Sprache mehr hatte, dachte er: »Nie mehr werde ich fröhlich sein. So liebe Leute gehen auf der Straße, und ich werde nie mehr etwas mit ihnen zu tun haben.« Und: »Ich bin an einem Punkt, wo nur noch ich selber mir helfen kann.« Und: »Ich brauche jemanden!«

Verliere ich bei der Arbeit das große Gefühl, das ich zuvor für die Arbeit hatte, so hilft es nichts, daß ich mich daran erinnern will. Ich kann es nur wiederfinden, indem ich bei der Form bleibe, als bei der Sache

In der Verzweiflung gibt es keine Angst, keine Sorge mehr. Es gibt nur noch den Gedanken:

»Also ich!« Und: »Was ist meine Schuld? Wo ist meine Schuld?« – Und zugleich wünsche ich, die Zeit der Verzweiflung möge so lange andauern, bis sie mich tatsächlich bessert

Draußen auf der Straße war er schon wieder unehrlicher zu sich als allein im Zimmer, blickte Frauen an, an denen ihm gar nichts lag, las Speisekarten, obwohl er gar nicht hungrig war

Es gibt rundum nichts zu beschreiben. Ist die Zeit der Sprache vorbei? Ist die Beschreibbarkeit ein Irrtum? Und doch sehne ich mich nach der Beschreibung

Wenigstens hören in der Verzweiflung viele Gewohnheiten auf. Aber immer noch bin ich dumm kritisch

In der Verzweiflung darf ich mir nicht erlauben, etwas anderes zu denken als meine Verzweiflung. Diese ist tyrannisch und zwingt mich immer wieder, wenn ich einmal kurz abgelenkt bin, zu sich zurück (und zugleich lehrt sie mich aber, das widerwärtige Gefühl von Zufriedenheit sofort abzuwehren)

Endlich erkenne ich mich in dem, was ich mache, arbeite, wieder; und bin »höllisch glücklich«; und kann »wieder springen«. Der See zittert für mich, die Felsrippen werden unter meinen Sohlen zur Freitreppe, die gelungene Form trägt mich dahin, ich bin wieder jemand. Danke, Weltboden!

Erschöpft aus dem Haus tretend, merkte er, daß er eigentlich auch hätte weiterarbeiten können

Im Bewußtsein, daß meine Aufregung, wenn ich jetzt aufhörte zu arbeiten, alsbald sich zu bloßer Gereiztheit abschwächen würde, zwinge ich mich zum Weiterarbeiten. – Dann endlich kann ich, »für heute«, mit dem Arbeiten aufhören: der Raum ist aufgebraucht. Ja, ich will in eine Situation kommen, wo ich nicht mehr kann

In der entstehenden Form wird mein ganzes Leben wieder lebendig und bekommt sein Recht. Und durch die neue Arbeit erstrahlen auch die alten Arbeiten in ihrem Sinn

Endlich wurde ihm die Lebensfrage gestellt. Er war in diesem Augenblick auch bereit, zu antworten; merkte nur, daß er dazu lange würde nachdenken müssen (wollte das auch). »Ich...« fing er an. Aber da unterbrach ihn der Frager und redete von etwas anderem. – Der Befragte war erleichtert, und doch enttäuscht: er hätte die Worte *jetzt* finden können

Stell die kleinste Ahnung dar; sie ist darstellbar, hat ihren Platz in der Beschreibung, der Erzählung, der beschreibenden Erzählung: ihre Zeit, ihre Notwendigkeit. Vielleicht wird sie, die winzige Ahnung, sogar einen großen Raum haben müssen

Glücklich nach der Arbeit, landete er in der »Hamburger«-Welt, wo am Eingang eine Zettelwirtschaft schwappte, wo ihm der passierte Thunfisch in den Kaffee fiel und wo eine Russin, unter dem Tisch mit einem Bein zappelnd, einer winzigen, verschmitzt grinsenden Mexikanerin ein Gedicht (»...und die Rute wird wieder zum Zweig«) vorlas: »So kann man doch eigentlich leben!« dachte er

Wie war es in der Verzweiflung gewesen? überlegte er. – Er hatte jedes Wort verstanden, und im Hintergrund des Bewußtseins hatte es immerzu gezählt. Und die körperliche Müdigkeit war zugleich so stark, daß mit dem Sich-Hinlegen sofort die Träume einsetzten, in denen alles zerbrach und zerdrückt wurde

Richtige Arbeit hieße: Endlich ist mir gleichgültig geworden, wie ich bin – ich bin ja

In der hügeligen Landschaft der blühenden Kirschbäume sagte der Herrscher zu der Fremden: »Wer sind Sie?«, und sie antwortete: »Zerstören Sie nicht meinen Traum«

»Sie empfing ihn mit Zeichen großer Zuneigung. Und in seinem Zorn gegen die Unentwirrbarkeit der Welt ließ er es sich aus Verachtung gefallen« (Esch oder die Anarchie)

Ich war es, der der Schlange die Welt verhieß – indem ich sie ihr beschrieb. – Nach meiner Beschreibung schlängelte sie sich zufrieden-erlöst von dannen. Sie war ein alter Mann

Konzentration, gewaltsame, ist für meine Art Arbeit manchmal sogar falsch. Um die Zusammenschau zu erreichen, muß ich fähig zur Zerstreutheit *und* gleichzeitigen Geistesgegenwart, in der Zerstreutheit, sein. Es handelt sich um eine Art Spiel mit dem eigenen Bewußtsein: man läßt dieses scheinbar laufen und fängt es dann plötzlich ein, wenn es sich frei glaubt

Entfern dich mit keinem Satz, so phantastisch er auch wird, aus der Erfahrung, aus der persönlichen Vergewisserung, aus dem *Inbild* (oder Innen-Bild)

Gutes Schreibgefühl: ich kann alle Wörter wieder verwenden (und glaube allmählich an meine epische Fähigkeit)

»Ich fing wieder zu laufen an, zwei Meilen pro Tag, zwei Wochen nach Davids Geburt.« – Bei all der grausigen »Ich«-Sprache in den Magazinen, Revuen, usw.: half einem da die Religion nicht, sich endlich zu verschweigen?

Ich will kein Verräter an den Menschen sein. Das ist mein sozialer Instinkt beim Schreiben

Von der unguten, unwürdigen Arbeit habe ich buchstäblich gestunken – durch die gute Arbeit bin ich endlich wieder den Vorfahren angeschlossen und kann mich mit ihnen denken; auch mit den Künstler-Vorfahren (heilende Ausweitung der Brust durch die Kunst)

Wenn mir Sorgers Geschichte gelingt, werde ich sagen können: »Ich habe das Glück erzwungen« (und ich bin bereit, dann die dümmsten Feste mitzufeiern)

Das Gesicht des Phantasierenden ist unkenntlich; schön unkenntlich

Zu wem rede ich, wenn ich schreibe? – Ich darf niemanden als sicher voraussetzen; ich muß alle gewinnen wollen

Liebe heißt: ich will immer nur noch, weiter und weiter, ein einziges Wort hören, ein einziges Wort sagen, ohne Ende

Anstrengend ist das *Weg*denken; anstrengender als das Denken

Die Massigkeit schon von ein paar guten Zeilen

Nach der täglichen Arbeit: ich darf jetzt die Gegend sehen, mit Augen

Henry James lebte noch in einem Jahrhundert, wo er die Geräusche der Maschinen als schöne Motti des menschlichen Zusammenlebens hören konnte, wie zum Beispiel das Zügerattern als: »Sieh doch, was wir gemeinsam alles leisten!«

Jeden Tag den Ernst des Anfangs wiederfinden; die Ungewißheit des Anfangs; den Schwung des Anfangs; den Frei-Spruch des Anfangs; den Anruf des Anfangs; den Wegerich des Anfangs (mit seiner zum Himmel ragenden, zartweißen Ähre)

»Vor das Nichts gestellt, reagiert er mit Hedonismus und ständigem Unterwegssein. Hier wird der historische Geist geographisch« (Camus, Tagebücher)

Ich muß mir nur noch das Vorausdenken abgewöhnen; die Gefahr kommt, wenn der Geist zu sehr vorauseilt

Alles, was phantastisch sich einstellt, stimmt. Alles andere hat die Gefahr des Ausgedachten. Glaub dir, und wenn es noch so phantastisch war – gerade wenn es phantastisch war

Es ist auch ein Schuldgefühl, niemanden zu begehren

Ewig warte ich auf die Verwandlung: erwartungslos werden und dabei doch gefaßt bleiben

Was war wirklich? Jedenfalls war nichts wirklich ohne eine Form. Ohne eine Form hatte es das Erlebnis gar nicht gegeben. Aber mit der Form würde es vielleicht später kein Erlebnis mehr geben?

Ich brauchte manchmal jemanden, der mich ausdrücklich verflucht; das darf dann aber kein Höllenmensch sein. Bis jetzt haben mich nur die Höllenmenschen verflucht

In der Betrachtung der Landschaft entstand eine Liebesmöglichkeit. Aber was damit anfangen?

Manchmal erlebe ich bei der Arbeit den Scharfsinn: als übersetzte ich etwas, simultan *und* exakt

Das Bedürfnis nach Schönheit muß veröffentlicht werden; es ist res publica

Zum Schreiben muß ich schon im voraus eine Autorität gefühlt haben

Glückliche Arbeit: der eigene Atem (der eigene Dunstkreis) dient mir als Nahrung; und etwas nimmt Gestalt an

Endlich war ich erschöpft genug, daß ich unter Leute treten konnte

In einer Geschäftspassage kauerte ein Betrunkener und betete zu einer Schaufensterpuppe aus Plexiglas, und an der dunkelsten Stelle der Straße jonglierte ein Akrobat, ganz allein

Bleib unversöhnlich beim Schreiben

Ich lechze nach deutschen, aber erfundenen Sätzen

Eine endlich, nach langer Grübelei, sich errichtende kleine Form empfinde ich buchstäblich als Rippe in meiner Landschaft

Nirgendwo ist mehr ein Zeichen, auch kein schlechtes. Eine allgemeine Mythologie gibt es nicht mehr. Auch jede private wird im Lauf der Zeit zerstört. Das Ich hat keine dauerhafte Sprache mehr. So wird die Welt spelunkenhaft, und ich schleiche mich verwahrlost ins Bett. Auch Rettung durch die Träume kann nicht mehr erwartet werden. »Das ist jetzt meine große Prüfung«, denke ich: »Und ich darf nicht nach Hause!« (»Ich werde bis ans Ende der Welt gehen und meinen Mund halten«: Tania Blixen)

Wenigstens beruhigt die Aussichtslosigkeit die Ungeduld. Sie macht mich »männlich«. Ermanne dich – sei geduldig!

Ich kann den anderen nur beschreiben, wenn ich zu ihm durchbreche: darauf muß ich mich konzentrieren. So schreiben, daß plötzlich ein vergessenes Epos ins Gedächtnis kommt

Wenn ich etwas wirklich will, dann will ich es ruhig (und bekomme es)

Nimm dir ein Vorbild an den großen Malern: sie gaben jedem Gesicht einen Ausdruck, auch denen ganz im Hintergrund

Manchmal treibt es mich hinaus, und manchmal zwinge ich mich hinaus: aber beides ist Natur

»Benenn mich doch!« schrie er in der Schotterödnis. Der kleinste, innerste Ring der gesägten Baumplatte war herausgefallen, und das gab in der Brust einen punkthaften Schmerz. Er sagte: »Ich fühle keinen Schauder mehr, vor nichts, auch nicht vor dunklen Limousinen.« Dann flog ihm der Feuervogel aus der Brust, und im Zurückweichen stieß er hinten an den Tod. Dieser brach aus ihm hervor als splitternder Baumstamm. Er erwachte nicht in den Morgen, sondern in die Verlassenheit. »Wohin soll ich mich wenden?«

Zufrieden lese ich eine Zeitung: auch da ist Krieg

Wenn die Schrift wie ein Zucken des Körpers wird, wird sie natürlich (in den verzweifelten Momenten ist jeder je nächste Moment eine Heilige Schrift)

Erst träumen, dann formulieren: das Schwierige ist, daß sich beim Schreiben beides zugleich ereignen soll

Die ganze Nacht konnte ich im Traum einen Satz nicht zu Ende bilden. Das war Leiden. (Ich muß mein Recht auf die Wörter wiedergewinnen. Aber wie?)

Endlich habe ich mir wieder meine Einfachheit erobert, die Ruhe der Sätze, und sage: »Ab jetzt keine Laune mehr!« Ich erlebe gerade die Zeit des Müssens und Nicht-Dürfens: alles, was ich nicht muß, darf ich nicht tun, sondern tue es: so lebe ich, tue das Gemußte, vermeide das Nicht-Gedurfte, und tue nebenbei dies und das

Furchtbarer Gedanke: »Ich habe bis jetzt Glück gehabt – denn die mir gestorben sind, die habe ich nicht gebraucht«

Beim Opernfinale war es, als ob die Sänger auf der Bühne jetzt tatsächlich gemeinsam glücklich seien, und daß sie dafür auch zu Recht bezahlt werden sollten

Ich will die Figuren und Landschaften, bevor ich sie beschreibe, innerlich begrüßen, mich innerlich vor ihnen sozusagen verbeugen, auch als Herausforderung zu einem Wettstreit

»Nichts« (gutherzig nichts) werde ich mit den Augen. So merke ich es selber

»Nicht die Dinge hindern, sondern du verhältst dich verkehrt zu den Dingen« (Meister Eckhart)

Manchmal ist mir die Arbeit so unheimlich, daß ich mich danach sofort umziehen möchte

Ich hatte einige Gewißheiten: »Ich kann lieben«; »ich kann beschreiben«; »ich kann von anderen gerecht erzählen«; »ich kann mich in andere vertiefen«, usw. Aber diese Gewißheiten habe ich inzwischen alle verloren: und ich brauche sie bitterlich. Nicht, daß ich nichts weiß: ich weiß nur nicht mehr, was ich weiß

Mit schwarzen kleinen Seeigeln wurde auf große helle Landigel geschossen. Die Seeigel hafteten in den Stacheln der Landigel. Das Innere der sehr großen Landigel bestand aus Kolbenstangen, durch die man hindurch bis auf den Erdboden sah

Er sah seine die Nacht hindurch geballten Fäuste an: es waren gar keine Fäuste, sondern versteckte Handflächen. Dann kam der Schlaf zurück, als alte Frau, die ihn, oben auf einem Felsen gehend, der Erde enthob, als seine Führerin. Zum ersten Mal erlebte er eine Verkörperung des Schlafs. Energisch blickte er zu Boden und sagte: »Ihr Götter des Bodens, sendet mir eure Strahlen in das Gesicht!«

Immer die Zweigängigkeit des Bewußtseinsspiels: ein Strang sind die Gedankenspiele der Verzweiflung (immer der gleiche Zug), der andere sind die Gewißheiten des Weitertuns, Weitermachens, Weiterlebens. Nur in den Momenten des Aufwachens in der Nacht ist die Verlassenheit ein und alles. (Wenn ich diese Zeit überstehe, dann werde ich etwas wissen)

»Er konnte wirklich etwas wollen« (Tania Blixen)

Tatsache ist, daß ich nichts lesen mag, was »kritisch« ist: als erkennte ich meine üble, leblose Seite darin

Nach langer Arbeit war es draußen so still geworden, als gäbe es auf Erden keine Menschen mehr

Er ertappte sich bei dem Gedanken, daß die »Heiligen« wirklich Heilige gewesen sein mußten: sie konnten doch nicht täuschen – selbst die Dümmsten ließen sich doch auf die Dauer nicht täuschen? »Heilig wird man durch Stillesitzen«, predigte der Meister Eckhart

Ich will niemanden mehr schreibend kritisieren, ausgenommen mich selber. Ich will nur noch verstehen, oder jedenfalls nur noch solche Leute erfinden, die ich verstehen kann

Bei der Lektüre Tania Blixens: als ob man in den oberen Klassen (denen sie angehörte) viel über die unteren zu erzählen gewußt hätte. Ich weiß umgekehrt über die oberen aber gar nichts zu erzählen, und will es auch nicht

Meine Arbeit ist wie ein Tier, das mich in der Nacht aus dem Schlaf holt, wenn es tagsüber nicht ganz gewissenhaft versorgt worden ist

Ich benötige zum Schreiben: meine Ruhe – dann die Aufregung – dann die Beruhigung, und das Satz für Satz. Und ohne diesen Dreischritt kommt kein Satz zustande. Seht ihr nun, wie schwierig das Schreiben ist?

Ich will erreichen, daß ich dir mit mir meine Welt, eine Welt, die Welt zeige!

Indem er gut über sie redete, trat sie tatsächlich auf

Richtiges Schreiben: entweder schreibe ich gleich mit dem Erlebnis mit, oder es ist ein langes, wiederfindendes Rekapitulieren (wobei der Prozeß des Rekapitulierens mitklingt)

»Einleuchtend« stelle ich mir als das höchste Lobeswort für ein Kunstwerk vor

Als die fremde Frau ungeschickt die Haare zurückwarf, wollte er sie auf einmal erobern. (»Eine Vorzeitform!« dachte er.) Obwohl noch ganz jung, wirkte sie wie eine Schauspielerin im besten Sinn: »die viele Werke weiß« (Pallas Athene) und sich danach verhalten konnte. In der Freude über die wiederentdeckte Form – »das Erobern« – vergaß er dann freilich, sie auch tatsächlich zu erobern

Der Raum war so angeordnet, daß alles, was darin sein und sich ereignen würde, nur gut sein konnte

Nach großen Tagen gibt es niemanden, der mich auffängt; auch niemanden, dem ich danken könnte. Jemand müßte mich dann immer wieder beim Wort nehmen, nicht böse, sondern sanft, aber eben immer wieder beim Wort nehmen

»Wie leicht ist die Kunst!« (Ausruf) – So befreie ich mich von den Sprüchen der Schreiber der Vorzeit: auch von den Klagen Flauberts über das Schreiben, und blicke hinaus auf alle Lichter der Weltstadt: »Was wißt ihr denn? Ihr habt mich nicht gekannt, als ich göttlich war.« (Ja, endlich habe ich sogar Lust, zu erzählen, die Geschichte zu erzählen; kann die Fortsetzung nicht erwarten – als sei ich selber der Zuhörer. – »And he lived to tell the story«, Tania Blixen)

Die Wörter fliegen mir oft zu schnell und wie von selber weg. Es ist, als müßte ich sie beschweren und tatsächlich ausbrüten. »Auf mein Herz, das immer zu rasch aufschnellt, / flieg herab, Grauspatz, / und beschwere es: / daß es nicht bricht, sondern schwingt!«

Unverständlich ist mir Till Eulenspiegels Geschichte, der, bergauf so guter Dinge, sich nur deswegen freute, weil es danach bergab gehen würde; ich würde mich bergauf darüber freuen, jetzt gerade bergauf zu gehen

Nicht einmal in seinen tiefsten Gedanken erschien ein Gott. Wohl aber ereigneten sich da immer Bewegungen, wo etwas sein *sollte,* und nichts war

Ich habe jetzt die Gewißheit, einst mit dem Traum vom Schreiben als Lebensform recht gehabt zu haben

Die Mühsal des Humors: das heißt, nicht der Humor selber ist mühselig, sondern ich muß, um ihn zu erreichen, zuvor Mühen auf mich genommen haben

Meine Weise: »Der Mensch ergreife *eine* gute Weise und bleibe immer dabei und bringe sie in alle guten Weisen ein und achte darauf, daß sie von Gott empfangen sei, und beginne nicht heute eines und morgen ein anderes, und sei ohne alle Sorge, daß er darin je irgend etwas versäume. Die Gnade zerstört die Natur nicht, sie vollendet sie. Die Verklärung zerstört die Gnade nicht, sie vollendet sie« (vollende deine Weise)

Beim Schreiben muß ich so geistesgegenwärtig, sportlich, schlau und unerschöpflich sein wie ein Verführer

Auf das Sterben würde ich jetzt empört reagieren

Schönheitsempfindung: alles in mir drängt ruhig nach außen. Ich werde von der Schönheit zum Reden befreit, und kann dann alles sagen (»Die Gegenwart war auf einmal reich und feierlich geworden«, Henry James, Washington Square)

So lange nachdenken, bis ein Sinnbild erscheint. Dann wieder so lange nachdenken (oder abwarten), bis das Sinnbild auch fühlbar wird

»Darum soll der Mensch sich sehr befleißigen, daß er sich seiner selbst und aller Kreaturen entbilde«

Ich habe ein Maß und verliere es oft: das ist dann die Scham

»Kein Recht, ich habe kein Recht«: Wie oft kommt das vor in meinen Gedanken! Aber es gibt bei diesem Denken ans Recht dann den tröstlichen Unterschied zwischen Sein und Haben: »Ich habe recht« ist etwas anderes als »Im Recht sein« (»Im Recht« bin ich doch immer wieder)

Jede Beschreibung des Innern eines anderen erscheint mir als Verdächtigung. Es muß ja nicht falsch sein, aber es ist eine Verdächtigung

Ich bewege mich immer zu schnell für die Sonne

»Ich urteile nicht. Ich werde nicht urteilen. Ich werde nie wieder urteilen.« (Simenon)

Ich kann mich nicht selber anschauen außer in dem, was ich mache

Warum habe ich, wenn ich jemandem helfe, wohl ein gutes Gefühl, aber nie ein Gefühl, das sei jetzt ich?

Mit dem Schreiben verkaufe ich nie meine Haut, aber doch eine meiner Häute. Dann wächst mir eine andre. *Dadurch* wächst mir eine andre?

Über das sogenannte »Sinnliche« hinausgehen: so schreiben, daß, ohne die fünf Sinne, nur noch der schwere Kopf wirkt: den schweren Kopf wirken lassen

Um mit jemandem zu leben, muß ich ihn lieben. Es genügt nicht, ihn gern zu haben und zu achten. Denn das Gernhaben und die Achtung allein würden beim Zusammenleben bald aufhören, grundlos

Er wollte die Kraft eines Gesunden und die Würde (und Vorsicht) eines Kranken

Bei der Arbeit von der Welt immer wieder wegschauen, wie ein Tangotänzer

Einst habe ich mich mit der Beschwörung von Ortsnamen retten können (»Sierra Nevada«); jetzt nicht mehr

Meine beständigen Erlebnisse habe ich doch immer mit anderen gehabt, nicht allein (die Natur kann nicht das Heil sein; ich dachte das zu lange)

»Dieser unwiderstehlichste Mensch auf Erden ist der Träumer, dessen Träume wahr geworden sind« (Tania Blixen)

Wieder ein Arbeitstag, an dem ich pathetisch war und schön nüchtern geblieben bin (so soll es sein). Sachlich sein zu können, ist schon Andacht genug

Das Heimweh befällt Odysseus nicht am Tag. Er sagt nicht: »Ich *bin* weit weg von zu Hause«, sondern: »Ich *liege* weit weg von zu Hause«

Als jemand erzählte, er erwache an jedem Morgen als ein zutiefst glücklicher Mensch, hatte ich die Vorstellung, er rede ungefragt

Zuerst lag ein Puma im Gras am Straßenrand. Dann lagen da Löwen. Ein Pferd scharrte, als das gefährlichste Tier. Der Leib des Pferdes war »das Versäumte«, »das drohend Wartende«. Das Haus war dunkelkalt wie eine Fleischkammer. Die nicht richtig gesetzten Wörter des Vortags kamen zurück als tsunamis, Erdbebenwellen im Meer, und wollten mich verschlingen. So lange war ich schon entfernt von der Welt, daß ich nicht mehr wußte, ob ich liebte

Den anderen sehen, wahrnehmen, aufnehmen, bedeutet, die Ewiglichkeit von dessen augenblicklicher Gestalt zu sehen: das ewigkeitliche Bücken eines kleinen Kindes nach einem Ball, den im Zuschauen ewigkeitlich geneigten Kopf der entfernt sitzenden Mutter

Schreibschwäche: lendenlahmes Gefühl

Hölle: Ich weiß nicht mehr, was ich tue (und ich bin *allein* in der Hölle)

Sowie ich beobachte (statt zu betrachten), lösche ich der Welt die Farben aus

Die Verzweiflung ist »Entsetzen«: das ist ihr Name (sie beginnt mit Entsetzen)

Ich trat auf das erste Eis des Jahres und wünschte, das Krachen mit den Fußsohlen hören zu können

Denk bei dem, was du siehst, daran, daß es dich vielleicht schon einmal gerettet hat

Ich will nur noch sagen, was ich in einem (1) Atem sagen kann

Beim Betreten des Museums sah ich in den Porträtierten meine Feinde. Jetzt beim Weggehen sind es zumindest Vertraute geworden, die mir nichts Böses wollen: ich war es, der sich ihnen geöffnet hat. Dem Blick der Kunst standhalten können, als der höchsten Moral; Ausatmen des Eigenschmerzes vor dem Stand der Jahrhunderte: ich sah den Juan de Pareja von Velazquez da stehen, und dachte:

»Ich brauche den Glanz deiner Augen und den Glanz auf deiner Nasenwurzel!«

Im epischen Lebensgefühl bin ich *ganz* ich

Vorstellung, der Schauspieler der Leute zu sein, die einem entgegenkommen: als sollte es, so wie »meinen Gemüsehändler« oder »meinen Bäcker«, auch jemanden geben, von dem gesagt werden könnte: »Mein Schauspieler«

Um eine Frau anzusprechen, muß ich sie verstehen. Ich muß etwas wissen von ihr (auch ohne Bekanntschaft), und sie damit besänftigen

Mit mir allein kann ich auf die Dauer nur unernst (und höhnisch) reden

Es gibt die »verkrachte Existenz« und das »verfehlte Leben«; das erstere ist vorzuziehen

Die Gefahr in der Hochgemutheit ist es, die Lust an der Sprache zu verlieren

Jemand, der von sich sagt, er müsse sich wehren, dem Mitleid zum Opfer zu fallen, der ist sicher nie in Gefahr gewesen, dem Mitleid zum Opfer zu fallen

Ich habe immer die Dramaturgie von etwas nötig, um es aufnehmen und weitergeben zu können

Vieles wäre besser mit mir, könnte ich nur einverstanden sein mit meiner Müdigkeit; könnte ich beruhen auf meiner Müdigkeit; könnte ich ruhen in meiner Müdigkeit

Mein Held darf nicht ich sein. Er muß tief in die Verantwortlichkeit aller hineinschneiden

Schreibend bin ich unberührbar; auch im unguten Sinn, wie ein Kastenloser (das zeitweise Unwertgefühl eines Schriftstellers ist durch kein anderes Unwertgefühl zu übertreffen)

Das Essen in Emmaus: Schönes Essen nach dem Tod; Vorstellung von Reinheit des Essens

Gott Form! Ich muß endlich ein Künstler werden. Der Durchdrungene erst redet dichterisch; sonst äußere ich mich nur wieder einmal »typisch« (typisch der und der); *ingente percussus amore,* steht bei Vergil; »durchdrungen von gewaltiger Liebe« wofür? Für die »süßen Musen«

Ich muß, denkend, mein eigenes Denken vernichten. Ich kann mich nur durch das Schreiben denken

Warum beruhigen mich Bilder von der Natur eher als die Natur selber? – Weil die Bilder Menschenwerk sind

Die Leute »sehen böse aus«? – Es wird nur der böse Blick zurückgegeben

Die (lebensrettende) Phantasie, nach Goethe: »immer wechselnd / wie Mondesblicke«

Im weißen Klee lag eine große schwarze Brombeere. Ich war geschützt von der Flocke des Halbschlafs, in der zugleich Theater gespielt wurde. Mein Atem verwandelte sich in die Meereswellen

Manchmal habe ich den Blick: den nichts bedeutenden, nur verstehenden

In einer Operation war mir ein anderes Gehirn eingesetzt worden, schwer, klein, schmerzhaft hin und her rutschend. Als ich damit ins Freie trat, war ich schon schmerzlos; nur ein Rütteln war in mir, von meiner ins Innere abgefallenen »Ich-Rüstung«: eine wohltuende Empfindung. Ich spürte unter den Füßen die Härte der Erde

Erschöpfung: ich erkenne keine Farben mehr

»Liebe mich! Liebe mich!« sagte die Frau in dem Pornofilm, ganz unbedingt

In mir ist etwas gebrochen. Aber vielleicht ist nur ein Widerstand gebrochen, ein Eigenwille, welcher das Schreiben störte, das dumme Ich? (Zugleich habe ich die Vorstellung, ein Lehrer sein zu können, endlich)

Er ging zu einer Handleserin, weil er eine Version von sich brauchte. Er erwartete als Wahrheit nur die *Version* (und als ihm die kleine Betrügerin dann die Handlinien entlangstrich, traten ihm die Tränen in die Augen über diese unerhörte Berührung)

Beim Beschreiben der Sonne warte, bis die Sonne auch wirklich den Raum erfüllt. Das Fensterblech muß von ihr knacken. Und jedes beschriebene Ding muß ihr Abbild sein

In der Kathedrale küßten sich zwei, noch fast Kinder, im Knien lange, lösten sich dann voneinander und beteten

Als hätte ich den anderen nur dann wirklich lieb, wenn ich es ihm auch gesagt habe

Bei meinen früheren Arbeiten habe ich mich noch im Schutz der anderen, der Pioniere, erlebt. Bei der jetzigen Arbeit aber bin ich ganz auf mich allein gestellt (ohne doch Pionier zu sein). Aber es gibt beim Schreiben wohl gar keine Pioniere, nur die Wiederholer. Und die Wiederholer sind die einsamsten Menschen auf der Welt; das Wiederholen ist die allereinsamste Tätigkeit

Was ich schreibe, muß ein Gesang werden; auch *ein* Gesang

Als könnte ein Verzweifelnder die Macht zum Segnen haben (ein aufmerksam Verzweifelnder)

Das furchtbare Problem beim Schreiben von Sorgers Geschichte: da diese vom Fähigwerden, vom Vollkommenen, Reinen handeln soll, muß sie in Konflikt kommen mit der Historie, besonders der des Dritten Reichs, wo diese Dinge wie für immer verschandelt wurden (Macht, Ehe, Liebe, Natur); und das ist es, was mich beim Arbeiten so oft mit Grauen erfüllt (ja): ich werde, schreibend, immer wieder in die Geschichte der Monster gezogen, in die Unterwelt. – Gerade sah ich bei Hieronymus Bosch Bilder Hitlers: einen Bauch mit Ohren, in dem ein Säbel steckte, einen Dämon in einer Kleinkindgehschule – und daneben auch die Darstellung des äußersten Entsetzens: eine Gestalt, die sich die Hände vor das Gesicht hielt, wobei aber ein Auge doch noch offenstand und *sehen mußte* (und im Theater gegenüber fuchtelt und schnarrt wieder ein Schauspieler in der Maske Hitlers herum). – Schatten hoch oben auf der ziehenden Wolke, hebt mich heraus aus der tödlichen Geschichte meiner Vorfahren, und sei es auch nur hin zu Kunstleder!

Meine Geschichte (ich) hat ein Gesetz. Ich kann mir also nicht selber das Gesetz geben, oder?

Warum soll nicht die Erde pulsen von meiner Anstrengung?

Waren Orte einst Personen? Jedenfalls konnte man sie anrufen. – Und da ist wieder das Problem der Historie: Unsereiner (das ist das richtige Wort) kann sich nicht mehr erlauben, anzurufen, weder Menschen noch Orte. (Und ich tue es doch: »Goethe, mein Lieber!«) – Wehe aber dem Schriftsteller, der Orte verdammt (oder dessen Hauptgebärde das jedenfalls ist); er ist nicht einmal ein kleiner Prophet, nicht einmal ein Leierkastenmann, sondern ein bloßer Anschwärzer – ein Sprayer

Müßte es nicht auch einen Ewigen Deutschen geben? (Erfinde diese Figur)

Die Konturen des anderen, durch mich: Ich sorge für Deine Kontur

Die höchste dem anderen bezeugte Aufmerksamkeit ist es, *sich* wahrnehmbar zu machen

Werde nicht auch ich von meinen Vorfahren (ich meine nicht die leiblichen) aufgefressen (siehe Saturn)? Wie kann ich mich wehren?

Die großen Meister lassen den Gesichtern auch eine kleine Undeutlichkeit

Ich weiß, mit dem Erlebnis der stillen, geheimnislosen, prächtigen Gegenwart, daß ich in der Arbeit keinen Moment vorausdenken darf – sonst werde ich scheitern. Ich darf nie wissen, was mich erwartet

Ich erlebe die Zerstörung eines Mythos: das Verschwinden der Halbschlafbilder, der Inseln der Seligkeit (meiner Seligkeit). Heute habe ich im sonst so friedlichen Halbschlaf die erste Bestie gesehen

Ich entkomme der Gesellschaft nicht – mein Glück!

Überzeugung, daß ein Kind Vater und Mutter braucht, die es beide liebhaben (und die es beide liebhat)

Die Zeit ist mein Freund geworden

Auch bei manchem, was ich nicht ganz ehrlich getan habe, ist es oft im nachhinein ehrlich geworden, einfach dadurch, daß ich es *getan* habe

Die Kinder hockten in einer Mauernische und mußten dann, auf einem schmalen Pfad, einen Abhang hinunter in den Krieg ziehen. Ich hörte die Feuerbefehle. Das Meer schlug über dem Nachbarhaus zusammen, in dem alte Leute waren, und dieses brannte zugleich, ohne vom Wasser gelöscht zu werden. Harmoniumtakte erklangen aus dem Feuer als Hilferufe. Und wieder einmal konnte ich nicht beistehen, lief nur auf und ab

Etwas, das dir immer zuwider war, und das dir auf einmal, zu deiner eigenen Überraschung, gefallen hat: dieses Gefallen sei dir von da an Gesetz!

Sie wollte ihm mit ihren Erzählungen helfen. Diese wurden so aber unbeholfen. Und die Lehre daraus: Erzähle, ohne damit irgend jemandem helfen zu wollen

Die Seele ging mir in der Formnot verloren, und ich erlebte die äußerste Angst der in die letzten schützenden Falten verkrochenen armen Seele. Im voraus hörte ich im tiefen Innern einen Schrei. Die Seele war etwas Grundanderes als ich

Ich kann nur ungeplante Geschichten schreiben. Und das gehört sich auch so für meine Zeit

Von den Bildern der Meister fühle ich mich nicht durchschaut, sondern erkannt und bewahrt

Was heißt »die Fassade aufrechterhalten«? Warum nicht ganz schöne Fassade werden?

»Der Forscher: er kam lebend an.« – Und wie bin ich Forscher? – Indem ich etwas schön fand, und es mich immer wieder begütigt hat, will ich es erforschen (wie den Teich von Villebon, die Fontaine Sainte-Marie, den Karst, den Yukon)

Im Freien kenne ich kaum Ungeduld. Ist also meine Ungeduld nicht eher eine Innenraum-Flucht?

Als könnte ich, für die Zeit des Schreibens, nur von Kindern berührt (angefaßt) werden

Die Menschen erwarten, auch von mir, und sie erwarten freundlich

Zu viel Begeisterung, zu viel Unwille, zu wenig Humor. Ich werde mich zum Humor *entschließen.* »Mit einem Lachen bekam er die Energie, seine Geschichte zu erzählen. Mit einem Lachen eroberte er sich den Raum«

Die sanfteste aller Berührungen: am Handgelenk (und sei es auch nur durch eine Messingthekenstange)

Ich will die Welt nicht mehr anschauen, sondern sie in ihren Formen herbeibitten

Nur mit der Energie eines Schlafwandlers kann ich mich auf andere übertragen

»Homer und ich: wir trennten uns vor den Toren von Tanger; ich glaube, wir sagten uns nicht einmal Lebwohl« (Borges). Bald werde so auch ich mich von Homer trennen: Sorgers Geschichte kann zu Ende gehen: er ist Niemand geworden. Aber anders als Borges werde ich meinem Helfer Lebwohl sagen. Nein, nicht Lebwohl, sondern immer wieder: Ich grüße dich, Homer!

Die Sanftheit, mit welcher der Priester das Evangelium rezitierte, war schon die Predigt: das sanfte Vorlesen genügte

»Andere Nationen leben in Unschuld dahin, in sich befangen oder für sich, wie Minerale oder die Meteore. Deutschland dagegen ist das Weltbewußtsein«

Die Phantastereien der alten Philosophie oder Theologie trösten aber (das kann man bei Borges lernen)

»Sorgers Geschichte ist geschrieben«: Seit Monaten habe ich zum ersten Mal wieder eine Uhr ums Handgelenk; gutes Gefühl. Und endlich spüre ich in mir wieder meinen Jähzorn, sowie Angriffslust, und Rachsucht. Die Herrlichkeit eines Werks! *Fervet opus,* es glüht das Werk (Vergil, Dichter aus meinem Dorf)

Wenn ich nicht die ganze Erde habe, habe ich auch kein Phantasieland

Wie ein Stein bin ich nach der Arbeit aus dem Wasser getaucht, mit der Lust, mich zu kostümieren. »Heute noch wird jemand mich lieben!«

Ihr die Wahrheit zu sagen, war unmöglich, und etwas anderes fiel mir nicht ein

»Ich habe mit dem Tod gerungen. Es ist der ödeste Wettkampf, den man sich vorstellen kann. Er findet statt in einem undurchdringlichen Grau, ohne Boden unter den Füßen, ohne Umgebung, ohne Zuschauer, ohne Wehgeschrei, ohne Glorie, ohne das große Begehren, zu siegen, ohne die große Furcht vor der Niederlage, in einer tristen Atmosphäre von flauem Skeptizismus, ohne rechten Glauben an das eigene Recht und noch weniger an das meines Widersachers. Wenn das der Weisheit letzter Schluß ist, dann ist das Leben ein größeres Rätsel, als viele von uns annehmen« (Joseph Conrad, Das Herz der Finsternis). – Einiges kann ich also wörtlich wiederholen; für das meiste aber muß ich wiederholend meine eigenen Wörter finden

Kritisch sollte ich nur sein, wenn ich *stark* etwas anderes will

Die Folgenlosigkeit des »Geschlechtsverkehrs«: als sollte man doch jedesmal ein Kind zeugen, und als sei eine Vereinigung nur so statthaft

Die Unwirklichkeit hieß: es gab kein »Stirn«-Gefühl mehr, keine Anlehnmöglichkeit. Nichts mehr war möglich, aber alles schien, immer wieder, für einen winzigen Moment möglich zu sein, und wurde sofort wieder unmöglich. Ich war kein Erdenmensch mehr; hatte keine Stirn mehr, sie an einen Erdenmenschen zu legen. »Tauber

Körper«: die Unwirklichkeit war eine Art Ver-
klungenheit

In dem, was ich geschrieben habe, bin wohl ich,
aber es fehlt meine Stimme. So soll es auch sein

Als wäre es eine Erlösung, alles vom Schriftlichen
ins Mündliche überzuführen. Ich würde nur noch,
manchmal, reden, nicht mehr schreiben

Ich verkörpere immerhin jetzt eine Wahrheit (ein
bißchen wie nach dem Aufenthalt im Wiederbele-
bungszimmer des Krankenhauses)

Die böse Stimme in mir hat noch weniger Sprache
als meine »normale«: das spricht gegen sie

Der Rabe bewegte sich beim Schreien wie eine
Schlange oder ein Fisch. Es wurde deutlich,
warum bei den Indianern alle diese Tiere in einen
Kreis gehörten

Die Lieblosigkeit »nahm uns auseinander«. Als
Feinde saßen wir Freunde einander gegenüber, in
jugendlicher Bosheit und Kälte, und suchten
Streit. Dabei wurden wir immer unbehauster,
schliefen im Freien auf dem Boden oder in Erdlö-
chern. Die Dämmerung kam, und aus den fremden Zimmern wurden die Totenmasken getragen.

Aber der Verfeindungszwang war stärker als alles, und wir wollten von jedem von uns nur noch Böses hören. »Es gibt keinen richtigen für dich!« Das unfruchtbare Jahrhundert!

Traum von einer Sprache ohne persönliche Fürwörter, ohne Zeitwörter: »Das Ziehen der Wolken. Das Schweben des Mondes. Das Zeithaben, das Schweigen der Zeit«

Existiert auch eine Eingebung, die gegen mich ist, nicht zu meinen Gunsten? (Teufelsidee)

Schon wieder ist im Dorf jemand »von selber gegangen« (der da geläufige Ausdruck für den Selbstmord). Und ich spuckte auf den Boden meines Heimatortes

Humor habe ich, wenn ich auf jedes Mißgeschick gefaßt bin; für das gnadenlose Geschick gibt es keinen Humor

Von den anderen träumen, und sie dann weiterdenken (»Denn edlen Seelen vorzufühlen / ist wünschenswertester Beruf«, Goethe)

Ich hörte das Lachen eines Kindes, und sah in der Landschaft einen Bogen

Die Verzweiflung lügt. Andererseits muß das Leiden sichtbar werden

Als ich mit dem Gewicht in der einen Hand ins Schwanken geriet, wurde das Gewicht in der anderen Hand sehr schwer. Die Schlüssel fielen mir aus beiden Händen und verschwanden im tiefen Schnee. Dann wurde ein Kind geboren, das Kind der Kinder, dem man alles sagen konnte, Wange an Wange

»Haust wirklich eine Seel' in mir? – Das frage deine Gäste.«

Ich fühle mich ausgeschlossen von den Leuten, sobald diese anfangen, Angst um mich zu haben

Käme zur Verzweiflung ein kleiner Schimmer hinzu, so wäre es die Verklärung

Aus der Weltlandschaft bin ich wieder zurückgekehrt in die Stube; aus der rauschenden Zeit ins Zeitungsrascheln

Die Haltlosigkeit eines »Humoristen«: ist Unwirklichkeit nicht »verscherzte« Wirklichkeit?

Im poetischen Schreiben bilden das Willkürliche und das Unwillkürliche *eine* Form. Deswegen ist es das Ideal von Leben. Die Heiterkeit eines einzigen geglückten Satzes!

Sprachloser! Am Horizont sind die Worte für deine Verzweiflung. Kultur ist ein *allgemeiner* Schrei nach Rettung

Älterwerden / und daß ein Tisch vor mir glänzt / auf dem ein geschwungener Löffel liegt

Grillparzer: »Diese Toren, die verkennen, daß Goethes Poesie allerdings einen Mittelpunkt hat; aber nicht einen durch Grübeln gesuchten, im Traum gefundenen; sondern einen ewig-geltenden, für alle Zeiten bestehenden, sich allein genügenden, herrlichen, großen: die Menschheit, das Wirkliche, das factum, die Welt«

»Goethe in seinen älteren Tagen: ein großartig blasierter Geist« (derselbe)

Seltsam, daß immer noch Wörter wie »Mohnplunder« genügen, und ich rutsche sofort in ein inneres Sandloch

Manchmal ist der Augenblick so schön, so unerträglich schön, daß etwas geschehen muß – und was heißt »geschehen«? – Eine Vereinigung (nur: welche? was für eine? mit wem? womit?)

Er wurde ganz, und sie wollte ihn

Sorgers Geschichte, so schien es mir gerade, war der letzte Fischzug in Goethes Gewässern: die Unsterblichkeit der Menschheit, als Menschheit, ist nicht mehr denkbar, ist keine Gewißheit mehr hinter all den Ungewißheiten; oder? (Ist Valentin Sorger der letzte umfassend schöne Blick auf die Erde gelungen?)

Rembrandt, 1660: Er war vielleicht zu Tode betrübt – aber er hat sein Bild gemacht. Und er ist ein großer Schauspieler

Die Schlange auf Poussins Darstellung Eurydikes: gleich wird sie den tödlichen Biß tun. (Ich will keine Bilder, die drohen). Aber dafür liegt dann der Gott im »Paradies«-Bild bäuchlings auf den Wolken (auch wenn er die Menschen zugleich aus dem Garten Eden vertreibt)

Die Toten als schöne sanfte Schatten auf den Gesichtern der Lebenden: nichts tun für den Rest meines Lebens, als was mich veredelt! (Und einen Schein davon durch den Schädel nach außen zu euch schwitzen)

Der Feind ist der blinde Fleck in der Gesellschaft

»Ihre stumme Verzweiflung sah sich nach Hilfe nicht um, denn sie kannte keine Hilfe« (Das Märchen); Goethe weiß alles

Wenn ein Wanst zitiert: »Die Schriftsteller sollen nicht die Ärzte sein, sondern der Schmerz«, brauche ich gar nicht hinzuschauen, um zu sehen, daß der Sprechende kein Schriftsteller ist, sondern eben ein Wanst

Immer wieder im Lauf des Tages: »Jetzt brauche ich allmählich jemanden, um mich in ihm zu vergessen«

Bei den Augen mancher Leute denke ich: Nein, die haben noch nie etwas Unrechtes getan! (Das ist aber nicht nur schön)

Ein Zigarettenstummel, weggeworfen, rollte auf der Straße genau in den Frühling hinein, und in die vergangenen Frühlinge, bis zurück in die Kinderzeit

Musik als Stimme hören, die *spricht* (sagt); so verliert sie das Gaukelnde

Wenn du eine Vision hast von der Hoffnungslosigkeit und Boshaftigkeit der Welt – recht so! Wehe dir aber, wenn du die Vision nicht hast und doch unentwegt von der Schlechtigkeit der Welt leierst

Am Morgen im Schulgebäude die Kinder, in ein Zimmer laufend, und draußen der Wind, der eine Pappel rüttelt: ich schaue der Welt zu, machtlos wie ein Gott (so soll es sein)

Wenn ich mir eine *vorgegebene zusammenhängende* Sprache vorstellen soll, stoße ich sofort auf ein innerliches Wundsein; die Wörter, damit ich sie aufschreiben (verwenden) kann, müssen mir im Tagtraum erscheinen

Ruisdaels Bilder sind so still, daß die kleinste Dramatik – der sich aus dem Wasser hebende Schwan – schon wie Humor wirkt

Warum möchte ich eigentlich nur in einem Land mit gegenwärtigem Glanz leben (wie etwa Frankreich)? – Wie gutmütig stolz konnte noch Goethe in der »Italienischen Reise« von »seinem« Frankfurt reden; oder Vergil von seinem Italien: »Hier prangt mit Früchten die Flur, die reißenden Tiger aber und die wilde Brut der Löwen sind abwesend«

In den größten Werken, wie in Rembrandts Selbstporträts, geschieht immer noch ein zusätzliches Ins-Licht-Rücken des Gegenstands, oder auch nur ein »kleiner Dreh«: so erst werden es die prächtigen Gesichter einer geheimnisvollen unbekannten Rasse

Wie dahin gelangen, Alltägliches zu schreiben, so unauffällig, daß es wie gereiht aussieht und doch als ein Ganzes leuchtet? (»Der Zug stand. Aber es fehlte noch der letzte Halteruck.«)

»Sieh dir das dunkle Bild genauer an – vielleicht hellt es sich dann auf!« Das sagte der Mann im dunklen Bild. Ich lachte, und die Gegenstände im Bild wurden dunkler, der Raum aber wurde hell

Ich sah den hellsandigen Weg und die sonnengefleckte Mauer vor der Fontaine Sainte-Marie im Wald von Meudon wieder und dachte: Verewige!

Er ist ein reiner Mensch; jedes Wort, das er spricht, bleibt im Bild; keins seiner Wortbilder wird durchkreuzt von Hintergedanken (mögen diese auch noch so harmlos sein, sie sind doch Hintergedanken, bildschwärzend, unrein)

Die Welt ist ganz mein Element immer nur kurz nach einer erschöpfenden Arbeit

Ich spüre immerhin schon die Biegung einiger Flüsse der Erde in mir. Zeit, verjüngendes Licht!

»Schau, wo du gehst«: diesen Spruch, überzeug dich, gibt es in allen Sprachen. Als Sorger etwa der Indianerin davon erzählte, sagte sie: Auch ich schaute als Kind beim Gehen immer zum Himmel, und auch meine Angehörigen sagten: Schau, wo du gehst. Sie wußten nicht, daß ich über den Bäumen auch einen Weg sah

Ich sah die unheilbare Einsamkeit des Geliebten; als sei Liebe das Mitgefühl mit des anderen unheilbarer Einsamkeit

Ihr über die Schläfen streichend, machte er ihr Flügel

»Es sind heilige Namen, Winter und Frühling und Sommer und Herbst! Wir aber kennen sie nicht« (Hyperion)

Mein Anspruch, das bin doch ich. Also kann mein Anspruch nicht zu hoch sein

»Die Musik weckt nur Todesangst, wenn sie ein Mensch von weitem hört, der nie mehr in die Heimat zurückkehren wird« (Tschechow, Sachalin)

Die fruchtbare, entwerfende, strukturierende Erinnerung kommt nur, wenn ich etwas ertragen habe

Manchmal kann ich einiges. Aber es gibt nichts, was ich immer kann

Jeder Tag, ob in der Arbeit oder im Müßiggang, sollte so lange dauern, bis mir die Augen schwer werden

Die Vögel sind die Lebewesen der sonntäglichen Morgenstraße. Und Kinder rollen auf Dreirädern und reden zueinander durch löchrige leere Eistüten

Ich brauche jemanden wie Goethe, der einfach *sagt*

Seinen fixen Ideen folgend, wurde er ein Entdekker der Tiefen

Ein Epos anstimmen kann ich nur von den Figuren meiner Träume: d. h. vor allem von den Angehörigen meiner Familie, und von den ganz Unbekannten?

Manchmal könnte ich weinen darüber, daß ich keiner Nation angehöre (dagegen etwa Francis Ponge, der sagen kann: »Frankreich muß sein«)

Täglich der Moment, wo der Grabstein in mir sacht zur Seite rückt, als sei nichts gewesen – und dann sollte ich gleich zu jemandem hingehen und »die Freiheit zum Guten nützen« (Augustinus)

Jeder spricht so schlecht von seinem Schmerz, weil schon das Reden davon allseits verteufelt wird. Würde man freiheraus von ihm reden, geschähe, vielleicht, das Erhabene

Sei jedem dankbar, der seinen Größentraum ausspricht, weil du dadurch besser lernst, den deinen zu verbergen

Nur in der Bedrücktheit war es möglich, daß die Welt dann befreiend zeichenhaft wurde, formelhaft, wie auf manchen chinesischen Zeichnungen, sich der Schrift nähernd. Der Kastanienast vor dem Berg erscheint dann tatsächlich als Schriftzeichen

Es gibt doch ein Gemeinsames zwischen Reden und Schreiben: ich soll so reden und schreiben, daß jeder meiner Sätze das Auge aufschlägt, ein Augenpaar, groß

Das Jazzige verdirbt dem Schreiber die Sprache; d. h., die Sätze halten keinen Abstand voneinander; die Übergänge werden durch Synkopen erschwindelt; Unter- und Nebentöne lenken davon ab, daß es keinen Grundton gibt; und statt daß ich (im Lesen) mein Gleichmaß finde, werde ich gezwungen, die Variiergeschicklichkeit von irgendeinem Artisten zu bewundern

Die schönste poetische Phantasie wäre jene, in der keine Bilder, Rhythmen, Wortspiele oder Geschichten entstünden, sondern bloß die Sprache sich belebte und die Dinge nennbar machte

Im Frühlingslicht gingen die Leute wie Pferde, Sonne auf ihren Schultern

Wenn ich phantasieren kann, bin ich auch zugleich darauf aus, etwas zu machen. Das Phantasieren zeitigt die Schöpferlust. Es ist ein Ziehen, *und* ich sehe in der Landschaft den Großen Zug

Aus dem Tal klangen die Abendglocken, und oben auf der Bergkuppe schwangen die Wipfel der Lärchen: »die Abendglocken im Tal läuteten oben auf dem Berg die Wipfel der Lärchen« (»Und«-Gedichte, die glückliche Verbindung zweier Dinge zeigend)

Eine große Schuld ist es, die Macht zu haben, den Leuten die Angst zu nehmen, und es doch nicht zu tun; im Gegenteil (die Zeitungen)

»Und«: Der Atem steigt in mir auf, und jenseits des Sees erhebt sich aus dem dichten Nebel ein einzelner Baum

Die Heiterkeit der Formen vergessen habend, lebte er im bangen Leichtsinn der Formlosigkeit

Ich bin noch zu wenig »Gefäß« für die Gegenwart, zu wenig haltbar, zu wenig bauchig, zu wenig umschließend. Zu jeder Wahrnehmung müßte noch der Gegenwartsruck treten (den ich mir willentlich gebe). *Jetzt* ist meine Chance, ein allgemeines Bewußtsein zu werden und mich bis zum Horizont zu spannen – oder ich werde es nie mehr und bin nur noch jemand Beleidigter

Ich dachte gerade: »Ich möchte gar nichts sein«, und merkte an dem Freuderuck dabei, daß ich es ehrlich meinte. (Je tiefer ein Gefühl, desto fiktiver erscheint es. Und ich kann es auch nur einer Fiktion anvertrauen – das Schreiben als das Natürliche)

»Und«: Aus dem Autoradio kam Orgelmusik, und draußen ging eine Frau im weißen Mantel

Moral und Phantasie: nur wenn mir eine Moral zu praktizieren gelänge, gelänge mir auch eine stetige Phantasie, als die gottnächste Daseinsform. (Und das Prinzip der Moral ist: Jetzt!)

Immer wieder habe ich mir vorgenommen, das Wort »göttlich« zum letzten Mal zu setzen – und immer wieder erscheint es mir neu in der Materie, *als* Materie, in jedem Sinn unverbesserlich

Sehr oft sehe ich gewisse Frauen als die neuen Barbaren

Geistesgegenwart: Dreihundertsechzig-Grad-Gefühl

Durch die Phantasie ordneten sich die Phänomene ein ins Sein: Ruhe ergab sich

Selbstkritik: In die Leere, in die ich schaute und Fülle phantasierte, trat ein wirklicher Mensch, der mich störte (erst in der Selbstkritik habe ich auch die *Empfindung,* zu denken)

Die Erinnerung, beim Schreiben, muß kommen in einem Schwung: so erst ist es recht. Mit dem Willen herbeigeholt, wird sie pedantisch. »Die Erinnerung kam in einem Schwung und flog mit mir weiter in die Phantasie«: so!

Ich gehe durch den abendlichen Garten, wo es »eigentlich schön« ist. Aber ich habe nichts getan für diese Gegenwart, und so bin ich nur irgendwo durchgegangen

Meine Genauigkeit: genaue Ahnung

»Jedem nach seiner Unfähigkeit!« – Das wäre eine akzeptable politische Parole; dieser Partei meine Stimme

Französischer Ausdruck für »tatsächlich«: bel et bien; englisches Wort für »tatsächlich«: actually

Ich bin gefährdet durch täglichen Wissensverlust; aber zum Glück nie gesichert durch Starrsinn

Schreiben hieße, täglich zu den blinkenden Kanten des Lebens durchzubrechen (ja, es ist immer ein Durchbrechen, ein Durchbrechen von mir selber); und die Schreibstufen sind: a) ich denke an dich; b) ich denke *an dir;* c) ich schreibe an dir

Schönheit und Trostlosigkeit werden verbunden durch Kritik. Deswegen müßte mein Schreiben kritischer sein (der starke Atem der Selbstkritik)

*Hinter*gedanken und *Seiten*blicke hindern die Phantasie an der Verbindung der Einzelheiten

Nach dem, was ich durch das Schreiben gewahr geworden bin, ist es schwer, jemals wieder ruhig zu werden

»Gedanken«: als verdienten nur solche den Namen, die ich auch an jemanden schicken könnte

Meine schärfste Selbstkritik wäre: Du bist wie ein Tier! Du weißt, daß etwas, so wie du es versuchst, nicht geht, und du versuchst es trotzdem immer wieder, ohne Innehalten, ohne neues Ansetzen, immer verzweifelter. Du bist selbst schuld an deiner Verzweiflung

»Jetzt!« rief ich mich zur Ordnung. Und der Himmel wurde zum Gewölbe. Dabei läutete nur ein Kind an der Tür

Wenn ich frage: Wie bin ich?, dann bin ich dumm; wenn ich aber frage: Wer bin ich?, dann bin ich ganz auf der Höhe

Indem ich gar nichts bin, mache ich gute Figur

Das träumende Ich ging in ein träumendes Es über. Dieses wurde in eine Hand genommen und mit einer großen, weitausladenden Geste der Menschheit vorgezeigt. Damit begann das Epos

So oft glaube ich mich ganz nah an der Lösung des Schöpfungsrätsels. Es ist wie ein Blitz, dessen Helligkeit knapp irgend etwas streift – knapp an irgend etwas vorbeigeht; immer ist auch noch etwas Unnachgiebiges in mir

Als ich fragte: »Was ist für dich Gerechtigkeit?«, sanken dem Gefragten nur langsam beide Arme herab. Der nächste, den ich fragte, antwortete nach langem Überlegen: »Ich darf nicht schnell sein.« Warum ist meine Grundfrage, im Leben wie im Schreiben, die Gerechtigkeit? Ich will jedenfalls nicht recht haben, sondern gerecht sein (ohne ein Gerechter zu sein)

Ich bin immer noch ungeduldig: ja, aber auf den nächsten Umweg

Anders als in der Musik und der Malerei kann in der Literatur keiner ein Meister sein. Es gibt in der Literatur keine Meisterwerke

»Ist die zweifache Bewegung des Herabsteigens nicht der Schlüssel jeder Kunst? ... Aus Liebe wiederholen, was sonst die Schwerkraft bewirkt...« (Simone Weil). – Aber es ist doch vor jeder Wiederholung eine Sinnlosigkeitsschwelle zu überwinden (die sehr hoch ist)

Eine Architektur (Konstruktion) der Sätze, durch die erst die rechte Verlangsamung (Stauung, Besänftigung) des Bewußtseins, auch bei raschem

Lesen, erzeugt würde: das wäre die richtige Literatur (mich durch die Konstruktion verlangsamend, finde ich erst das Zeitmaß, mit dem die Phantasie kommt)

Erkenne, daß Kafka sich jeden Satz, und vor allem die Fortsetzung eines jeden Satzes, erkämpft hat

Sooft ich mich aufrichten kann, bin ich dazu verpflichtet

Ich habe keine Leidenschaft für das Unglück. Also sollte ich es auch nicht beschreiben

Manche (wenige) Leute versprechen, allein als Erscheinung, ein Werk. Sie erscheinen schon von weitem als Werk (wie diese Frau dort auf der Parkbank)

Ich, eingeschaltet, schalte leider oft, ohne es zu wollen, die anderen aus

Cézanne hatte die Vision im einzelnen nicht mehr nötig

Die Meise ist der bessere »Circus XY«; ich habe keine Angst um sie, wenn sie an den Zweigen herumturnt

Das Geschriebene müßte so wahr sein, daß man weint

Der lange mit Stummheit Geschlagene fängt dann nicht zu reden an, sondern singt

Wenn es mir gut geht, dann ist die Erscheinung das Wesen

Was mir vorschwebte für das Schreiben eines Dramas: das Nicht-Natürliche, aber Selbstverständliche

Seltsam ist, daß ich zu einer Katastrophe, einem Krieg, einem Schrecknis immer nur eines (einen Satz) denken kann – wenn überhaupt –, und dieses einmal Gedachte danach mir immer wieder nur hersagen kann, gedankenlos geworden, denkunfähig geworden: das einmal Gedachte macht mich geistesabwesend

Als könnten die Frauen mit ihrer Schuld besser umgehen, durch ihre Vergeßlichkeit

Er erblindete momentlang, bei offenen, klaren Augen, vor Erbarmen

Nur Goethe vermittelt das erhebende Gefühl der Brüderlichkeit. Fast alle anderen Großen gebärden sich »väterlich«, oder sind »Jünglinge«

Die Kinder liegen von Anfang an quer zur Welt, werden aber zum Trost auf den Armen der Mütter ein wenig umhergeschwungen

Von den Bekannten möchte ich Schrift empfangen, von den Unbekannten Bilder

Im Leid, wenn es mir endlich auch in die Augen tritt, gibt es immer zugleich einen Wink – und wenn auch nur eines Platanenzweigs, welcher sich in der Abendsonne hell-dunkel auf mich zubewegt (die Platane ist bei Vergil der Baum, der den Dürstenden »mit Schatten dient«)

Alles ist schön draußen: die linde Luft, der Vogelgesang, die unerkennbare Musik. Nur ich selber mache nicht mit

Die Unordnung ist nicht abzuschaffen; nur zeitweise, bei Glück, zu vergessen

Die Sprache anderer kann ich nicht mitsprechen (»Wenn ein Kind sich verändert, d. h., wenn die Leistung abfällt...«; Elternabend), also bin ich fast gesellschaftsunfähig, also bleibt mir nichts übrig, als beharrlich meine Sprache weiterzusprechen, in der Hoffnung, daß einige meine Sprache als Sprache erkennen

Schwer erträglich ist es, mehr und weniger als die anderen zu sein

Später Sonntagnachmittag: kein Sänger mehr im Haus

Die Chance, die Freundschaft zu erhalten, war nur: größere Freundschaft

Die meisten haben so viel Schuld auf sich geladen, daß sie davon gar nicht mehr reden können, sondern immer nur noch spitzfindiger werden, um überhaupt noch etwas zu reden

»Ich bin entschieden eintönig« (Borges)

Die Guten müßten öfter und regelmäßiger auftreten

Der wunderbarste Raum / der wunderbarste Abstand / der wunderbarste Zwischenraum / ist der zwischen dem Engel der Verkündigung / und der jungfräulich Gebären-Sollenden: / Abstand von der Lilie des Feldes / zur Lilie des sechsten Tages

Ich brauche jemanden, dessen Worten ich nachgehen könnte: und das müßte immer wieder auch einer leibhaftig »von jetzt« sein

Ich muß die Wörter einzeln lieben lernen, so wie Cézanne die Farben, damit ich sie *wiederholt* setzen kann

Gerade im Schmutzigsten, in der Sprache, ist, außerhalb der Kindheit, die Reinheit immer neu möglich, eingeschlossen die Reinigung

Menschliche Erlebnisse und unmenschliche Anstrengungen: große Literatur

Die Frau ging mit nackten Schultern, leicht nach hinten geneigt, und bedeutete: »Ich gehöre jetzt nur der Sonne«

Gestern bin ich nicht bestraft worden, sondern stetig im Blau des Himmels gesessen; unablässig blaute mir, den ganzen Tag lang, immer neu der Himmel

Ekstase wäre ja gut, wenn damit nicht auch die ausschließende, tödliche Kritik an den anderen einsetzte: um zu vermeiden, daß die Vision in Ekstase vergeht, muß ich sie, formulierend, gesetzkräftig machen

Die meisten der sogenannten Denker sind durch keinerlei Unglück zum Denken gekommen, zum Denken getrieben worden: wie können sie so denken?

Mein Haß ist absolut; meine Liebe ist relativ. Also kann ich nur (und will ich nur) von meiner Liebe schreiben. (Und: meinen Haß kann ich niemandem klagen, von meiner Liebe aber zu allen reden)

In der Normalität bleiben und darin das Außerordentliche schaffen (»Schwerer Dienste tägliche Bewahrung / Sonst bedarf es keiner Offenbarung«)

Ich bin in meiner Macht: im Gegensatz zur Kindheit

Heiter sein, ohne behäbig zu werden

An manchen Tagen: »Für heute möchte ich schon gestorben sein und morgen wiederauferstehen«

Durch das Schreiben weiß ich wenigstens von einem (auch moralischen) Maß

»Die Gerechtigkeit, diese Flüchtlingin aus dem Lager des Siegers...« (S. Weil); ja, »Überstehn« ist sicher nicht »alles«, aber Siegen ist gar nichts

Schreibend reinige ich mich, meine Vorfahren, mein Volk, durch die Form; und meine Vorfahren sind nur wenige, meine Nachkommen aber sind alle!

»Ich setze also meine Studien fort... Ich arbeite weiter nach der Natur, und es scheint mir, als machte ich langsame Fortschritte« (Cézanne vier Wochen vor seinem Tod)

Appetit auf die Heimatflur: aber auf die leere

Ein Engel ist, nach René Char, »die Kerze, die sich krümmt im Norden des Herzens« (lern solche Definitionen auswendig; sie ersparen das Gerede)

Meine Nicht-Gefaßtheit: jetzt etwa könnten Leute daherkommen und mich, nicht gefaßt wie ich bin, an diese Linde nageln

Manchmal möchte ich ausschließlich mit jemandem sein, der nichts von sich weiß, zum Beispiel einem Kind oder einem Tier

Um dich zu besuchen, müßte ich aus der Tiefe heraufkommen, aus meiner Kindheit her

Auf die Straße hinaus sollten nur die Leute, die gerade vergnügt, frech, verschmitzt, ruhig, verwegen, guter Dinge sind; und ein paar Traurige gehören natürlich auch dazu, aber die müssen ihren Part dann wirklich gut spielen (wie Emmanuel Boves Victor Bâton)

Die weiße Wolke am Himmel hatte von allem etwas, und war dadurch so schön

»Allein der Lehrer weiß, daß, was er lehrt, ein Gesicht bleibt und ein Rätsel. In diesem nachdenklichen Wissen harrt er aus. Wir Heutigen sind durch die eigentümliche Vorherrschaft der neuzeitlichen Wissenschaften in den seltsamen Irrtum verstrickt, der meint, das Wissen lasse sich aus der Wissenschaft gewinnen... Aber das Einzige, was jeweils ein Denker zu sagen vermag, läßt sich nur fragend-denkend zu Gesicht bringen« (Heidegger zu Nietzsche)

Notwendig wird mein Schreiben erst, wenn sein Gegenstand andere sein können

Was kann ich gegen das Jahrhundert haben? Es gibt doch mich

Durch das Schreiben gelingt es mir zu behaupten, daß ich bin, was ich einmal gewesen bin

Die Eltern werden, im Umgang mit den Kindern, notwendig zu Betrügern; das Entscheidende ist nur, daß der Betrug nicht so tyrannisch wird, daß die Kinder, kraft Suggestion, selber zu Betrügern werden

Auf alle gängigen Meinungen und Aussagen über den aktuellen Zustand der Welt frag einfach gegen: »Wer sagt das?«

Sicher: Dichten als das Maßnehmen zwischen Erde und Himmel (Heidegger zu Hölderlin) – wie aber dabei selbst (als Selbst) nicht wahnsinnig werden oder sonst zugrundegehen? (Heute wäre ich an solchem »Maßnehmen« fast geplatzt)

Nur keine endgültige Schrift! Immer nur Nachschrift um Nachschrift

Die zu wünschende Milde: in ihr wären das Bewußtsein von Stärke und Schwäche eins

Für mich bin ich ja oft alles. Aber vor anderen muß ich darüber hinwegtäuschen, daß ich nichts bin

Erinnerung: ich blätterte langsam in den Menschen

Ich weiß jetzt, wer ich bin: und schreibe Wort für Wort

Wenn ich nichts entwerfe, will ich zerstören

Nach meinem stillen langen nächtlichen Vortrag an das Volk werde ich morgen im Leeren aufwachen – und warum nicht?

Die meisten Gläubigen knien in den Kirchen als Leichenbündel mit Leichenbittermienen; und die meisten Priester sind schlechte Schauspieler (sie sollten aber sehr gute sein). »Endlich wieder bei den Arabern!« (Satz auf einer Ansichtskarte)

Es bedarf keiner Besonderheit, sich einem großen Schriftsteller nahe zu fühlen (ich dachte gerade an Emmanuel Bove); denn er ist erdumspannend

Immer wieder verwandelt sich mein Königs-Bewußtsein in den Frosch zurück

Dumme Alpträume: d. h. die Alpträume als Ausdruck meiner Dummheit

Sartres »Les mots«: das Bürgertum und seine durch und durch lieblosen, naseweisen, nur noch für verleumderische Ironie zu habenden Söhne und Töchter als Schriftsteller: Werden sie immer siegen?

Im langen Gehen wurden die Schuhe wieder zu Schuhwerk, und ich ließ den kühlen Busch am Pfadrand meinen Puls fühlen. Ich ging und ging und ging – bis zur Wiederentdeckung

Statt »Unsterblichkeit« sag: Unverlierbarkeit

Wie vermisse ich hierzulande den Zug (in) der Menschheit, den ich in den Straßen der Weltstädte doch immer wieder gesehen habe, und auch auf den Bildern der großen Maler – auch wenn da nur ein paar saßen oder standen; ich vermisse ihn oft bis nah am Schmerzensschrei (der mir freilich in der Brust bleibt und diese fast zerreißt)

Die ewige Seligkeit muß ja unerträglich sein, wenn man, als Seliger, den geliebten Irdischen nicht helfen kann

Zuerst schmerzblind; dann schmerzsehend

Ich muß nicht nur genau wissen, was ich sage, sondern auch, wem ich etwas sage

Auch in dieser schönen Stadt sind einmal ein paar Gestalten seltsam umhergerannt, schweigend oder schreiend, und das war die Geschichte – der Krieg

Was denke ich bei dem Wort »Gruppe«? – »Mir entgegenschallendes Hohnlachen«. – Mein Feind ist die Gruppe (mehr als zwei oder drei); jede Art Gruppe ist mein Feind

Eine Frau ging vorbei. Ein Mann trank am Brunnen Wasser, und zugleich trank er von der Frau, die darauf wegblickte

Die Gräser am Wegrand führten mich, der ich kaum mehr gehen konnte, durch den Schmerz. Mit ihrer Hilfe ganz bei ihnen seiend, kam ich weiter. Die Leitkraft der Naturdinge ließ mich nicht etwa den Schmerz vergessen, sondern verwandelte ihn in die Energie der Verlangsamung

Das Geheimnis liegt im richtigen – örtlichen wie zeitlichen – Verhältnis zwischen Nah- und Fernblick: »Geheimnis«, weil es dafür, wie überhaupt für das Verbringen der Tage und Nächte, keine anwendbare Mechanik gibt

In der Kirche bei der Kommunion sah ich »das Volk«: ganz sinnenhaft wurde da die Größe und die Kleinheit des Volks, der Jugend und des Alters, der Schlauköpfe und der Schwachsinnigen, der

Normalen und der Wahnsinnigen (»Preise, Zunge, das Mysterium des glorreichen Körpers und des kostbaren Blutes...«); und als dann beim Auszug des Volks aus der Kirche die großen Glokken dröhnten, sah ich die Glocken als Schwelle und sah zugleich die Gebeine der Toten unter der Erde als Antwortschwelle und war in dieser wilden alles durchdringenden Phantasie endlich mir selber keine Schwelle mehr. »Die Glocken *reißen* alles zusammen«, sagte ein Zuhörer (Tränen)

Giotto, der Erfinder des Menschengesichts: seine Köpfe haben die schmalen langgezogenen Augen des listenreichen, heimwehkranken Odysseus. Dieser Augenform entlangstreichend, entlangfahrend, sie nachziehend, gelangst du, innig ironisch, ans Gestade der Menschenliebe

Natürlich möchte ich gefallen. Natürlich möchte ich, daß man mir wohlwill. Deswegen suche ich die Blicke in der Menge

»Und«: Der schwarze Kaffee rann aus der silbernen Kanne, und im Türspalt erschien eine Perserkatze

Als ich nach einiger Zeit von dem herrlichen Buch aufschaute, zeigte der Himmel vielfältige Formen

Langsam, werde ich

Ich brauche immer wieder den Anblick der Leute, um mich verstellen zu können. Ich habe es nötig, mich zu verstellen, und brauche den Anblick der Leute

»Je höher sich die Natur erhebt über das Tierische, desto größer die Gefahr, zu verschmachten im Lande der Vergänglichkeit«

Natürlich will ich besser sein als meine Vorfahren; »besser« im Sinn von »menschenähnlicher«

Ich fühle eine Art Haß auf die griechischen Plastiken: etwa auf das dumme große Kinn des Wagenlenkers, seinen starken geraden Nacken – und spüre doch manchmal die Lust, ganz Körper zu sein und ganz »Liebhaber«: das sommerliche Gefühl des eigenen Geschlechts (Hochgefühl)

Im Wipfel der Zypresse landete die helle Taube; sie war schon selber der Brief

Auf dem steinigen Küstenband ging ich im Sturm und wußte: Da muß ein Weg sein. Die Kühnheit war immer noch da, ohne große Taten, im Frieden. Hell war die Zeit in Griechenland (und da war auch der Weg – so wie wenn ich an dich denke und habe im gleichen Moment deinen Kopf zwischen den Händen)

»…bis die Form, zum Zeichen ihrer Vollendung, den Glanz des Notwendigen hat« (Hölderlin glaube ich, was immer er sagt)

Ganz menschenhaft, erfaßte ich die schöne Gestaffeltheit der Welt, vom Schiffstau zu meinen Füßen über den Olivenhain auf dem Schwemmkegel bis hin zum Parnaß. Über Delphi stand das Sternbild des Fragezeichens. Alle Sterne waren Bilder, und alle Bilder hatten einen Namen – wenn es auch nicht der gebräuchliche war

Wenn ich sagen kann: »Allmählich erkenne ich das Geheimnis dieses Orts« (d. h., ich erfahre seine Topographie, samt Ecken, Winkeln, Flurzeichen), dann decke ich dieses Geheimnis nicht etwa auf oder verrate es, sondern behaupte es, bewahre es (gerade dann). »Ich entdecke dein Geheimnis« heißt nicht: ich löse es auf, sondern: ich entdecke dein Geheimnis

Die Biene flog vom Schiff weg auf den weiten See hinaus. Ach!

Im Flugzeug über Europa: Meine Fingerkuppen, Begehrte, schweben dir entgegen, und ich will deine Haare auf mir

Ein Aufatmen geht durch mich, wenn es mir gelingt, bei einer Verrichtung sorgsam zu sein; so erst geschieht meine Handlung im Zeichen des andern: in deinem

Meine Grenzen sind mit der Zeit so weit gezogen, daß ich sehr leicht elend werde, wenn ich sie nicht täglich ausfülle

Mein Schreiben ist richtig, wenn ich es schaffe, der Welt einfach nachzusprechen

Sie vereinigten sich miteinander wie zwei Verirrte, oder ganz Junge

Mantegnas Kreuzigung: alle plärren (so gehört es sich)

Die Wiederholung hat nur einen Sinn, wenn die Personen der Handlung durch sie wirklich (actually, bel et bien) Helden werden

Habe ich nicht seit jeher erst *gegen* die anderen gewußt, wer ich bin?

Böse sollte ich mich nur zeigen, wenn ich durch und durch zornig bin

Gegen die, die sagen, man solle aus dem »Bauch« heraus schaffen: Es gibt keinen Bauch. Die Augen müssen leuchten, und das Gehirn muß blühen

Frauen, ihr Worteverdreher! (Und doch fällt mein Blick fast nur auf die Frauen, als die eigentlichen Menschen: es genügt, eine Stunde in der Straße einer Weltstadt zu gehen und all die hoheitsvollen, durchtriebenen, unschuldigen, verworfenen, verdrossenen, frechen, feindseligen, roßtäuscherischen, undurchdringlichen, unberührbaren Frauengesichter zu sehen, und ein gewisser Glaube an die Menschheit wird wieder lebendig)

Phantasieren als die Wahrheitssuche, und schließlich als das Wahrheits-Ereignis. Erst im Phantasieren weiß ich vom Am-Leben-Sein

Eingebung oder Erinnerung? Die Erinnerung ist Eingebung; die Erinnerung, für sich, ist schon die Eingebung

Nach einem persönlichen Unglück denke ich, notwendig, die Menschheitsgeschichte

Cézanne schafft fast immer die Hochzeit – die Vermählung – von allem: der Baum wird Regen, die Luft wird Stein, ein Ding strebt zum anderen: das Lächeln in der Erdlandschaft

Nicht für die Abwesende, sondern aus Zuneigung zum warmen Kaffee stellte ich die Untertasse auf die Tasse

Wo Geist ist, dürfte kein Dialekt mehr sein

Jeder sogenannte Alltagsmensch, dem ich bis jetzt nahe gekommen bin, hat sich dabei schließlich als durch und durch wahnsinnig erwiesen. Das heißt: alle Menschen, die nicht schöpferisch verrückt sind, sind auf geheime, unheimliche, schmutzige Weise verrückt

Ein Schriftsteller müßte auch schreiben wie ein guter Redner

Ich habe meine Überzeugungen; aber im Gegensatz zu den meisten, die ich kenne, lebe ich nicht damit, sondern sie werden jeweils erst wirksam als Auffang-Vorrichtungen, in der Bedrängnis

Nur als geschlossene Form kann ich mich offen zeigen

Ich bin fern von der Heimat: ich bin fern vom Tod

Gilt das Wiederholen als Lebensprinzip vielleicht nur für das Alltägliche? Sollte »das andere« vielleicht doch nur *ein*mal sein, wie ein Traum, zum Weiterträumen? Und: wiederholen soll ich nicht mich, sondern dich

Du beschimpfst mich ohne Unterlaß und wirst gleich um Liebe betteln

Die Historie: ich muß, sie betreffend, mein eigener Lehrer werden. Sonst begreife ich sie nicht

Manch alten Leuten ist doch anzumerken, daß sie schon viel Gutes getan haben

Einmal werde ich alles zusammensehen, Mickey Mouse und Gott, und dann werde ich das Blaue vom Himmel herablügen, mit Vergnügen

Einer, der gerade böse war, nahm mir die eigene Bösheit ab

Maulbeerbaum! Unter dir bin ich zum ersten Mal glücklich gewesen. Unter dir ist mein Leben aber auch gefährlich geworden

Das weinende Kind soll photographiert werden,
und die Eltern bedeuten ihm drohend: »Lächle!«
Sie wissen, was sie tun, und sie sollen verdammt
sein. Einmal wird mir eine genaue und wirksame
Verfluchung gelingen

Sing mich, Kunst, in die Zeit, spiel mich in die
Zeit, musizier mich in die Zeit (finde die Grenz-
linie zwischen Weltlichkeit und Himmelslied wieder, wie Bach sie zeigt; aber keine Gregorianik)

Wogegen die Phantasie sich sträubt, das kann
nicht wahr sein, und wenn es noch so logisch ist

Die anderen geben den Dingen zu früh Ausdruck.
Cézanne wartet auf die Zeit jedes Dings, mit der
Kraft seiner Verzweiflung; er hat so seine Fels-
blöcke tatsächlich *gehoben*, und auch in seinen
Binnenlandschaften sind die Segel gesetzt

So müde möchte ich sein, daß meine Erscheinung
auf nichts mehr Anspruch erhebt

Kunst ist nur dann der Fall, wenn in dem Gemach-
ten das Wie *leuchtet*

Ich merkte, wie ich mich gegen den Wind im Gesicht wehrte, und wehrte mich nicht mehr

Nur Sprache zählt, die feiert – wenn es auch um das Bedrückende geht; in der Feier wird es aufgehoben

Ich habe noch nie jemandem verziehen. Sooft ich jemandem »verzeihen« sollte, merkte ich, daß es für mich nichts zu verzeihen gab (daß da nichts zu verzeihen war)

Endlich ein Jesusknabe, der seiner Mutter Kind ist (Gérard David)

Monet sucht die Landschaften, die schon von vornherein leer sind. Cézanne schafft die Leere malend

Die schöne Art, wie Pappeln den Himmel durchlassen; die Pappeln sind die Zeichen von Landschaft (die Landschaft, zeichenhaft); und ist im Lateinischen das Wort für »Pappel« nicht das gleiche wie für »Volk«: populus?

In Grünewalds »Auferstehung« erscheint Christus als neuer, gerade erst entstehender, leuchtender Planet

Auf den alten Landbahnhöfen ergreift mich ein seltsames, tiefes, ungezwungenes Geschichtsbewußtsein: »Aus welcher Zeit stammen diese Gebäude? Und in welcher Zeit leben *wir*?« – Der ohne mich abfahrende Zug stößt schwärzlichen Dampf aus, und in der Sommerluft zucken kurze weiße Schmetterlinge auf, als die Lebewesen solcher Räume: »Jetzt bin ich wieder in meinem alten Europa, wie im letzten Sommer, und hoffentlich auch im nächsten.« Und ich setze mich auf der Bahnhofsbank aufrecht, um hier gewesen zu sein

Es gab eine Übereinstimmung zwischem dem »Handschmeichler« aus Holz in meiner Hosentasche und den ruhig schmunzelnden romanischen Figuren an der Kirchenfassade

Erlebte Zeit und erlebte Orte müßten immer etwas mit an Ort und Stelle gepflückten und geschmeckten Früchten zu tun haben: der Holunder im Karst, die Erdbeeren von Meudon, die Kirschen von Riquewihr, die Preiselbeeren von Bozen, die Maulbeeren von Le Tholonet, die Bastardpflaumen von der Südsteirischen Weinstraße...

Oft kann ich dem immerwährenden Blick der Kinder nicht standhalten. Manche können das nie, und die Kinder wenden sich verachtend von ihnen ab

Gepflückte Blumen haben etwas von gefangenen Fischen

Jener Gegenstand war einmal eine Idee (»die Fontaine Ste. Marie und ich«, »der Teich von Villebon und ich«); er ist jetzt immer noch ein Ding (für sich). – Er gab mir die Idee; ich ließ ihn sein; er ließ mich werden

Ich sah die Wolke am Himmel, starr wie ich, von Angesicht zu Angesicht

Die Badenden bei Cézanne erzählen (sich) nichts. Sie freuen sich nur des Lebens, des Wassers und füllen mit ihren Körpern in der Sonne den weiten Luftraum. Und ich Betrachter stehe mit ihnen im Land der Freiheit. »Weder Bewunderungen noch Siege, sondern einfach zugelassen sein, als Teil einer unleugbaren Realität, wie die Steine und die Bäume« (Borges)

Zeit der Lindenblüten, hellgelbe Haufen im Rinnstein, von den spielenden Kindern zerstreut und vom Wind weiter gemustert (vor einem Monat war es der Pappelsamen)

Meine Festigkeit ist immer in Gefahr, Verödung zu werden, und meine Freude Ekstase

»Wo warst du denn die ganze Zeit?« – »In den Seitenstraßen.«

Gegen die deutlichen Körper!

Die Schurken vom Morgen lösten sich auf in der Nachmittagssonne

Ich will nicht als Stammgast behandelt werden, nie und nirgends

Ergreift mich nicht vor allen großen Bildern, gerade durch ihre Konstruiertheit und offensichtliche Künstlichkeit, eine Wirklichkeitshalluzination: etwa tatsächlich jetzt an dieser leeren Bucht Max Beckmanns zu stehen? – Und rührt die Halluzination da, wie auch bei Cézanne und Edward Hopper, nicht aus der Menschenleere solcher Landschaften, einer Menschenleere, welche wörtlich deren *Gewalt* ist?

Nächtliche Ansprache an sich selber: »Ach du von jetzt!«

Ich bin von Natur zutraulich und werde mit der Zeit mißtrauisch gemacht

Es müßte auch ein schönes, lebensvolles Verstummen und Stummsein geben: man ließe einfach die weite Welt gewähren; Ruhe innen und Weite außen

Dankbar kann ich sein der Natur, dem Himmel, einem Ort, aber so selten einem Menschen

Täglich findet der Kampf statt zwischen meinem persönlichen Tod und dem universellen, ewigen Leben. (Der Kalkfelsen des Heimatortes war dann im Traum der »Felsen der Unsterblichkeit«, und die Tränen des Lebens rannen an ihm herunter)

Du sagst die Wahrheit, aber diese Wahrheit ist nicht schön. So ist es wohl eine Kunst, aber keine große

Es gibt die ewigen Bereiche, als helle Fährten, auch in den Großstädten, zwischen den Autos. Die Tauben und die fallenden Lindenblüten ziehen diese Fährten. Und Reifenquietschen und Blüten-knallen gehören dann zusammen

Die »Wahrheit« ist, zum Beispiel: Im Westen der rauchige Himmel, und im Süden das Schwingen der schaukelnden Kinder (und im Nachregen-Wind das Flittern der nassen Rosen)

»Es war ein Blick der Resignation... ein Blick einer Schwäche und einer Unschuld, der nicht zu ertragen war« (Emmanuel Bove von einem sterbenden Kind)

»Es war zu spüren, daß dieser Mensch auf Würde aus war, was nicht möglich war, ohne sich ein wenig lächerlich zu machen« (derselbe)

Nein, Kinder gehören nicht zu ihren Eltern. Sie wollen zuinnerst ohne ihre Eltern leben. Diese haben einem Kind nichts zu erzählen; sie sind für ein Kind nicht die richtigen. Es gibt keine Sehnsucht nach Vater oder Mutter. Die Kinder wollen die Eltern erst, wenn es diese nicht mehr gibt

Ich vergesse immer wieder, daß ich Zeit habe, und so versäume ich ein Ding ums andere

Er ist so einsam, daß er nicht einmal mehr gekränkt werden kann, und also nicht einmal mehr traurig werden kann, nur noch wahnsinnig

Am Abend machte ich ein Fragezeichen hinter den Morgensatz

Ich bin lieber der Erwartende als der Erwartete

Die meisten erscheinen in Würde erst durch die Erzählung vom Hergang ihres Todes; da erst wird es Abend und Morgen. »Ein Mann starb gestern, als sein Lastwagen hundertfünfzig Fuß tief über einen Autobahnviadukt stürzte und in Flammen aufging. Es geschah an der M 62, in Littleborough, in der Nähe von Rochdale«

Die meisten Priester sind geistlose Arrangeure, die da vorn am Altar ordinäre Haushaltsgeräusche vollführen. Jedes kleine Zeichen von Geist aber würde mich sogleich zu Tränen rühren

Auf der nach dem Nachtregen frisch getrockneten Straße schlittern die Platanenrindenstücke mit kurzem Krachen. Schöne leere Wölbungen der Straßen, die, Sonntagmorgen, noch ohne Autos sind; Geräusche laufender Kinder. Welch Vergnügen manchmal am puren, interesselosen Lebendigsein!

»Doch ist mir einst das Heilige, das am / Herzen mir liegt, das Gedicht, gelungen, / / willkommen dann, o Stille der Schattenwelt!« (Wie fehlt etwa dem zänkischen Schopenhauer einer wie dieser Hölderlin)

Wenn ich nicht weiß, wer ich bin, wissen die Feinde, wer ich bin: und ich bin gar nichts mehr

Sorgers Geschichte: Alles Dramatische spielt sich allein im Werden und Verschwinden des Raums, im Feindlich- und Freundlichsein der Zeit ab. Deswegen ist es eine rein philosophische Erzählung

Goethe hatte fast alles fast immer im Brennpunkt (und welcher Brennpunkt gilt jetzt?)

Ich bin unfähig, abschreckende Beispiele zu erfinden. Auch das wäre eine Kunst (siehe Georges Simenon)

Die Schönheit gibt es nur, wenn ich sie brauche (in den nächtlichen Bus mit mir Schwermütigem als einzigem Passagier stieg eine Frau mit einem Korb glänzend roter Kirschen)

Das Geheimnis der Kunst ist wohl, die Welt rechtzeitig und am rechten Ort walten zu lassen; und die ganze Ruhe käme in mein Schreiben erst, wenn ich bedächtig die Teileinheiten – die Einteilungen – des Lebens herausfände

Im dichten, gutdurchforsteten Wald, ohne Blick ins freie Feld: nichts widerspricht mir (das ist ungut)

Der Zwischenraum-Himmel: jener helle Raum im Sommer zwischen den Kumulus unten und den ewigen Zirrus oben. Immer werde ich diesen Zwischenraum suchen

Such keinen Extra-Entwurf: für Sprache zu sorgen, das ist schon der Entwurf. »Ich bin jetzt der

Dichter, und Sie werden nie mehr wie früher von mir hören«

Laß die Schönheit manchmal sein, ohne Liedzwang

»...die seinem *sanften* Geist diese *strenge* Form abnötigten...« (Hölderlin)

Manchmal hebt sich in mir, strebt in mir ein Jubel nach außen, einfach über die verschiedenen Gegenden der Erde, und will aus mir heraus (ein Jubel über das Fließen dieses Flusses, über den Verlauf dieses Bergrückens); und dann möchte ich dem bauchigen Baumstamm da vor mir die Namen der entferntesten Orte geben: Sabana de la Libertad

Goethe zu Homer: »weil dieser außerordentliche Mensch seelenvoll genug war, um die abendländische *Junonische Nüchternheit* für sein Apollonsreich zu erbeuten«

Eigentlich kann und soll ich bis ans Ende nur die Wörter der (meiner) Kindheit gebrauchen – freilich nicht deren Sätze –, und auch nur die Wörter der Kindheitslandschaft

Erzählung eines Kindes: »Gestern war ein Pfauenauge fast neben mir«

Der Liebesblick ist auch genau, und träumerisch, und der andere fühlt sich nie beobachtet, nicht einmal angeschaut

Die Volksmusik müßte viel seltener erklingen. So springt sie zu oft falsch ein, und die Lustigkeit ist dann sichtlich unverdient

Vorstellung, man sollte die Berggipfel nicht ganz besteigen

Meine Veränderung bewirke ich nicht, indem ich denke, *warum* ich so oder so bin, sondern, indem ich denken kann, *daß* ich so oder so bin

Seelischer Schmerz: das Ich ist im Schmerz (im Gegensatz zum körperlichen Schmerz)

Ich will die Orte nur in ihrer Aura festhalten: ihrer Zeit-Weise, ihrer zeitweisen Aura

Am Ende des Schuljahres kommen die Kinder aus der Kirche gelaufen, manche barfuß. Das Böse steht ihnen noch bevor – und das ist nicht zu ändern? »Wir danken den Lehrern, die in diesem Jahr die Geduld nicht verloren haben.«

Ausland Stille, Inland Lärm

»Und neben den Kartenspielern saßen ihre Frauen und sagten: Warum hebst du nicht ab?« (Simenon; – manche Erzählsätze sind zwanglose Parabeln, gerade indem sie pure Erzählsätze sind)

Die Finger eines Kindes, aus dem fahrenden Auto heraus in den Regen gehalten: diese Finger waren momentlang jenes Ausmessen-Wollen zwischen Himmel und Erde, das Himmelsmaß

Am Ende der Zeiten werden die Seligen in der Zeit sein, die Verdammten außerhalb der Zeit

Wenn die Prediger doch Sprache hätten (Sprache: Autorität). Ich will die andere Sprache! Erst durch das Leiden an der Form gewinnt die Seele Geist. Dieser gibt jener die Autorität: die Feuerzunge

»Heimwärts« ist für mich »bergauf«

Gerade die kleinen Tiere, wie die Schmetterlinge, rühren die entfernteste Welt auf

Episch sein zu können hieße: immer wieder innehalten und harmonisch retardieren (das kann ich noch nicht, »harmonisch übertreiben«, s. Flaubert, wohl)

Um das vollbesetzte Schiff auf dem See flatterten die Möwen und winkten für all die reglosen Passagiere

Auf offener Straße ist niemand der Sohn von jemand. Jeder ist für sich jemand. Deswegen ist mein Ort die offene Straße

Zu viel Freundlichkeit wird von mir verlangt. Gerade bringe ich da noch manchmal die Kraft zur Abwesenheit auf, als meine Art Freundlichkeitsbezeigung

»Ich habe keine Kindheit gehabt.« – »Aus eigener Schuld.«

Es gibt nur schönes Wetter

Mich in die Formen zu begeben – auch eine Meßfeier ist eine Form –, das gibt mir zu *denken*

Eine Empfindung von Wirklichkeit habe ich nicht im Bleiben, sondern im Bleiben *und* Vorübergehen; nicht im Verharren an einem Ort, sondern im wiederholenden Wiedersehen. Schreiben heißt, sich zu verbergen *und* sich zu zeigen, usw., usw., bis man *ist*

Ich will die Weltherrschaft: um alles lieben zu können

»Das Elend wird mir nach und nach so prosaisch wie ein Kaminfeuer. Aber ich lasse doch nicht ab von meinen Gedanken und ringe mit dem unerkannten Engel, sollt ich mir die Hüfte ausrenken. Es weiß kein Mensch, was ich tue und mit wieviel Feinden ich kämpfe, um das wenige hervorzubringen. Bei meinem Streben und Streiten und Bemühen bitte ich euch, nicht zu lachen, zuschauende Götter. Allenfalls lächeln mögt ihr und mir beistehen« (25. Juli 1779)

»Möge die Idee des Reinen, die sich bis auf den Bissen erstreckt, den ich in den Mund nehme, immer lichter in mir werden«; Goethe zu lesen, macht mich seltsam stolz, und in meinem Stolz erblüht die Umgebung zu Einzelheiten: im Gras ein sich Blähendes, ein Tagpfauenauge; die Apfelbaumblätter oben, die Wegerichblätter unten; und Lindenblüten fallen aus dem Apfelbaum (herrlicher Müßiggang: still sitzend und lesend, wirtschafte ich)

Goethe: das heroische Selbst (die heroische Eigenverantwortung)

»Es offenbaren sich mir neue Geheimnisse. Es wird mit mir noch bunt gehen. Ich übe mich und bereite das möglichste. In meinem jetzigen Kreis habe ich wenig, fast gar keine Hinderung außer mir. In mir noch viele...«

Ich stellte mir gerade vor, daß, wenn man genug Geld hätte (sorglos sein könnte) und auch schon fürs Leben etwas gemacht hätte, man seine Tage ganz mit Goethe verbringen könnte, und daß es im Leben nichts Besseres gäbe als das. Schöne Tage mit ihm – der gerade im klaren Strahl des Weins in der Dämmerung war – am Tümpel des sommerlichen Gartens, und dann unter den nächtlichen Bäumen wie in einer Tropfsteingrotte. (Aber müßte man dazu nicht G. selber sein?)

Nicht möglich ist es, die stetige Phantasie zu verlieren, wohl aber, daß diese aufhört, die *Hauptsache* zu sein. Also so leben, daß das herz- und stirnerwärmende Phantasieren die stetige Hauptsache bleiben kann

Eine Geschichte erzählen: den Gang der Welt in *gewaltiger Schwebe* halten

»Betrachtungen über den Reflex von oben oder außen gegen das Untere und Innere der Dichtkunst, z. E. die Götter im Homer nur ein Reflex

der Helden; so in den Religionen die anthropo-
morphistischen Reflexe auf unzählige Weise.
Doppelte Welt, die daraus entsteht, und die allein
Lieblichkeit hat, wie denn auch die Liebe einen
solchen Reflex bildet. Und die Nibelungen so
furchtbar, weil es eine Dichtung ohne Reflex ist;
und die Helden wie eherne Wesen nur durch und
für sich existieren« (16. 11. 1809)

»Alles, was unsern Geist befreit, ohne uns die
Herrschaft über uns selbst zu geben, ist verderb-
lich.« (Ist nicht die höchste Poesie dann Lehrpoe-
sie?)

Das Klassische beginnt mit einem hilflos-trauri-
gen Gefuchtel und erfüllt sich mit einem durch-
dringend klaren Satz

Waren die großen Dichter nicht vor allem Orts-
kundige?

Goethes Gedichte sprechen freilich nur zu dem ak-
tuell glücksbereiten Menschen, während Hölderlins Poesie auch den gerade Unglücklichen erhe-
ben kann

Die Gegenwart wird mir nur wirklich (und der
Himmel schön), wenn ich zugleich etwas (Gutes)
will

Die ergreifende Art, wie Kinder Sachen halten, ein Brot, oder auch nur eine Sonnenbrille

Ich ging an den Stadtrand träumen. Der Herbst erschien dort, an den nackten hellgelben Platanenstämmen. (Die Sprache der Jahreszeiten sprechen wollen, als die umfassende Sprache)

Noch einmal »Erfolg«: Warum bin ich aber so gewiß, daß der alte Mann da, der sich wacklig den Weg über die Straße sucht, und der alte Mann, der gerade ganz hinten, fast allein, im Vorortbus vorbeigeschaukelt wird, ein erfolgreicheres Leben hinter sich gebracht haben als der alte Machtmann dort, der im Fond des Chauffeurwagens sitzt? (Der letztere ist kein Anblick; hieße Erfolg demnach, einen »Anblick zu bieten«?)

An Goethes Naturbeschreibungen ist zu merken, wie frisch die Landschaft damals noch war; so daß die einfachsten Wörter genügten, das bloße Benennen und »Ansagen«. Es brauchte keine Beschwörung zu sein, wie dann schon bei Hölderlin

Er ging mit einem finsteren Gesichtsausdruck, wobei aber offensichtlich war, daß eine kleine Mienenveränderung die tiefste Freundlichkeit zeigen würde

Er ist Dichter; er hat nicht die *Stirn*, eine Religion anzunehmen, oder gar eine zu gründen

Von Liebe *umspielt* (Ideal)

Episch werde ich erst sein können, wenn ich einen festen, beständigen Sinn für die Dinge haben werde; wenn ich fähig sein werde, zu warten, bis das Innere am Äußeren gestalthaft wird

Die Augen des Säuglings im Wagen / die Zunge des Hunds auf dem Schoß der Frau / die Hand der Frau über den Augen: mit den Dingen erzählen. Dazu muß ich mir aber die Dinge erst verdienen, durch Seßhaftigkeit. Ich muß mir die Dinge ersitzen

Ein poetischer Satz heißt: einem Gegenstand gerecht werden

Manchmal brauche ich einen Gott, oder besser: ein Gnadenbild. Und es ist kein Brauchen, sondern eine Lust

In der Dämmerung war die scheckige Kuh ein Pferd mit Reiter, und später in der Nacht eine Gruppe aus Kindern und Erwachsenen

Bedürfnis nach dem Anblick einer *strahlenden* Frau

Wilde Lust zu einem Werk: »Ich werde dir etwas sagen!«

Habe ich denn mit meinem Leben etwas Falsches gemacht? – Nein, es ist nicht möglich, daß ich, wenn ich etwas *mache*, und nichts Böses mache, etwas Falsches mache

Ein Drama zu schreiben wäre wieder natürlich, wenn die Personen einen Gott ansprechen könnten, so wie Iphigenie Diana

Dieses Kind kann einzig an eine *schöne* Zukunft denken, und es tut das begeistert, ohne Unterlaß

Ja, die Dichter wie Goethe sind die Retter: ich sitze mit ihrer Hilfe in dem stillen großgewordenen nächtlichen Raum und erwarte ruhig den fernen Tod. Der im Nachtwind schwankende Zweig gibt sich mir in die Hand, und vom Sternenhimmel, der wieder kräftig über Europa strahlt, träufeln die Träume auf die freigewordene Stirn. »Denn die Unsterblichen lieben der Menschen / Weit verbreitete gute Geschlechter, / Und sie fristen das flüchtige Leben / Gerne dem Sterblichen, wollen ihm gerne / Ihres eigenen, ewigen Himmels / Mitgenießendes fröhliches Anschaun / Eine Weile gönnen und lassen.« Ich kann von den Klassikern sagen, daß sie mich gerettet haben. Sicher hätte mich sonst etwas anderes gerettet. Aber die Klassiker sind die naheliegende Rettung! (Sag statt »retten« vielleicht besser: »bewahren«)

»Der du, ohne fromm zu sein, selig bist« (An Hafis). – Das ist es, was dir übel genommen wird

»Zwei Birken«: neben der summenden Birke, voll mit Bienen, stand eine stumme Birke

Alle Eltern haben schon oft ihre Kinder verlassen

»Und«: Das Birkenlaubdrehen, und in Tassos Brust dreht sich das »Rad von Freud und Schmerz«

Aus dem Gegrübel über mich selber habe ich aber schon die freundlichsten Gedanken über das Schicksal des Menschen auf Erden bezogen

Die Schönheit ist nicht nur ein Ergebnis des Denkens, sondern auch des Schauspielens

Was ist heutzutage das Drama? Daß es weder Volk noch Heimat gibt. Doch es bleibt einem auf die Dauer nichts übrig, als das eigene Land und das eigene Volk, jedenfalls in der Idee, zu lieben – das aber habe ich erst durch die Jahre in den fremden Ländern gelernt. »Mir bleibt genug: es bleibt Idee und Liebe«, schrieb der alte Goethe

Aus der genauesten Reflexion dessen, was einmal war, wird erfunden, was immer ist

Ist nicht die Zeit der Begeisterungen (bei mir) vorbei, und es geht jetzt um die Vermessungen?

Nicht: sich entblößen; aber: sich zeigen

Musik ist für Schuldbewußte (dachte ich gerade, bei den Klängen Richard Wagners)

Der haltlos Brüllende suchte in den Augen des anderen zugleich sein Urteil. Als er dort keines fand, brüllte er weiter

Die Philosophen sollten das Sprechen haben, und die Dichter das Schreiben

»Jene Melancholie der ewigen Bauten, gegen welche man sich zu retten suchen mußte, wie es gehen wollte – zum Beispiel mit dem Leichtsinn Horazens« (Nietzsche, Morgenröte)

Ihr setzt euern Dialekt ein wie Ellbogen. Ja, die meisten hierzulande suhlen sich im Dialekt, und dieser hat dann nichts von einer Sprache mehr; es sind nur noch Laute, bestenfalls; und die Suhlgeräusche beleidigen die jenseits der Umzäunung

»Wenn ich nicht *mehr* bin als das Gesetz, so bin ich der Verworfene von allen« (Nietzsche)

Ein allgemeines Lebensgefühl habe ich nur bei geographischem *und* geschichtlichem Bewußtsein, Augenblick für Augenblick. (Habe ich nicht einst in der Geschichte gelebt? Und hat die Geschichte dieses Jahrhunderts dann meinen Sinn für Geschichte zerstört?)

Die Begeisterung eines Kindes über einen Film, der rein aus Vorgängen bestand: das Auto ist *gerast*, der Polizist hat *verfolgt*, die Faust hat *getroffen*. Es war keine Freude an der Gewalt, sondern an der schnellen Vorführung

Die Gefahren, in die ich gerate, dauern nie lang genug. Ein Ort wird mein Ort aber erst durch Gefahr. Ich kann sagen: »Ich war dort«, weil ich durch Gefahr erst hinkam

Die meisten, um überhaupt sprechen zu können, müssen übertreiben, und zwar von Kind an: siehe all die übertreibenden Kinder

Verständnis für den Segen, der das Geliebte sozusagen »aufteilt«: »Gott schütze dein Ohr, deine Nase, deine Zehen...«

Ich dachte gerade: Ich verdanke meiner Epoche viel. Ohne sie würde ich wohl nicht mehr leben: sie läßt mich das tun, was ich kann, und was nur ich kann; und ich will denen, die für den Fortschritt gearbeitet haben, welcher es jemandem wie mir erst ermöglichte, aus der Milieubeschränkung herauszukommen, mit meinen Taten dankbar sein

Ein Wort wie »Entsühnung«: Eigentlich sind es mehr solche einzelnen Wörter, die mich denkphantasieren lassen, als ganze Sätze; aber dazu müssen sie doch an der richtigen Stelle stehen; d. h. im richtigen Satz, in der richtigen Satzfolge

Im Gespräch mit Kindern war es möglich, selbstverständlich einen Gott vorkommen zu lassen. Aber er durfte nie propagiert werden, eben nur beiläufig vorkommen. »Gott hat die Mücken geschaffen, damit wir nicht zu glücklich sind«

Kaum gelingt mir selbstvergessen ein »schöner Ton« (welcher Art auch immer), schon habe ich das Bedürfnis, mich mit dem nächsten Ton an jemanden zu wenden

Glück habe ich nur, wenn ich es versuche

Mit den Dämonen meiner Kindheit verbanden sich, anders als mit den allgemeinen, etwa den altgriechischen, eben keine Geschichten, keine Mythen: sie waren nur nackte dämonische Schrecknisse. Daher mein Hang zu den Mythen der Alten; denn mein Grausen kannte keine Mythen: die »Perchten« und die »tronta mora« gegen die »Harpyien«

Ich kann nicht glauben an meine Abstammung aus einem bestimmten Volk, wohl aber glaube ich an meine Abstammung von bestimmten Vorfahren

Wenn du Berufswitzbold einmal traurig wirst, erholst du dich nie mehr

»Das Komplexerwerden, das jede Geschichte des Lebens begleitet, ist ein unerbittlicher Weg in die Freiheit«, sagte der Biologe

Endlich handelte ich mit der Frische der Geduld, und der ferne Baum bildete für sich einen Horizont

Die meisten erscheinen zu humorlos zur Schuld, und auch zu gebannt von der Schuld der anderen

Wenn es doch gelänge, fühlen zu lassen, daß, was z. B. Georges Simenon macht, und was ich mache, gar nicht verschieden ist

Einer wahren Phantasie folgt in mir sofort drohend ein falscher Gedanke: drohend, die wahre Phantasie wieder zu zerstören

Epik: nein, nicht »der Allwissende« – aber ich muß die Kraft haben, zu *bestimmen*

Es gibt so viel heroisch Böses, das ich, weil ich Schriftsteller geworden bin, nicht schaffe. Es müßte ein zweites Leben geben, wo ich der große Schurke sein könnte

Reiche Leute sind keine gute Gesellschaft, nicht für mich, aber vor allem auch nicht untereinander

Klassisches: vergangenheitsdurchschauert nüchtern vorausbestimmend

Ist nicht im subjektlosen Passivum – »dieser Anblick wurde mir gegeben« – das Göttliche am besten beschrieben (und auch schon ganz enthalten)?

»...daß die Menschen deswegen zugrundegehen,
weil sie nicht imstande sind, den Anfang mit dem
Ende zu verknüpfen« (Alkmaion von Kroton)

Nie hat sich mir eine Entscheidung angeboten,
weder für den Katholizismus, noch für den Kommunismus, noch für irgendeine andere Gemein-
schaftsform. Nie bis jetzt war »der Moment der
Entscheidung«

Klassik ist eben keine Verkleidung, sondern stete
Verwandlung ins Unverkleidete

Die poetische Sprache hält mich auf der Erde. Sie
macht mich erdenschwer, nicht meteorschwer.
Aber sie verhindert auch, daß ich ballonleicht
werde

»Jetzt!« ist die Antike (auch bei der Hausarbeit)

»...die Musik, die, zierlich u. verworren oder eine
Art Schlangenpfuhl, uns nur stärker an das völlig
verwahrloste Innere unserer sogenannten Existenz bindet« (Gottfried Benn)

»...daß es nicht genügt für ein großes Leben, einige sehr treffende Bemerkungen über Zeit- und Geisteslage gemacht zu haben... Es muß, durch das Leben u. die Veröffentlichungen *durchgeführt*, der neue tiefe Ausdruck sein, der Stil, der natürlich ganz anders aussieht u. anders aufgenommen (nämlich negativ) wird als die treffende diagnostische Bemerkung. Der die Zeit brechende (im Sinne des Stiers) u. die Zeit spiegelnde (im Sinne des Reflektors) Stil, der wird es sein, der die Zeit darstellt und aussagt« (derselbe)

»Flucht« in die Natur: der Vorwurf trifft zu, wenn ich mich von einem Problem wegflüchte in die Natur, statt das Problem in die Natur mithineinzunehmen. Aber sich in die Natur zu begeben mit dem Problem, das wäre die ideale Folgehandlung auf das Problem – das Gegenteil von Flucht

Die Offenbarung kann nur innen geschehen, im tiefsten Innern; es gibt keine Gesichter. Gott ist machtlos; seine Macht wird nur frei, wenn ich gut bin: Gott steht in meiner Macht. »Die Götter haben den Sterblichen nicht von Anfang an alles offenbart, sondern erst nach und nach finden diese suchend das Bessere... Ohne Mühe bewirkt (der Mensch) den Umschwung des Alls durch des Geistes Denkkraft« (Xenophanes)

Die tägliche Raumfahrt, auch nur zu einem Wassertropfen an einem Blatt: ich verdanke sie dem Lesen

Das Böse ist leibhaftig. Und Phantasie wäre das Hinwegphantasieren des Leibhaftigen, worauf das Wahre in seiner Vielfalt erschiene, und mir zeigte, was zu tun sei

So schreiben möchte ich, daß auch dem Böswilligsten nichts zum Verzerren übrigbliebe (denn auch das Verzerren hat seine Wahrheit)

Und so entsteht meine Sehnsucht nach Philosophie: Am Anfang des Tages kann ich die allgemeine Minderwertigkeit noch ruhig übersehen – dann wird das Übersehen streng – dann wird das Übersehen böse – dann wird das Minderwertige unübersehbar: ich selber werde minderwertig – dann kommt der »Augenblick der Philosophie« (dann hilft nur noch der Augenblick der Philosophie)

Gerade wurde mir ganz klar (es war doch eine Erkenntnis), daß in der Liebe, für die Liebe, zwei allein nicht genügen: ich brauche, immer wieder, einen Dritten, an den ich mich wenden könnte, zur Beruhigung, zur Bestärkung, zur Festigung, zur Neuerweckung, zur Danksagung – zur *Ergän-*

zung; und dieser Dritte, den ich benötige in meiner Liebe, den ich mitdenken möchte in meiner Liebe, der für die jeweilige Wendung in mir sorgt, kommt nur mit dem Namen »Gott« in den Sinn (und: die bloße Wendung an den Dritten *ist* dann schon die Ergänzung)

Ein Kind – durch sein bloßes Dasein Hilfe genug – soll einen Aufsatz schreiben: »Wie ich einmal jemandem geholfen habe«

Selbstverständlich möchte ich, daß das, was ich schreibe, geliebt wird. Oder besser: Mit dem, was ich schreibe, möchte ich die Liebe ermöglichen

Bitteres Gefühl, wenn jemand von mir etwas »Launiges« verlangt

Allmählich verlieren sich die Kinder in der Sprache der Erwachsenen, auch nur, indem sie zueinander sagen: »Einer der besten Filme von Chaplin…«

Das Sinnlosigkeitsgefühl kommt mir allmählich tatsächlich sündhaft vor

Das »Jetzt« als das Beispiel

Phantasierend erst sehe ich euch, jedes Gesicht in der Menge einzeln

Es ist mir unmöglich, mich vor einer schwierigen Tätigkeit »zu stärken«; das Schwierige selber muß mich stärken

Gültig sollen sein nur noch die Ganzheits-Zustände, wie die Trauer, die Verlassenheit, die Brüderlichkeit: bei denen mir die Welt jedenfalls *mit*erscheint. Ungültig sollen sein das Grauen, der Mißmut, die Verachtung, die Angst – die Zerstückelungs-Zustände, bei denen die »Welt« von »mir« abfällt

Die die Lehrer der Menschheit sein sollten, bewegen sich nicht von ihren Stellen

»Du vernachlässigst die Zerrüttung, die sich uns allen schon hautnah aufgedrängelt hat.« – »Die Zerrüttung? Wer sagt das?«

Mein Versöhnungs-Wille ist Sprach-Bemühung; Unversöhnlichkeit wäre Weigerung der Mühe der Sprachfindung, wäre die Haltung böser, unleidiger, *nicht* leidender, zynischer Sprachlosigkeit

Natürlich (naturgemäß) wird mein Denken in der Ruhe nach der Not

Lateinische Sätze: Anschauung, Reflexion und Grammatik in einem

Wie möchte ich die andern doch stetig ernst nehmen. Aber ich kann es so selten. Sie lassen es auch nicht zu

»Ich erforschte mich selbst« (Heraklit). – Ich erforschte mich selbst, bis ich nicht mehr wußte, wer ich war, endlich!

»Ich weiß nicht, wer ich bin. – Aber ich glaube, einiges vorzuhaben«: mag die Herausforderung zum Entwurf auch Einbildung sein – jedenfalls gibt diese Einbildung manchmal Kraft, oder besser: sie wird schon begleitet von Kraft: von Kraft zum Entwurf

Mitten in der Nacht ertönte ein Ruf. Der Ruf war schon der ganze Traum. Er geschah im Herzen des Schlafenden, der davon erwachte

Der Zug raste an einem leeren Bahnhof vorbei, wo gerade ein Herbstblatt langsam in der Sonne zu Boden sank

Wenn heutzutage überhaupt noch etwas Dämonisches bei einem Menschen erscheint, verrät es zugleich dessen Dummheit

»Die Macht der Phantasie besteht darin, die Sinneserscheinungen auf die für das Handeln maßgebenden Bilder zurückzuführen« (Vico)

Wenn mir einer der Haßausbrüche auf die Vertreter dieser oder jener Gattung der Menschheit unterläuft, merke ich doch immer bald, daß ich damit die Lieblosen erst in Schwung bringe: sie könnten nun endlos mit meinem Stafettenholz weiterlaufen – und da möchte ich sie sofort zum Schweigen bringen (worauf sie sehr über mich staunen, denn schließlich habe ich ja angefangen). (Spiel dieses Spiel)

Die Kunst schreibt nicht vor, sie befiehlt nicht, sie gibt nur Beispiele, aber strenge

Den meisten fällt sofort das *falsche* Wort ein

Wie ich jetzt denke, so habe ich seit jeher gedacht. Deswegen sollte ich nicht herausfinden wollen, wie ich »früher gedacht habe«: ich habe früher wie jetzt gedacht

»Schaust du in der Schule manchmal aus dem Fenster?« – »Und wie!«

Bis Zenon hatten die Vorsokratiker nur *gesagt*. Mit ihm fing dann das *Beweisen* an. Wie kam es zu dieser Katastrophe der abendländischen Seichtigkeit?

Wenn die Kinder eine Erwachsenensprache nachsprechen, die nicht an sich verlogen ist, dann lügen aber die *Kinder*

Sag nicht »Wunsch«, sondern »Wille«: der Wille muß sein und eingreifen

Zum Schreiben muß ich zuerst selber eine Form sein: das heißt, eine Form muß sich der Form nähern

Ich spürte die Wunde an der Hand, als sie aufhörte wehzutun, wie eine dort vergessene Münze

Die Aufsätze, zu welchen Kinder verpflichtet werden: »Wie ich einmal Geschirr zerbrach« – sie *erfinden* ihr Ungeschick; »Wie ich einmal jemandem half« – sie *erfinden* (erlügen) die Hilfe. (Doch im Moment des traurigen Humors über dergleichen zeigen sich im Marmor die hellen Adern: Kindergeschichte)

Trauer: nichts stört mehr (die Trauer als der Trost)

In der Ewigkeit wird jeder mit seinesgleichen sein, und das wird Himmel oder Hölle sein

Zwanglose Gegenwart von Pythagoras im zweifach geknickten Bein eines Weberknechts am Morgen: »Das maßgebende Weltprinzip ist die Zahl.«

Der *sphairos* ist, nach Empedokles, jener nur einen Moment dauernde Zustand, in welchem dank der völligen Übermacht der Liebe sämtliche Urteilchen der Elemente unterschiedslos zu einer Kugel zusammengeballt sind – und das Gegenstück dieser vollkommenen Kugel der Liebe ist die *akosmia*

Richtiges Erzählen hieße, einzusinken ins Land

Cézanne war der erste, der sich malend die Natur erst verdienen mußte (und sich dessen bewußt war)

Aristoteles, der Philosoph vom Fach, sagte von Empedokles, dem poetischen Denker, der habe eine »unbeholfene Ausdrucksweise«

Jemanden, der sich oft beklagt, fragen: »Ist es ein Leiden?«

Indem in der Phantasie ein Ort zu einem anderen hinzutritt, verklärt er diesen (phantasierend – das bin *ich*!)

Getröstet bin ich jeweils, wenn ich denken kann: Es muß so sein. Untröstlich bin ich, wenn ich nur immer wieder sagen muß: Warum ist es so?

In die Gegenwart Glanz hineinbringen, statt, wie einst die Epiker, in die Vergangenheit

Der Lehrer verlangte, daß für den Aufsatz »ein Plan« gemacht würde: »Die Architekten bauen doch auch nicht zuerst das Haus und machen dann den Plan.« – Aber durch das Plan-Machen ist es mit der Phantasie der Kinder auch schon wieder vorbei (die Tödlichkeit all der falschen Vergleiche)

Die Augenblicke der Schwermut sind wie epische Aufzeichnungen: sie verbinden sich im Gedächtnis mit bestimmten, dort dann bleibenden Dingen. Die Momente der Glückseligkeit dagegen lassen dem Gedächtnis kein Detail; sie können höchstens in einem Gedicht wieder-erfunden werden

Kunst ist, was in der Seele weh *und* gut tut

Im Zustand der klarsten Vernunft erscheint als die entsprechende Sprache ganz selbstverständlich die poetische Verkündung: »An alle!«

Ich erwarte unablässig das Wort einer heiligen Schrift, und wenn diese zu sprechen anfängt, glaube ich ihr aufs Wort

Hölderlins Evangelien: bei ihm sind die Wunder in der Sprache; es wird nicht ständig eigens von ihnen erzählt

Einem Kind etwas schriftlich geben wollen: damit es gilt

Warum habe ich jedesmal, wenn jemand von den Gefahren seines Berufs spricht, die Vorstellung, er sei ein Stümper? So will auch ich nicht mehr von den Gefahren meines Berufs sprechen

Die Längenmeridiane auf der Zwiebel: die Küchen-Weltreisen

Ich bin der, aus dem der Stolz seiner Vorfahren ausgebrochen ist. Oder ist es Hochmut? Nein

Hätte ich auch noch so viele Freunde, ich würde doch nur mit den Dingen leben, und mit den Unbekannten, mit den täglichen unbekannten Ge-

sichtern: und nach ihnen allein würde sich das
Schöne oder Böse meines Lebens bemessen müssen (nicht nach den Vertrauten, Freunden, Bekannten)

Wut und Ekel der früheren Jahre treten inzwi-
schen nur noch als Grausen auf. Wie aber dieses in
Sprache, in vernünftigen Zorn verwandeln? –
Durch ein dramatisches Gedicht

Denkend-phantasierend, verliere ich auch jede
Unart

»Nach innen gehen« (Empedokles), hieße ja: ganz
ins Innere der *Sprache* gehen; und im Innersten
der Sprache wären Welt und Ich eins in der Sprache (»und freuten sich der ringsum herrschenden
Ein-samkeit«: des sphairos)

»Wir sind auf Klassisches aus – aber zuvor müssen
wir sagen, warum« (Boileau, zitiert von Francis
Ponge). – Nun denn: Klassisches entstünde aus etwas Zweifachem: einmal aus der Rekonstruktion:
Wie ist es wirklich gewesen?, und zweitens: Welche Sprache entspricht diesem wirklich Gewese-
nen, macht dieses gegenwärtig – was ist die wirkliche Sprache für das wirklich Gewesene?; diese
zweifache Anstrengung erst machte den Text beständig (die meisten Schreibenden beachten nur

eins von beiden, besser: verlieren eins von beiden durch das andere). Und Klassik hieße nicht: ich schöpfe aus der Tradition; sondern: ganz und gar, ausschließlich, aus mir, aus meinem klarsten Kopf und heißesten Herzen, aus meinem für sich den *Anfang* beanspruchenden Leben, und jeder meiner Sätze weiß dann doch, daß er aus einer dreitausend Jahre alten Tradition kommt und keinmal so tun darf, als käme er nur aus meinem Jahrhundert und meinem Milieu: das Klassische ist, im Gegensatz zum Naturalistischen, das Natürliche, das Gesetzmäßige. – Und dieses Klassische, oder das Bedürfnis danach, entsteht bei mir folgend: etwas, das mich überwältigt hat, soll (will) überwältigend gesagt werden. Aber ich verfüge nicht über die Form dafür, stammle nur (sonst hätte es mich ja auch nicht überwältigt). Zugleich winken mir freilich noch und noch Formeln: das naturalistische Nachstammeln, das romantisch-fragmentarische Ausweichen, das klassizistische Geleier, oder auch nur das Stillschweigen – die verschiedenen Arten des Verrats. Doch ich kann die Überwältigung (zumal wenn diese sich wiederholt) nicht verraten, nicht einmal durch Verschweigen. So suche ich Rat in der Geschichte der Formen, als Leser, und gehe zurück zu deren wißbarem Anfang. Und wenn ich dann endlich selbst formuliere, lasse ich mich *leiten* – ohne sie freilich zu übernehmen – von jenen Formen, bei denen ich, der zuerst formlos Überwältigte, im Zurückgehen wieder wild wurde: jetzt aber *förmlich* wild. Das Klassische kommt also bei mir aus dem Bedürfnis nach etwas Förmlichen, wodurch das Wilde, das Ursprüngliche, immer neu wiederholbar wird. Wer sagt also, daß es keine Abenteuer mehr gibt? Der Weg vom formlos, einmalig Wilden zum förmlichen Wilden, zum wiederholbar Wilden, ist abenteuerlich (vom Kindergeist zum Geisteskind)

Das Geheimnis – die bloße geheimnisvolle Erscheinung – ist das Wirkliche; und indem die Leute immer mehr bereit sind, ihr Geheimnis (dem Fernsehen, dem Analytiker usw.) zu verraten, verlieren sie die Wirklichkeit

»Das Unaussprechliche«: »Es zeigt sich« (Wittgenstein)

Van Gogh zeigt diese seine Landschaft. Cézanne zeigt diese Landschaft da – und zeigt, *wie es ist*. In seinen Bildern ist immer eine Lehre. Indem ich von van Gogh wegschaue zu Cézanne, tritt dessen Bild als Beschwichtigung, Entdramatisierung, zugleich Ernstschwelle auf

Ein Kind darf nicht in seiner Verlassenheit, als dem Natürlichen, Schicksalhaften, Menschgegebenen bestärkt werden. Ich muß ihm »die anderen« vorschlagen – andere Aspekte an ihnen zeigen, freilich nicht moralisierend; sondern ich muß diese Aspekte jeweils phantasierend herausfinden: epische Aufgabe im Umgang mit einem Kind

Natürlich will ich verfolgt werden, aber nicht als einzelner, sondern als Gesellschaft

Er dachte: »Ich kann nicht mehr«, und machte dabei weiter

Auf Sprache aus zu sein, ist beruhigend und spannend wie die Jagd. Nur muß ich gewiß sein, etwas, bei höchster Ruhe und Anspannung, auch erjagen zu können

Jetzt rede auch ich schon den Lehrern nach und verlange von dem Kind »Spannung« im Aufsatz

Bei meinen systematischen Denkversuchen kommt mir immer das eigene Bild dazwischen, beim phantasierenden Denken nie. (Das Bild von mir selbst wirkt im ersten Fall als Denkverbot)

»...da Kinder wohl zu weinen, aber nicht zu seufzen verstehen« (Gottfried Keller, Das Sinngedicht). – Das Zuständige, gefragt, ob das stimme: »Sie können es wohl, aber sie machen es nicht«

»Es geziemt dem Manne, von den Göttern nur Gutes zu reden; kleiner ist dann die Schuld« (Pindar)

Was »sein« kann, und was man »sagen« kann: Es wird so oft gesagt, was zwar sein kann, was aber nicht gesagt werden kann (»Solidarität«, usw.), daß es dann auch nicht mehr sein kann

Was ich *schreiben* will: ich darf es nicht *sagen* (nie mehr)

»Sprich nur ein Wort, und so wird meine Seele gesund«; aber auch: »Verschweig nur ein Wort, und so wird deine Seele gesund«

Ich schaue auf die Weltkarte und denke: Meine Erde (manchmal bin ich durch und durch gesund: dann singt es in mir von Ortsnamen)

Das beste, Epiker: bring die anderen, sacht, zum Erzählen – sei darauf aus; und verhalt dich so, daß sie sich nachher fühlen, als hätten *sie* eine Geschichte erzählt bekommen (eine wunderbare). – Der Lyriker sitzt schön im Haus / der lyrische Epiker geht über die Hügel / der epische Epiker wird auf die Schiffe verschlagen (das letztere fehlt mir noch)

Das von mir so oft Entbehrte ist nicht der Vorder- oder Hintergrund, sondern der Mittelgrund. Ich merkte das, als die endlich gefundenen Augen des anderen momentlang der dunkle See im Mittelgrund der alten Bilder waren

Mein Fehler ist, zu denken, es gebe nur wenige große Geister. Es gibt viele. Und die ich einmal erkannt habe, werden mir die Treue jedesmal neu lohnen

»Ein größeres Wunder als ein richtig gewähltes Wort gibt es nicht« (Ludwig Hohl; das Wunder sei »Formwunder«)

»Wichtig also: daß man aufs schärfste auseinanderhält *Phantasie* und *Einfälle*« (derselbe)

»Die Phantasie ist kein Schaffen. Die Phantasie ist ein Erwärmen dessen, was schon da ist. *Es gibt kein Schaffen*«

Die Schönheit des heutigen Tages: was ich davon nicht mehr weiß, weiß meine Schrift

Befreit von Erlebnissen – frei für die Welt

»Das rein Natürliche, insofern es sittlich gefällig ist, nennen wir naiv. Naive Gegenstände sind also das Gebiet der Kunst, die ein sittlicher Ausdruck des Natürlichen sein soll. Gegenstände, die nach beiden Seiten hin weisen, sind die günstigsten.« (Maximen und Reflexionen; soll mich leiten bei der Kindergeschichte)

Fast überall ist inzwischen die Natur mit einer Armbinde versehen, wie ein Ordner

Ich blickte von der hintersten Plattform des Zuges auf die sich entfernenden Schienen, und es war, als sprächen diese Bilder nicht mehr, oder sprächen wohl, aber nur noch im Abstrahieren: da kämen dann freilich *alle* Bilder, traumhaft, wieder! – Hat demnach *eine* Kindheit, die der Bilder, aufgehört, und geht dafür aber eine *andere* Kindheit, die des übergreifenden, abstrahierenden Denkens, umso stärker weiter?

Mit Blick bin ich schön; ohne Blick zu Recht verächtlich

»Es ist besser, es geschehe dir Unrecht, als es sei die Welt ohne Gesetz« (Maximen und Reflexionen)

Wenn ich auf einem Weg bin, wird dieser, gleichwie, ein Kamm: frei nach allen Seiten

Cézanne: »die Empfindung (durch den Gegenstand) realisieren«: auch eine Messe könnte solch eine »Realisation« sein

»Konkret« sein ist leicht. »Abstrakt« sein vielleicht noch leichter. Das schwierige ist die Abstraktion, das Konkret-Abstrakte, das gerade so weit Abstrahierte, daß es vom anderen, in seinem Bereich, wieder konkretisierbar ist; das Konkret-Abstrakte, in gleichmäßigem Verlauf (und dieses Konkret-Abstrakte ist für den Schreiber nur eine schmale Gratlinie; dem Leser aber gibt es die große Weite)

Seelischer Schmerz: es gibt keine Metapher dafür

Das Homerische an Cézanne: er hat wie Homer die Weltgegenden ausgebreitet, aber ohne Krieg

In der Trauer sehe ich die anderen, ohne selber gesehen zu werden

Schon oft habe ich mich im Höllenlicht bewegt: es war nie die Finsternis, sondern immer ein Licht, ein Licht ohne einen Lichtblick

Milde des Blicks, und Strenge der Formen: dem milden Blick zeigen sich strenge Formen; dem milden Blick zeigt sich in vielen Formen *eine* große Form

Ich hielt dem Blick des Idioten stand, und wir grinsten einander schließlich an: wir waren ähnlich: auch der Idiot freute sich diebisch über die funktionierenden Kleinigkeiten der technischen Welt, wie die sich von selber öffnende Zugtür

Es gibt zwar viele kleine Visionen, Analogien usw., doch kaum eine wird je zur Gewißheit. Und was meine paar Gewißheiten betrifft, so darf ich nicht immer auf ihre selbsttätige Wiederkehr warten: ich muß entschlossen mit ihnen ins Elend *eingreifen*

Von Picasso ist nichts zu lernen. Er hat etwas, was ich nicht habe; Picasso ist ein Artist, und seine Bilder sind nie Prozesse von etwas. Cézanne ist ein Künstler, während Picasso ein ewiger Spieler ist; bei Cézanne ergibt sich dagegen erst in der Vollendung der Moment des Spiels. Picassos Wahllosigkeit; sein fix und fertiger Bildersinn

Sich deutlich halten durch Wiederholen

Blaue Morgendämmerung, Regentropfen auf dem gelben Briefkasten, Schulmädchen mit kurzen weißen Socken; *die Jetztzeit ist gut*, dachte ich

»Wem die Natur ihr offenbares Geheimnis zu enthüllen anfängt, der empfindet eine unwiderstehliche Sehnsucht nach ihrer würdigsten Auslegerin, der Kunst« (Maximen und Reflexionen)

Ich habe Vertrauen in die Streitlust der Vorsokratiker, in die der Späteren, der Philosophen, nicht

Das Unvorhergesehene, sofern es nicht die Katastrophe ist, bringt Freude

Ich weiß, daß ich immer wieder übermütig sein werde; den Übermut als mein Wirklichstes erleben werde; also Gefallen finden werde an folgenlosen Blickwechseln, nicht bloß zwischen mir und dir, sondern auch zwischen andern und andern (für eine körperliche Vereinigung ist Übermut allerdings das schlechteste; man ist dann nicht schwer genug)

Um den Leuten glaubhaft zu sein, muß ich ihre Strecke abfahren

In der Schweiz habe ich doch immer wieder die Vorstellung, in einem geistigen Land zu sein. Ist es der Geist der Dankbarkeit *weniger*, aber mir das Bild *Bestimmender* – der Dankbarkeit, von den Kriegen verschont worden zu sein?

Rechne in der öden Unaufhörlichkeit (etwa einer Zugfahrt) das zugleich doch unaufhörliche Ankommen mit (Zenon)

Ein sogenannter »Erzähler«: alle in seiner Erzählung, die nicht er selbst sind, reden in seiner mündlichen Wiedergabe mit sozusagen »tuntenhaften« oder infantilen Stimmen. Und so jemand wird dann gekennzeichnet: »kann gut erzählen«. (Auch die meisten schriftlichen Erzähler sind solche »Erzählschwadroneure am Nebentisch«)

Was mir gefällt, ist beschreibbar. Was mir sofort mißfällt, kann nicht beschrieben, nur nachgeäfft werden. Es sieht freilich oft täuschend einer Beschreibung ähnlich

Der Ausdruck »für eine Überraschung gut« als Ausdruck einer denkbaren Moral, die deutlich würde in der Umkehrung: »Du bist für eine Überraschung nicht gut genug«

Cézanne ist sich an keiner Stelle seiner Bilder sicher gewesen, wie es weiterging. Er hatte, auch innerhalb einer noch so kleinen Form, keine automatische Formel; während die Impressionisten sich innerhalb solcher Formen, wie der eines Gesichts, sicher sind (die trickreichen Impressionisten)

Wahrscheinlich haben im Lauf der Geschichte viele gemeint, jetzt das Bild, das endgültige, letzte Bild gefunden zu haben; selbst die Kircheninterieur-Maler der Niederlande

Die Gesichter der Leute, wenn ich, ohne Beobachter zu sein, nur so hinschaue, sind hell (aber man kann sich natürlich auch im Krieg einrichten)

Die alte Frau in der Bäckerei: ich sehe sie nur bei ihrem aufmerksamen Arbeiten. Mag sein, daß sie woanders eine Illustrierte liest, usw. Aber gesehen werde ich sie ein für allemal nur bei ihrer würdevollen Arbeit haben. Das heißt: Es gibt nicht die Frau mit der Illustrierten. Und wenn: Laß sie, sie kommt aus dem Dienst. (Das soll der Grundzug des Dramatischen Gedichts sein)

»Sturm der Verzweiflung«: Aber habe ich nicht gelernt, daß, im Sturm zu gehen, etwas Schönes sein kann, daß ich gerade im Sturm die Augen weit offenhalten kann?

»O Phantasie, Phantasie! Entführe mich auf deinen Flügeln, um meine Trauer zu zerstreuen!« (Die Versuchung des heiligen Antonius)

Ergriffenheit über die Figuren Cézannes: *sie tun nichts;* und seine Dinge sind wie Kinder. Der größte aller Maler war ein Sonntagsmaler: er hat die Welt (die Menschen, Dinge und Landschaften) des Sonntags gemalt

»Daß die Natur korrumpiert ist, durch die Natur selber: / daß es ein Heilmittel gibt, die Schrift« (Pascal, Pensées)

Die Lehre der Sainte-Victoire darf keine Analyse sein, sondern muß die Erzählung einer allmählichen Annäherung (und vielleicht Entfernung) werden, strahlend äußerlich, als ginge es um nichts. Ich darf nichts meinen, muß nur abstrahierend (nicht abstrakt) erzählen (abstrahierend: allumfassend)

Der Wille hat seinen Augenblick einzig zur Vermeidung des Bösen, Niederträchtigen: da muß es zum Einsatz des Willens kommen

Wie ist es möglich, daß einer »Lehrer« ist, von dem man Zensuren erhält?

Das Verletzende hierzulande ist ja nicht, daß man auf Schritt und Tritt auf bedeutungs*lose* Dinge stößt, sondern auf bedeutungslos *gewordene*. Meister Eckhart hatte seinerzeit leicht reden: »...denn dem inwendigen Menschen sind alle Dinge eine inwendige göttliche Weise«

(Aber vielleicht war das schon damals eine Beschwörung?)

»Die Genauigkeit, die die Mehrzahl der Menschen für die Wahrheit hält« (Delacroix)

Was heißt »graue Vorzeit« (etwa der Kelten)? – Die haben doch auch die Sonne gesehen!

Cézanne hatte kein Ideal mehr (wie noch Michelangelo). Er mußte mit jedem Gegenstand neu das jeweilige Bild finden

»Ich bin froh, wenn ich weiß, ich bin an Ort und Stelle«, sagte die alte Frau. – »Ich hab' ein halbes Paradies, die Sonne«, sagte die andere alte Frau. »Die Sonne ist mein Alles!«

»Da Sinneseindrücke die Grundlage meiner Sache sind, glaube ich undurchdringlich zu sein« (15. Oktober 1906)

Analogien gibt es täglich Tausende in meinem Kopf (der Fluß jetzt im Schneenebel, und vor einem halben Jahr der nächtliche Weg in den Vogesen; der Glanz des Pflasters im Torbogen, und der Glanz des Bachs unter der gewölbten Steinbrücke...), aber ergreifend, erschütternd, weiterhelfend sind nur ganz wenige: und nur auf diese kommt es an: diese erst sind das Zeichen der Einheit, womit die Welt sich dann selber darstellt, ohne mein Zutun, als höchste Phantasie

»Der Siegeszug einer neuen Idee« ist ja nichts als die Ersetzung einer altersschwach gewordenen Plage durch eine frische (die Künstler tun was anderes; nur die andere Zeit gelten lassen: d. h. die tägliche Fortsetzung)

Ihr habt die Welt immer nur interpretiert und verändert; aber es kommt darauf an, sie zu *beschreiben*

Nachdem ich von all den vorbeigehenden Spazierern fast nur Fragmente von Kranken- und Krankenhaus- und Sterbe- und Geld- und Feind-Geschichten gehört hatte, vernahm ich in der Menschenleere wieder die schönen geheimen Laute der Natur (die abendlichen Bäume im Schneefall). Es ist doch so, daß ich erst an der Natur die Große Welt erblicke (vor allem erlausche); und soll ich diese nachahmen? Nein, ich soll gleich auf gleich mit ihr werden

Ich überspringe mich selber – und alle bösen (wenn auch noch so treffenden) Gedanken über andere sind vergessen. Die Farben werden die Dinge, und die Farbendinge bilden den neu-alten

Menschenraum; und das Rauschen des Flusses wird das Rauschen des Ursprungs. Diese Farbendinge gehören *mir*, und sie, *einzig* sie, darf ich benennen. Ja, Dichtung ist nur, wenn die Schönheit verkündet wird. Ich muß freilich an die immerwährende, nicht vollendbare, nicht endende Erkenntnis glauben

Etwas schreiben, zu dem niemand fragen kann: »Was heißt das?«, und das dabei völlig rätselhaft ist

Die Leser sind starke Menschen: sie geben das Lesen weiter; sie sind »die paar Unentwegten«

Sobald die Liebe zu etwas zuvor bloß Bekanntem einsetzt, ist dieses Bekannte völlig ausgelöscht – ich weiß nicht mehr, was mir an dem jetzt Geliebten zuvor bekannt gewesen ist

Die triftigste Sprache ist die, die Erkenntnis des Schmerzes ist, und zugleich dessen Auflösung, so wie Kafka von Goethes »Iphigenie« sagte, die Sprache sei da ganz »dünn, aber es ist Sprache«. Also, Kind: den Schmerz nicht »überschlafen«, sondern sprechen, jetzt, da du schwach bist!

Wenn Parzival zu fragen verstünde – das wäre Epik

Einst hat mich empört, wie Leute von Leuten gedemütigt und erniedrigt wurden. Heute sehe ich in der Mehrzahl nur noch Leute, in allen Bereichen, die sich selber erhöhen, anhimmeln, vergöttern. Sicherlich ist das ein Fortschritt – und doch empört mich solche Selbstherrlichkeit genauso wie früher das Kleingemachtwerden des einen durch den andern

Nur von anderen redend, aufdringlich, reden sie aufdringlich nur von sich selber

»Der große Künstler geht frei mit den Dingen um, da sie sein Eigentum sind« (Delacroix)

Eine Meßfeier müßte ein unverwechselbarer Vorgang sein, was sie meist nicht ist. Sie dürfte zum Beispiel keine »Gesangskunstdarbietung« sein

Noch einmal »Messe«: sie kann den Kopf frei machen von der Vergeßlichkeit; sie kann intelligenter machen; und vor allem: sie kann das Tagtägliche in den Kreis der Phantasie heben

Wie das Nichtssagende sich mir im Herzen umdreht, z. B. das Wort »Landwein«, oder das Wort »Hausplatte«, oder das Wort »Stilmöbel«

»Jenes Klassische an Poussin, die Wiederaufnahme der epischen Knüpfung, wie sie einst im Altertum geübt worden war« (Kurt Badt); und weiter: »Er war der klassischen Antike selbst gefolgt, hatte ihre Methode des Körperaufbaus auf die Bildkomposition angewendet, indem er diese so organisierte, daß jeder tragende Teil zugleich ein lastender war«

»Niemand hat sich so sehr gelassen, daß er sich nicht noch mehr hätte lassen können« (Meister Eckhart). – Nicht *sich* lassen, sondern *sie* lassen, die anderen, die Menschen und Dinge; und nicht die Ferne sich immer wieder herbeiholen wollen: Gelingt es vielleicht so, sich zu lassen? (Immer will ich etwas wiederfinden in der Landschaft, und wenn ich es nicht wiederfinde, kommt die Qual.) Sag jedenfalls: »Laß! Dieser Lärchenhain ist nicht für mich, sondern für jemand anderen«. (Ja, der einzige Befehl, dem ich folgen könnte, erleichtert, wäre dieses »Laß!« Nicht: Laß das!, sondern »Laß!«)

Wenn ich nur einen *zuständigen* Feind hätte! – Aber dann wäre es wohl kein Feind mehr?

Als gäbe es keine »Meisterwerke« mehr, schon bei Cézanne nicht – statt dessen (dafür) große Zeugnisse (so soll es sein)

»Was in die Erscheinung tritt, muß sich trennen, um nur zu erscheinen. Das Getrennte sucht sich wieder, und es kann sich wieder finden und vereinigen; im niederen Sinne, indem es sich nur mit seinem Entgegengestellten vermischt, mit demselben zusammentritt, wobei die Erscheinung Null oder wenigstens gleichgültig wird. Die Vereinigung kann aber auch im höheren Sinne geschehen, indem das Getrennte sich zuerst steigert und durch die Verbindung der gesteigerten Stufen ein Drittes, Neues, Höheres, Unerwartetes hervorbringt« (2. Okt. 1805). – Betrachte nur einen, dem du vertraust, in allen seinen Bezügen, und du wirst wissen, von allem. Goethe ist kein Reisebegleiter, sondern ein Reiseerhalter: Erhalter des Reisens, des Unterwegsseins

Nicht »die Natur« ist verschwunden, wohl aber die Natur als Schauplatz, für Entwurfs-Geschichten (die »Entwurfs-Siedler« von einst – die »Realitäts-Camper« von jetzt). Was sonst aber als die Natur kann Schauplatz für Erzählung sein?

Das Ungute übersieh, das Gleichgültige laß sein, das Begütigende laß gelten; all das sind Tätigkeiten, und die krönende ist die letzte

Ich muß nur vor mir selber lebendig sein: zu oft habe ich mein Leben, meine Lebendigkeit anderen beweisen wollen, und bin dadurch erst leblos geworden

Du, mich wollend, scheinst dir selber ganz genug, und kannst mir, der sich nicht genug ist, nicht genügen

Autorität bekomme ich erst durch Sprachschwierigkeiten

Mögen es nicht auch die Tiere, daß man langsam mit ihnen umgeht, und daß man ihnen nicht zu nahe kommt? Und so wollen auch wir, daß die Götter langsam mit uns umgehen, und daß sie uns nicht zu nahe kommen?

»Das Göttliche erfuhr Mohammed nicht als Gesicht, sondern er hörte es als Worte«

In der Dämmerung, wenn die Farben verschwinden, muß ich auf die Formen achten

Liebe wäre auch: mit jemandem gemeinsam studieren

Im Islam ist »der kleine Kampf« der Religionskrieg, »der große Kampf« der Kampf gegen sich selber

Was man beim Lesen finden kann, ist das Lesen

Was Sprache ist, kann ich nicht erfahren, indem ich darüber nachdenke, sondern ich muß sie schreibend praktizieren

Für einen, der sich selber zugetan ist (wie es natürlich wäre), müßte der Weg zum Selbstmord so etwas wie ein Shakespearesches Königsdrama sein

Lebenstragend sind nicht meine Handlungen, sondern meine Entschlüsse

»Ich habe immer nur bescheidene Regenschirme gehabt«, sagte die alte Frau. – »Wenn ich meinen Regenschirm verliere, dann hat er nur (so und so viel) gekostet«, sagte die andere alte Frau

Das übliche, atemferne Kopfdenken ist wie ein Kopfrechnen, das nie aufgeht. Sei dagegen aus auf das seltene, aus dem Zentrum des Atmens kommende, im Atmen aufgehende, dich namenlos machende, dein Eigengewicht aufhebende Denken – das heilende Atemdenken. Erst wenn ich atmend denke, entstehen die Sprach*bilder*. Keinen Gedanken niederschreiben, ehe er nicht zugleich Sprachbild ist

Die meisten Leute wirken in der Natur, anders als in ihren Arbeitsräumen, unansehnlich

Gerade ist mir etwas – so denke ich jedenfalls – unbedingt Aufzuzeichnendes, indem ich es nicht sofort festhielt, unwiederbringlich ins Leere entwischt, und ich weiß jetzt, daß es ein Atom war, ein Innen-Atom eines Menschenlebens, etwas ganz und gar Materielles, das nun ins Nichts entschwirrt ist: Verlustempfindung. Es *ist* ein Verlust, eine Frucht ist mir entfallen. – Nein, das Atom ist nicht ins Nichts, nicht ins Leere entschwunden, sondern in mich. – Warum weiß ich aber trotzdem, daß es, wenn ich es nicht augenblicklich wiederfinde, für immer verloren ist? – Und was kann ich von jenem Atom sagen? – Es war etwas, ein Körper, ein Einschluß, ein Schatz, eine Kostbarkeit, eine Köstlichkeit, eine Form (so wie Vergil für Dante auf dessen Abstieg ins Inferno eine Form war)

Die poetische Sprache müßte als ein Zaubern erscheinen. (Heißt das, sie müßte, als Geste, vor allem unauffällig sein?)

Die lehrende, beweisende Philosophie wird mir allzeit fremd bleiben, im Gegensatz zur erzählenden

Die Erkenntnis einer Struktur wirkt befreiend und ist darin vergleichbar der entgrenzenden Phantasie. Wirken beide zusammen – *ent*grenzende Phantasie plus *ab*grenzende Erkenntnis der Struktur –, so erreiche ich das Ideal des Schreibens

Gebraucht jemand im Schreiben ganz selbstverständlich das Wort »Gott«, so fällt mir das Weiterlesen schwer

Ein Kardinal benennt in einem Artikel über den »Sinn des Lebens« *unverdächtige Zeugen:* d. h. Nichtchristen

»Was nennt man groß? was hebt die Seele schaudernd / Dem immer wiederholenden Erzähler? / Als was mit unwahrscheinlichem Erfolg / Der Mutigste begann?« (Iphigenie auf Tauris)

Immer wieder erlebe ich die Harmonie Goethes zunächst als ein unzumutbares Gesetz – und dann bin ich schon gelehrig mitten im Gesetz, selber harmonisch

In einem Geschwisterdrama wäre die »Wie-du-weißt«-Dramaturgie kein Trick, sondern das Drama selbst, die natürliche Gesprächsform; Geschwister, wenn sie einander wiedersehen, erinnern einander ja unentwegt an das gemeinsam Erlebte. »Weißt du noch…?«

So jäh kam der Schneesturm, daß beim Aufblicken die Stadt schon im Nebel verschwunden war – »welche Stadt?«

Es gibt keine »Masse der einsamen Menschen«. Einsamkeit entsteht nur bei starker Bewußtheit, Geistesgegenwart, Selbstzugeneigtheit, Selbstironie, Heiterkeit, Sehnsucht, Liebesfähigkeit weniger Menschen

Nicht »Ich sehe mir die Leute an« (so ungefähr Musil), sondern: »Ich lasse sie, betrachtend, sein« (jedenfalls ist das mein Ideal)

Angesichts der Bilder Cézannes denke ich: »Endlich will ich nur noch meine Pflicht tun«

Nicht bloß auf Ruhe bin ich aus, sondern auch auf Sachlichkeit (den zweiten Phantasie-Erwekker, neben der Langsamkeit); das heißt: ich will mich auch äußern, ich brauche, auch wenn ich allein bin, die Vorstellung, mitzuleben. Es genügt mir ganz und gar nicht die Ruhe des Für-Sich-Seins, sondern ich muß euch ein sachliches Mit-Leben zeigen; das heißt, es genügt nicht, nur ruhig zu *sein*, ich muß zusätzlich sachlich *handeln*, besser gesagt: sachlich feststellen, vor anderen

Jede Bewegung als ein Durch-die-Zeit-Gehen sich bewußt machen: das macht die Epik möglich. Jeder Vorgang soll seine Zeitbeschreibung mitbekommen, so wie im Bild bei Cézanne jedes Ding seine Raumbeschreibung mitbekommt. Auch das nächtliche Bellen des Hundes, jetzt, erhält so seinen Platz in der Zeit, durch die ich mich bewege

»Denn das bloße Anblicken einer Sache kann uns nicht fördern. Jedes Ansehen geht über in ein Betrachten, jedes Betrachten in ein Sinnen, jedes Sinnen in ein Verknüpfen, und so kann man sagen, daß wir schon bei jedem aufmerksamen Blick in die Welt theoretisieren. Dieses aber mit Bewußtsein, mit Selbstkenntnis, mit Freiheit, und um uns eines gewagten Wortes zu bedienen, mit Ironie zu tun und vorzunehmen, eine solche Gewandtheit ist nötig, wenn die Abstraktion, vor der wir uns fürchten, unschädlich, und das Erfahrungsresultat, das wir hoffen, recht lebendig und nützlich werden soll« (Die Farbenlehre)

Ohne Kind wären mir die Vorfahren gar nicht wirklich, und ich könnte auch nicht so freundlich von ihnen denken

»Zeitstand« (nunc stans) heißt, daß nicht nur ich zur Ruhe gekommen bin, sondern daß auch die Welt mir zur Feststellung offensteht. Es ist mehr als die Ruhe, es ist die Sachlichkeit (s. o.)

Im Mißmut versuchte ich willentlich einen Gedanken zu fassen, worauf aus dem Mißmut dann Hoffnungslosigkeit wurde

Nur in der Erschütterung sehe ich alles eins: die Formen der Natur und die Formen der Zivilisation

In jedem Satz, den ich schreibe, sollte ein Fluß auch »der Fluß« sein, der Himmel »der Himmel«. (Wie ist das aber bei einem Auto usw. möglich?)

Nicht: sich entblößen, sondern: sich zeigen? Nein, ich kann mich auch nicht »zeigen«, aber manchmal hervorkehren

Ekstase hat doch ihren Sinn, wenn sie sich wiederholt und so zwei Dinge verbindet

Eines schwöre ich mir: nur das aufzuschreiben, wobei ich Humor fühle (auch wenn der einzelne Satz gar nicht »humorvoll« wirkt)

Jenes Dahinphantasieren, das nur Ich-Phantasie bleibt, statt Form-Phantasie zu werden, ist wie die Musik: sie gaukelt mir vor, ich hätte schon etwas geschafft, was noch zu schaffen ist (»Cave musicam«, Nietzsche)

Ich will nur über etwas denken, von dem ich gut denken kann. Schlecht von etwas zu denken, gibt mir nicht das Hochgefühl des Denkens

Der dinglose, sprachlose Überschwang – die dingliche, mitteilbare Freude

Bedenke doch: Kafkas Schloß gibt es nicht mehr, dank Kafka

Such nicht den Sinn, wo einmal einer war; *such* nicht den Sinn

Liebe: Schönauge (welches Auge auch immer). Ja, die Liebe ist ein Fest der Augen

Mich persönlich läßt die Natur nie allein – nur sie ist es, die mich nie allein läßt –: aber die anderen kommen mir in ihr oft ganz und gar verlassen vor, und so dann auch ich mir

Erinnerung: oft Linien; Gegenwart: Farben

»In einem Hofe, der mit grauen Kalksteinen ge-
pflastert und mit Gras durchwachsen war, erschien das Gras von einer unendlich schönen
Grüne, als Abendwolken einen rötlichen kaum
merklichen Schein auf das Pflaster warfen« (Farbenlehre)

Die *Form* des Kindes bestimmt noch viel zu wenig
mein tägliches Denken

Von den meisten Dingen bleiben mir, anders als
Goethe, meist keine Nachbilder (von manchen
Gegenständen behielt er sie eine Woche lang!),
sondern bloßes Geflimmer; vielleicht weil ich
nicht zu jenem »scharfen Hinblicken« fähig bin,
das G. verlangt?

Die »Götter« sind nicht mehr ansprechbar, und
auch »Gott« kaum noch; ein stummes Schmerz-
bekenntnis als Zeichen der höchsten Geistesgegenwart

Beim Schreiben muß nicht die Erinnerung an den
Gegenstand genau sein, sondern an mein Gefühl
dabei. Das Gefühl wird sich dann im Schreiben
mit einem Gegenstand ohnedies wieder verbinden: das wäre nicht mehr die »Genauigkeit«, sondern die »Realisation«. Schreibend muß ich stetig
bei meinem Ding, meinem Gegenstand, den Din-

gen bleiben, darf nie in der Sprache sein. »Mit den Dingen« erst kommt die »reelle« Sprache, vielleicht auch nicht einmal »mit den Dingen«, sondern einzig mit den »wahren Empfindungen« (mit diesen kommen die Dinge zurück, mit diesen die Sprache); und vielleicht fängt alles sogar schon mit der fruchtbaren, himmlischen *Leere* an, das heißt, mit dem ruhig entleerten, sachlich schwingenden, dem idealen Ich

»Nunc stans«, den Zeitstand, erlebe ich immer auch in einem Moment der Kritikfähigkeit gegen mich selber: ich werde fähig, den üblichen Gedankenablauf anzuhalten und mich endlich einmal *heraus*zuhalten. Diesen Moment lang ist das Gewünschte möglich, und mein Geist weitet sich, durch den Abstand

Wenn ich, in Bewegung, gehend, farbenfreudig werde, wird selbst die Schneelandschaft eine Erstreckung verschiedener Farben, und die Erinnerung kommt zurück an die Freude über die blaue Tinte in der Schulzeit. Dann fangen auch die einzelnen Bäume auf dem Bergrücken zu »zählen« an, und die Zahlen selber werden schön

Die burgundischen und die holländischen Maler haben die Ruhe und Sachlichkeit geschafft durch das Reich (das burgundische, das holländische):

ich will Ruhe und Sachlichkeit schaffen ohne Reich

Geistesgegenwart: nicht nur die Farben entstehen, sondern die Farben verändern sich zum Schönen (oder: aus der Buntheit wird Farbigkeit)

Mein Wissen ist nie mit meinem Blick vereinbar gewesen – aber allmählich doch? Allmählich *sehe* ich doch das Gewußte, welches dadurch erst bleibt

Jene Vorstellung, »die Lösung des Welträtsels stünde unmittelbar bevor«, habe ich immer nur angesichts der Natur

»Lust will Ewigkeit«: Trauer hat sie

Trauer ist mir eine Denkweise: erlöstes Denken im Bewußtsein von Unlösbarem

Nicht Empfangsschirme für die Nachrichten, sondern Nachrichtenabhalteschirme

Das Ding (der Gegenstand) muß sicher sein (mir gewiß sein), dem ich mich schreibend nähern möchte: dann wird es eine natürliche Geschichte (und natürlich eine Geschichte)

»Es darf eigentlich immer nur einen (1) Schriftsteller geben«: immer wieder wird sich wohl jemand
für den einzigen seines Landstrichs, seines Landes,
seines Dorfs halten, und meinen, es müßte auch so
sein – und am Ende wird es für eine Generation,
ein Land, eine Epoche immer mehrere, viele, oder
jedenfalls einige gegeben haben (aber dazu mußte
sich wohl jeder von ihnen für den einzigen gehalten haben?)

Die Farben: *ich* / *bin* / *da* (ich bin am Fluß / am
Fluß bin ich // ich gehe übers Schneefeld / übers
Schneefeld gehe ich)

Immer wieder kommt es mir vor, als hätten alle
Menschen schöne Augen; und so wie die großen
Bilder beim Betrachten, Sinnen, Verknüpfen
wüchsen, so wüchsen auch die Leute mit ihren Au-
genfarben

Künstler: das objektive Subjekt

Im Gerede gefangen, sah ich den Bleistift auf dem
Tisch als das Raumschiff, das mich wegbringen
würde

Die Erde mit den leuchtenden Haselkätzchen des
Vorfrühlings erschien mir rein und fruchtbar, die
kleinen Hängelampen in den noch blattlosen Bü-

schen als Leitdinge – und nach diesem Augenblick ließ ich sie wieder »in ihrer ewigen Ruhe und Herrlichkeit dastehen«. Und die Kätzchen in der Sonne erinnerten dann an »alles und nichts«, wie Goethes Märchen

Wenn ich von einer Landschaft, die mir neu ist, erfahren möchte, wie sie entstanden ist, dann *studiere* ich sie nicht (wie das mein Dichter einst tat), sondern ich *vergewissere* mich

Die Folgestufe nach dem »Sinn für die Wiederholung« wäre: die »Kraft zur Wiederholung«

»Sie sagen, die Gegend sei häßlich, aber auch das ist nicht wahr, man muß sie nur gehörig anschauen« (Stifter, Kalkstein)

Trost: Sogar einer wie Vergil springt manchmal in der Beschreibung hin und her zwischen den Jahreszeiten, vom Winter zurück in den Herbst, vom Herbst vor in den Frühling; kann sich der Fülle nicht erwehren; kann dafür keine Folge finden

Das Schöne, das in der Sprache (oder sonst einer Form) Antwort findet, erhält Wirklichkeitskraft. Das Bös-Häßliche ist mit der Sprache von vornherein eins, und also ohne Wirklichkeitskraft – es übt nur seine Gewalt aus

Erst, wenn das, was war, in die Phantasie gehoben, noch einmal kommt, wird es mir wirklich: Phantasie als die auslegende Wiederkehr

Eine »Denkzeit« kommt dann, wenn ich von jemand anderem gefragt werde: ja, ich muß (wenigstens in meiner Vorstellung) von jemand anderem gefragt werden, damit ich gültig denke

Einen Schriftsteller müßte man lesend zugleich studieren können

Ein Kind unterwies mich in der Farbenlehre: das Blau der Mohnkörner sei auf dem weißen Teller nicht zu sehen; dort seien die Mohnkörner schwarz

Die übliche »Flucht in den Mythos« ist ja bloß die Bewegung von einer Unwirklichkeit in die andere. In der Phantasie aber geschieht das natürliche mythische Denken

Die Bezeichnungen der Himmelsrichtungen wirken auf mich oft wie die Bezeichnungen von Farben

»Sie pflückten keine Beeren, weil sie nicht Zeit hatten, und weil schon der Sommer so weit vorgerückt war, daß die Heidelbeere nicht mehr gut war, die Himbeere schon aufgehört hatte, die Brombeere noch nicht reif war, und die Erdbeere auf dem Erdbeerenberge stand« (Turmalin)

Die schmückenden Beiwörter sind in einem Text am Platz, wenn sie ein Verdienst der epischen Geduld sind (so wie Stifters »und verweilten in der weiten glänzenden Luft«)

Ich möchte nicht nur episch feststellen (wie etwa Stifter, Fontane oder Gottfried Keller), sondern auch noch hinzufügen können: »Glaubt mir und haltet euch daran!«: Dramatisches Gedicht (und das soll auch so sein, in meinem Jahrhundert)

Hinter das »Geheimnis einer Landschaft« kommen zu wollen, ist nichts Vermessenes. Es ist ein natürlicher Vorgang auf der Suche nach dem einen Land, das mir und dir dann für immer offenstünde

Das Volk hierzulande: es sind meine Angehörigen. Aber es ist nicht mein Volk; und von meinen Angehörigen muß ich mich trennen; muß ein jeder sich trennen

Beim Schreiben träume ich *richtig* (es ist eine gesunde Qual)

Ich weiß jetzt, daß jeden Tag das »nunc stans«
entsteht und daß solch ein Augenblick nicht flüch-
tig, sondern fruchtbar ist: er gibt mir ein oder ein
paar Dinge, zum Beschreiben, zum Erzählen, zum
Weitergeben, gleich welche, mit deren Licht, deren Formen, auch nur diese rauchende Mülltonne
da in der gelbroten Abendsonne

Vom Guten schreiben, ja; aber es kommt darauf
an, daß dieses auch geglaubt wird

So viele erzählen von ihren Kindheitsvorgängen,
als hätten diese schon für sich eine Beweiskraft

Die in der Dämmerung aus dem Haus auf die
Straße tretende Frau rief aus: »Das ist ja ganz
blau!« Sie sagte das aber so, wie man von einem
blauen Gesicht oder von blauen Lippen redet

Meist sehe ich, vor allem am Morgen beim Aufwachen, nur verwirrende Buntheit in der Landschaft (lila Entferntheit, Glanzlosigkeit); und allmählich erst entwickelt sich ein geregeltes Farben-
spiel, wodurch dann auch die Objekte als heitere,
einladende Spielfiguren erscheinen

Das Schöne, wenn ich es formulieren will, ist in
Gefahr, zu verschwinden, während das Böse,
Häßliche im Wiederholen, Zitieren, Lamentieren

sich immer noch verstärkt. Also: das Schöne behauptend, das Häßliche entkräften (nicht aber es verleugnen)

Das Problem des *Rechts,* zu sagen; zu beschreiben; zu erzählen; des Rechts auf die Gegenstände der Erzählung: mein Problem als ein Schriftsteller ist es geworden, daß es kein Recht mehr auf die Dinge zu geben scheint – auf die guten, gut tuenden Dinge, auf die Dinge, die mir wirklich sind; – und dennoch will ich mich hinhocken an diese wie an ein wärmendes Feuer, unwillkürlich, ohne Absicht: in Not

Die Leere in mir, und vor mir die Offenheit: d. h., endlich bin ich leer, und vor mir steht alles offen, mit seinen Farben und Formen, in seiner Vielfalt und Einheit, in seiner Zeit, die jetzt auch die meine geworden ist

Weil ich überall *etwas* sehen will, droht mir immer wieder das Nichts

Der andere, sofern er nicht der Feind ist, ist für mich der richtige

Warum aber wirkt das »bei den Dingen Sein«, »in den Farben Sein« nur dauerhaft, als etwas Dauerndes, beim Schreiben, beim formsuchenden

Schreiben, und geht mir sonst fast täglich furchtbar verloren?

So wie ich in Sorgers Geschichte zu lange gewartet habe, das Kind in die Erzählung zu bringen, so darf ich auch hier nicht zu lange die allereinfachsten, die gleichsam sprachelosen Sätze hinauszögern (»Der Himmel war blau«); sonst ist es zu spät

Zum Schreiben muß ich mich in den Stand (den Zeitstand) setzen, ohne Willen (und den »Stand« dann leer verlassen können, für den nächsten, der auch ich selber sein kann). Es darf zwischen den Dingen und mir kein Wille sein, besser: keine »Hab«-sucht; wie ja auch Cézanne die Dinge in der *Unzugänglichkeit* leuchten läßt. Will ich sie *haben,* in Farbe und/oder Form, entziehen sie sich; sie sind erst, indem ich sie sein lasse, usw. – Nichts wollen, heißt auch: ich darf nichts suchen, sondern: »Hier ich – und dort die Welt (der Gegenstand)!« Es muß nur einmal ein gutes Gefühl zwischen uns beiden gewesen sein (eine geschehene Innigkeit wirklich-phantasieren – die Sprache erscheint dann von selbst

Braucht das Bewußtsein nicht mein Schweigen? Lebt es nicht erst auf in meinem lieben Schweigen? »Er schwieg lieb«: wunderbarer Ausdruck! Freundliches Schweigen, bis dieses die Welt erfüllt: Ideal. Und zu schreiben, ist dabei kein Widerspruch; wenn es glückt, erzeugt es ja dieses Schweigen. – Und wie ist es mit Michaux' Bemerkung, der Schriftsteller tue das Gegenteil von dem, was das höchste Bedürfnis des Menschen sei: keine Spuren zu hinterlassen? – Gerade das tut doch der Schriftsteller: er hinterläßt Formen, d. h. keine Spuren von *sich* (in der Form verschwinde ich spurlos)

Wie lange es braucht, bis endlich ein zitterndes, immer wieder wegschlüpfendes Wort fest wird, ähnlich wie der Mond in einem Fernrohr: das wissen die meisten nicht (Schreiben ist *die* Geduldprobe und -übung)

Niedergeschlagenheit, Bedrückung, Schwermut heißt: der Spielstoff geht aus; plötzlich weiß ich nicht mehr, was ich spielen soll (und das geschieht jeden Tag)

Wenn ich nicht festhalte, weiß ich nicht, was ich geliebt habe (und liebe)

»Im Paradies der Farben und Formen«: dort spielen die Bilder Cézannes, und das habe ich heute morgen sogar an den fahlen, wirr verschlungenen Lianen vor dem Fenster gesehen, die, meinen Blick zurückgebend, mir eine Ahnung des Paradieses gegeben haben; – und doch, dachte ich dann: wäre ich eine Ewigkeit nur in dem Paradies der Farben und Formen, wäre ich vielleicht enttäuscht, wenn es keinen persönlichen Gott gäbe

Nein, bei Cézanne ist keine Sehnsucht mehr; das ist das Klassische; deshalb keine Ornamentik: Sehnsucht und Ornament

Früher habe ich den Bildern das mir Entsprechende entnommen. Dann, als ich endlich niemand geworden war, sah ich in den Bildern alles, was auch ich war; was ich *auch* war

Das sich wiederholende »Reich« der holländischen Bilder: auch jetzt noch ist auf den Grabsteinen der in Mauthausen umgekommenen Holländer das Reichswappen eingraviert, und über den Namen steht: »Königreich der Niederlande«, mit dem Wahlspruch: »Je maintiendrai«

Der Hain als die Mitte (Mittelgröße) zwischen dem verkleinerten bloßen Modell und dem Riesengebiet: solche mittleren Naturformen, wenn sie nicht künstlich verkleinert wurden, sind ein natürliches Muster und wirken dadurch hainhaft. (Aber das Wort »Hain« müßte im Text ganz beiläufig kommen, nicht als Charakterisierung eines Orts, nicht als Metapher, auch nicht als Zeigewort.) Im Hain vergeht mir jede Lust; dafür wird Freude möglich

Endlich habe ich wieder die Gewißheit, daß das Schreiben für mich das Richtige und Einzige ist: d. h., die Aufschriften wie »Fleischer und Selcher« usw. betreffen mich nicht mehr

Der Triumph des Schreibens (nie des Redens) ist ja immer wieder das: »Jetzt habe ich die Wahrheit gesagt!«

Das Unheimliche brauche ich nicht mehr, das Böse will ich nicht mehr, das Unglückliche ertrage ich nicht mehr

Der Priester in der Kirche drängte plötzlich, mitten in der Messe, uns alle aus dem Raum und rettete uns so vor dem Nichts (zwei Arten von Träumen sind mir die nachwirkenden, die Wahrträume: die von »uns allen«, und die in Farbe)

Ich stehe vor einer Entscheidung: zur – täglichen! – Formarbeit, bis ans Ende (und jedenfalls soll dieses Jahr das Jahr meiner menschlichen Anstrengung werden)

»Und wußte von der Metaphysik, was man in jeder Epoche davon wußte: d. h. sehr wenig« (Voltaire, Zadig). – Und es wird daneben immer gelten: »Et quid amabo, nisi quod rerum metaphisica est?« (de Chirico)

Sprachlich materialistisch idealistisch schreiben

Nach langem Blicken in den Himmel zeigte sich auf der Erde viel Raum; aber am tiefsten und ruhigsten in den Himmel schaue ich doch mit einem Blick auf die Erde: in einen Teich. Die Stirn dann an einen Baum gelehnt, und das Herz beginnt zu schlagen

Ich brauche keine Einfälle: was mir einfallen muß, sind allein die richtigen Verknüpfungen

Ich sagte etwas, und du wurdest neugierig und riefst: »Erzähl!« – Dabei hatte ich es schon erzählt

»Zadig begann zu glauben, daß es nicht schwer ist, glücklich zu sein... Zadig sagte: Ich bin also endlich glücklich! Aber er irrte sich.« (Voltaire konnte mit der reinen Vernunft noch Geschichten erzählen; fünfzig Jahre später mußte es schon heißen: »Vernünftiger leer geweitet«)

Ich freue mich am Außen, des Außen. Am Außen aber kann ich mich nur freuen, wenn es friedlich ist. Also werde ich für ein friedliches Außen sorgen: die Moral der Geschichte, die Moral des Erzählens

Die Beruhigung kommt erst, sowie ich weiß, daß, was ich gerade tue, ich auch für jemand anderen tue – das ist keine vorbedachte, gesuchte, gewollte Moral, sondern eine Gefühlstatsache. Die ideale Schreibhaltung ist das »Ich sage euch«

Das Problem bleibt, daß ich das Wirkliche immer wieder nirgends sehe und dann geradezu verkrampft nach einem Überwirklichen, Magischen usw. Ausschau halte: ich suche im Gewohnten zu sehr das Bild (das Magische ist eine Verengung; Zeichen meiner Verengung)

Ich muß die Visionen in der Sprache *materialisieren:* als allgemeine Erfahrungen kenntlich machen

»L'Être éternel« (Voltaire): französisch sind Sein und Wesen dasselbe. Ersparen sich die Franzosen so all die müßigen Gottesbeweise?

»Du hast viel Glück gehabt.« – »Ja, aber ich war doch auch oft begeistert.«

Die Pflanzen übernehmen im Kreisen des Jahres voneinander die Farben: die Haselkätzchen verschrumpeln allmählich bräunlich farblos, aber ihr vormaliges helles Gelbbraun erstrahlt dafür *dahinter* an den Weidenkätzchen, und deren Farbe dann an den Birkenkätzchen...

Vom Bösen kann man gehetzt (»jazzig«) schreiben (es ist von selber suggestiv), das Gute muß man ruhig sagen

In so viel Literatur: das bloße Nach-Weh

Jemand lebt, arbeitet, wartet, mit allem Einsatz, auf etwas zu; und was gelingt ihm dann vielleicht? – Eine Wiederholung. – Sonst nichts? – Sonst nichts. – Und macht das den Sich-eingesetzt-Habenden, Gewartet-Habenden, Gearbeitet-Habenden, von seinem Wiederholen Begeisterten nicht lächerlich? – Nein. (Vielleicht gibt es in der Literatur also doch Meister: die Meister der Wiederholung. Und vielleicht gibt es doch eine Art Sieg: etwas festgestellt, etwas *behauptet* zu haben)

Eines muß das andere geben: Denken / Liebe / Gedicht: *Ich denke begeistert / doch ermangelnd der Liebe / und möchte ein Gedicht für dich schreiben*

Keinen Berg mehr sehen am Ende des Arbeitstages! Nur einen kleinen Stein, für die Stirn

Am beiläufigsten, und episch, wird eine Geschichte, wenn ihre Philosophie in den Zeitwörtern bleibt, und dort in der puren Erzählung verschwindet

Alles wird gut, wenn ich jemandem einen Vorschlag machen kann (ich meine nicht die Vorschläge Brechts). Schon lange leben wir ohne Vorschläge dahin. – Ich will den Vorschlag machen, daß das, was ist, bleibt. – Wer aber macht mir einen Vorschlag?

»Das Sein der Ideen ist die Daseinsform des Denkens« (Spinoza); und die höchste Idee (»die Idee ist der Begriff des Geistes«) ist ein Vorschlag. Ein Vorschlag ist mein höchstes Bedürfnis geworden. Meine Freude wird ja nicht möglich durch ein »Sein«, sondern daraus, daß dieses sich mir als eine Daseinsform zeigt, und weitergebbar wird. Schreiben ist erst die Daseinsform meines Seins. Es erst sagt mir: »Ich bin da«

Zum Wesen des Vorschlags gehört sein Ernst, und daß es ein Vorschlag zur Güte ist

Humor nur im Zusammenhang!

Bedrückend sind die Bilder und Bücher, wo man keine Entscheidung und kein Eingriffsverlangen sieht

Im Lauf des Lebens wird das Bewußtsein fähig, zu folgern: *da* konnte ich so sein, *dort* wurde ich so, *damals* erlebte ich diese Ungeheuerlichkeit; – und dieses Folgernkönnen des Bewußtseins begründet mit der Zeit, allmählich, den Geist. Also ist dieser das Folgernkönnen des Bewußtseins im Lauf der Zeit und in der Flucht der Räume, das Folgern- können der armen Seele, die dadurch der reiche Geist wird

Ohne Gegenstand keine Erschütterung: Sprache oder Farbe ohne Gegenstand erschüttert mich nicht, es sei denn, die Farbe ist das Schwarz oder Fast-Schwarz von Mark Rothko (bei Kandinsky etwa gab es kein Zittern – Zucken – der Dinge mehr; die Windungen dann seiner späteren Zeich- nungen: war das nicht Ausdruck eines Leidens, nicht mehr zu den Dingen zurück zu können?)

Die Mühe des Schreibens: ein Wort schwirrt auf aus all dem Sprachmist und setzt sich wieder, aber an den richtigen Ort

»Die Ordnung und Verknüpfung der Ideen ist dieselbe wie die Ordnung und Verknüpfung der Dinge«

Ja, Cézannes Bilder sind Farben und Formen tauende und regnende Himmelsbilder; und es ist nicht, wie auf den Barockbildern, der Himmel im Himmel, sondern der Himmel auf Erden: die Kumuluswolke entspricht der Birke, und die Birke wiederholt die Kumuluswolke

Weil ich mich kenne, bin ich vorsichtig (dritte Stufe in der Folge von Wiederholung: 1) Sinn dafür; 2) Kraft dafür; 3) Vorsicht dabei)

»Ah! Wenn es schon Geschichten geben muß, so sollen diese Geschichten wenigstens das Emblem der Wahrheit sein! Ich mag die Geschichten der Philosophen, ich lache über die der Kinder, und ich hasse die der Fälscher« (Voltaire)

Das Glück des richtigen Worts kennen die meisten der Schreibenden nicht, wohl aber alle Leute aus einem schwierigen, dramatischen Gespräch

Ein Vogel schwirrte ins Gebüsch, schwarz-weißgelb. O ja! Ich kann beiläufig sein im Schreiben, sollte aber nichts mit beiläufiger Sprache übergehen

Noch einmal: Meide das *Sprach*denken, bleib bei den Dingen und ihrem Schein. So *wird* die wirkliche Sprache, so wird die Sprache wirklich. Nicht der Sprache nachdenken. Und gerade beim Schreiben bin ich am wenigsten in der Gefahr des die Dinge verratenden Sprachdenkens. Dieses soll nur die Kontrolle sein; wenn es aber das Geschriebene selber ist, ist es falsch. (Wie behalte ich das Leben? Durch eine Form. Wie entsteht eine Form? Durch Treue zum Erlebten.) Und die Dinge? Ich bestimme sie, im mir gegebenen Kreis

Eine Lehre ist immer eine Erleichterung

Die Bilder Cézannes sind notwendig. Deswegen war er aufgeregt. Deswegen sind die Bilder ruhig

Zu denen, die, wohl- oder übelwollend, sagen, ich beschriebe ein »Zurück«: Nein, ich gehe den Weg. Schreibend sorge ich für den Weg, den ich gegangen bin

Als Goethe Grillparzer 1826 an der Hand ergriff (um ihn ins Speisezimmer zu führen), brach dieser in Tränen aus; und Kafka hat dann die Ziegel von Goethes Haus gestreichelt

Im Nachtsturm kamen unter feierlichen, zugleich sehr leisen Trompetenstößen die Dinge näher. Die

Hagelkörner sprangen im Gebüsch wie Spielkugeln. Der Schnee bildete von einem Augenblick zum andern auf der Erde eine weiße Fläche. Ein einzelnes Hagelkorn leuchtete weit weg in einer Astgabel. Ja, auf den Gang in den Großen Wald möchte ich die ganze Menschheit mitnehmen (und mit aller Ruhe die ungeheuerlichsten Dinge sagen, vom brennenden Dornbusch bis zum Palmwedel, »novi et aeterni testamenti«)

Am Schluß einer Erzählung müßte erreicht sein, daß die bloßen Wörter für die Dinge stehen können

»Und«: Die Vögel sangen in der Dämmerung, und in meiner Brust breiteten sich Zedernäste aus

Ich sah – es war ein Gesicht – *die Erzählung:* sie spielte naturgemäß draußen im Freien (und ich flüchtete vom Schreibtisch und sprang mit der Stirn nach einem Zweig voller Regentropfen)

Gerade habe ich »Die Lehre der Sainte-Victoire« beendet; und ich sitze auf dem Baumstrunk draußen in der Sonne, die Katze in einigem Abstand daneben. Wie schön unauffällig sie mir Gesellschaft leistet! Ich blicke ins Innere einer Lilie und höre das erste Gesirr der frisch geschlüpften Wespen, und eine Amsel springt aus dem tiefen Gras wie ein Delphin. Das Wort »Wonne« fehlt noch in der Geschichte! Die nicht Geist werden, sind insgeheim wahnsinnig. Und doch habe ich mich nicht in Ruhe gedacht: dazu gehörte auch die Liebe; und so möchte ich als nächstes ein Werk der Liebe schreiben. Das heißt: ich will die neue Verwandlung, damit »der Gott in mir« nicht »arm und verlassen« bleibt!

Ein Bleistift fiel zu Boden: Geräusch von etwas sehr Kleinem und sehr Liebem

Der böseste Vorwurf, den man an sein Kind richten kann: »Ich weiß nicht mehr, wer du bist!«

Bestätige, wiederhole, stelle fest, füge ein paar Buchten und Mäanderungen hinzu: das ist die Kunst

In die Frühlingswiese kamen immer wieder die Schneeflocken geflogen; dann lag der zarte japanische Schnee im Hellgrün der Bäume

Die von einem Menschen erreichte Schönheit ist ergreifend, die Naturschönheit nicht

Das Kind erzählte, es sei seltsam, daß, wenn es *allein* in einem Geschäft etwas kaufen wolle, man es jedesmal in den Keller oder in die erste Etage schicke (und jetzt die Kindergeschichte)

Die Schultaschen werden immer bunter, und die Häuser werden immer einförmiger: die Kinder mit den bunten Schultaschen verschwinden in den einförmigen Häusern

»Ich schreibe jetzt meinem Freund, dem Menschen, einen Brief, und er wird ihn lesen. Das ist alles.« (Ludwig Hohl)

Ich sah im Traum die Landschaft, die ich beschrieben, in ihre Folge gebracht und neu zugänglich gemacht hatte, als mein sonniges Wappenschild in der sie umgebenden Finsternis liegen, und ich hob das Schild auf und hielt es mir vor die schmerzende Brust (den großen Wald)

Immer, überall, in allen Gegenden steht ein einzelnes Kind da als das Gekränkte, Beleidigte, und ruft von weitem den anderen, seinen Beleidigern, ein trauriges, schwaches Schmähwort nach: Augenblick der Zuneigung, und Augenblick des ewigen Schreibens. Ich bin begeistert von jedem Traurigen, von Anfang an!

Das Schreiben muß sich ereignen am Rand der Verzweiflung *und* am Rand der Seligkeit (aber immer nur am Rand); und die Worte dann müssen ans Wunderbare *grenzen*

Ein schlechter Schriftsteller ist ein Tunichtgut

Der Geist will sich immer schmücken (mit einem sanften Schmuck). Und wenn du den anderen nicht als Geist gegenübertreten kannst, dann besser gar nicht

Die Kinder wollten, daß ich etwas über die Schule und die Lehrer schreibe, »aber mit Namennennung!«

Nein, es ist nicht Kriegs-»Angst« in den Zeitungen, auch nicht »-Sehnsucht«, sondern tatsächlich »-Geilheit«

Die Kinder sind so selten wie die Heiligen

»Die Schuld« heißt: den Geist versäumt zu haben, im Moment von dessen Möglichkeit. Das Problem ist freilich, daß ich den Geist nie lange aushalte: wäre jemand da, könnte er, ohne zu verschwinden, sich zu Liebe mildern

Wer gibt die Kultur weiter? Es geben die Kultur nur weiter, die lieben, und dadurch gibt es die Kultur. Die anderen verschlingen, ereifern sich (vielleicht), begeistern sich (selten) – aber sie geben, lieblos, nichts weiter. – Und es kommt doch jeden Tag der Moment, da ich der Rettung durch Liebe bedarf: es ist nicht nur »Liebe«, sondern »Rettung durch Liebe«

Die Kunst ist das Große Spiel (es gibt natürlich viele kleine); oder besser: die Kunst ist das zwingende Spiel

Manchmal, wenn die Leute, auch hierzulande, in den Gastgärten an den Tischen sitzen und es zwischendurch still wird und nur noch ein Vor-sich-Hinschauen jedes einzelnen stattfindet (es ist ganz und gar nicht jene »Totenstille beim Heurigen« Horváths), denke ich: die Menschen sind durch und durch sanft, erschütternd sanft, und vor allem: ganz und gar, endlich wieder, unverständlich, weder filmisch noch literarisch belangbar. – Ja, taste mit dem, was du aufschreibst, niemanden an, greife in niemanden ein, halte aber die Sätze für jedermann offen, allen zugänglich (»Ich brauche nur Ihren guten Willen!« sagte Esch zu Sorger). So wäre das Schreiben das pure, unbefleckte Handeln, und doch ein Handeln: es soll die Leute unantastbar machen, unantastbar erhalten

»Unbedingt aus Tugend handeln ist nichts anderes in uns, als nach Anleitung der Vernunft zu handeln, leben, sein Sein erhalten – diese drei Ausdrücke bedeuten dasselbe –, und zwar aus dem

Grunde des Suchens nach dem eigenen Nutzen«
(Spinoza, Ethik)

Als sei im Lauf des Jahrhunderts alles Schöne verwaist, stehe aber immer noch da – stehe da und sei
verwaist: es gibt keine Gäste dafür (»was die Seele
sei, das frage deine Gäste«!)

Der Stoff der Stoffe ist doch die Sprache: am
schwersten zu bearbeiten; am unauffälligsten –
und am glänzendsten (als Nachglanz) – im Ergebnis

»Gib mir zu lesen«: das wäre ein Gebet

Heute im Gewitter: ich war wieder einmal gar
nicht zum Sterben bereit

Vorschläge mache ich nicht mit Vorschlägen, sondern mit Werken

Im sich drehenden Sternenhimmel der Vogelrufe
erschien heute das Krähengeschrei (die Krähen
sind die Hunde unter den Vögeln)

»Wir sind naturforschend Pantheisten, dichtend
Polytheisten, sittlich Monotheisten« (Maximen
und Reflexionen): dieses Gedicht will ich auswendig lernen

»Indem ich älter werde, fühle ich mich, im Gegensatz zu anderen, entflammt von einer großen Sehnsucht, Gutes zu schaffen«, schrieb Poussin, am 30. Oktober 1644. – Und vier Jahr später: »Aber ich fürchte die Bösartigkeit des Jahrhunderts«

»Die ungeheuerlichste Kultur, die sich der Mensch geben kann, ist die Überzeugung, daß die andern nicht nach ihm fragen« (Maximen und Reflexionen)

Ich saß in der Sonne, und die Löwenzahnkugel zu meinen Füßen war die Kuppe, auf die ich durch das Tätigsein gelangt war, und auf der ich mich, jetzt, ein bißchen ausruhte. Auch der Löwenzahn war eine Sonne, eine kompakte, kühle, kleine. Das Brunnenwasser im Hintergrund flatterte in der Sonne als Schmetterling. Zwei tatsächliche Schmetterlinge kamen dazu und flogen gemeinsam weg, als Vogel

Goethe kann gegen Schluß seines Lebens (Maximen und Reflexionen) manchmal sagen: »Ich verdamme«, oder: »Ich verfluche«

»Hast du denn gar keine Achtung vor deinen Eltern? Weißt du überhaupt, was Achtung ist?« – »Vorsicht.«

Meine Vorurteile gegen die Engländer: Sie stellten ihr Sprechen aus, als sei es das Sprechen überhaupt; und: Wenn sie nicht ganz vertrocknet und selbstgerecht seien, seien sie heilandmäßig exaltiert – und das komme daher, weil ihnen als Inselbewohnern das Bewußtsein der Grenze, als etwas Dunklem, fehle. – Aber dann steht bei D. H. Lawrence: »Gott sei Dank, ich bin immer klein genug, meine Strümpfe zu stopfen und meine Tasse zu waschen.« (Und derselbe sagte zu Goethe: »G... *begann* unzählige Freundschaften und kam nie über das Gruß-Stadium hinaus...«)

»Die Welt ist herrlich, wenn man den Menschen meidet – weshalb ihn also nicht meiden?« (Entspricht meinem: Wäre die Welt menschenleer, würde ich mich sofort an einen Gott wenden, so aber...)

Nicht der ist wirklich, der die Kindheit ständig zitiert, sondern der, sie wiederfindend, sich erzählt

»Gerade das, was ungebildeten Menschen am Kunstwerk als Natur auffällt, das ist nicht Natur (von außen), sondern der Mensch (Natur von innen)« (Goethe)

Erst wenn mein Körper *ganz* sein kann – »ganz ausgedehnt«, Spinoza –, spüre ich einen Geist

(empfinde ich mich als Geist); der weitet mich
dann und entspannt mich, spürbar

Kunst ist kein Nachahmen, sondern ein Abtrotzen

»Ich sage, daß wir handeln, wenn etwas in uns
oder außer uns geschieht, wovon wir die vollentsprechende Ursache sind. Dagegen sage ich, daß
wir leiden, wenn in uns etwas geschieht, oder aus
unsrer Natur etwas folgt, wovon wir bloß eine
Teil-Ursache sind«.

In der Erzählung müssen die Farben und Formen
wiederauferstehen

Der Schaffner stieg aus dem stehenden Zug und
rief den Namen der Station: »Poggio Rusco!«;
und die Bäume des menschenleeren Orts bewegten sich heftig im Wind

»Unser Geist tut manches, manches dagegen leidet er; sofern er nämlich vollentsprechende Ideen
hat, insofern tut er notwendig manches, und sofern er nichtentsprechende Ideen hat, insofern leidet er notwendig manches«

Sowie ich mich dramatisiere, führt mich das ins
Elend. Nur wenn ich mich episch sehe, bin ich

Das Vergnügen, eine schwangere Frau zu sehen, die springlebendig ist und sich eine helle Hand auf den Bauch hält

Das ist das menschliche Epos, das sind die wirklichen Sachen: die Leute stehen an der Bushaltestelle – der Bus hält ein bißchen zu weit vorn –, und die Wartenden gehen ihm nach und steigen ein, Tag für Tag, im Inland und im Ausland, in diesem System und in jenem, im »Feindes«land und im »Freundes«land

Nach der Todesangst, die so stark gewesen war wie noch nie, begriff ich plötzlich den Ausdruck ANIMA CANDIDA: nur eine anima candida, eine reinweiße Seele, kann vom Tod nicht geschwärzt, verdüstert, verdunkelt werden – und aus den Grathöhen der Todesangst kehrte ich heim in die schönen Niederungen des Lebens, nur noch Hitze in der Brust statt des Grauens, und saß draußen im Freien, im leichten Regen, der nun das mir Angemessene war: im Regen draußen war ich im Leben, und die Vorbeigehenden übersahen mich. Die Süßigkeit des Lebens war zurückgekommen mit einem kleinen, einzelnen Vogelruf: anima candida! (Wieder einmal feiere ich: eine überstandene Todesangst)

Ein fremdes Gesicht anzuschauen, müßte heißen: es entdecken – nur so dürfte ich in es hineinblicken

Du möchtest gar nichts wissen, du möchtest nur informiert sein

Eine Frau in einem fahrenden Omnibus und ich warfen einander einen kurzen epischen Blick zu

Eine leichte Dunkelheit in dein schönes Gesicht, und es wäre die Wahrheit!

Wer etwas weiß, der zeigt sich (»kehrt sich hervor«): glaub nicht den Stillen im Lande

Wenn den Papst das Leid der Menschheit wirklich beträfe, wäre ihm schon längst das Herz in der Brust zersprungen

Die Grenzen zwischen den einzelnen Ländern sollten wieder geschlossen werden

Die ersten Regentropfen waren wie Kirschenflekken auf der Straße. Eine Taubenfeder schwebte lange weiß vor dem Himmel und verschwand dann in einem Blütenkelch. Unter dem Flugzeug zog ein Regenschauer vorbei wie ein bespannter Webstuhl. Eine Frau schüttelte ein Tuch aus. Eine Katze stieg auf einen Zaunpflock. Es ging hoch her.

Ein Mann trat aus der Werkstätte, die Brust behängt mit Sägespänen, als der gerade gestorbene Marschall und Politiker, von dem ich gerade gelesen hatte: »Ich habe niemanden gekannt außer…, der mit einem solchen Gespür für Gefahr begabt gewesen wäre. Sein Sinn für Gefahr machte ihn tief mißtrauisch gegenüber den Theoretikern«: Satz, durch den ein Politiker mir einmal nicht bloß im Traum nahe kam

Ein Held ist sichtlich allein; aber er hängt sich nicht an sich

In der Messe fiel der Satz: »Gib, daß aus dem Glauben ein Schauen werde«, und die Erschütterung über diese Anrufung war so stark, daß ich sofort hinaus ins Freie mußte (»und führe euch vom Glauben zum Schauen«: so hieß es richtig)

Ich empfinde Liebe – und will für das Geliebte arbeiten

Kunst muß doch, entgegen dem Spruch: »…das Gegenteil von gutgemeint«, zuerst *gutgemeint* sein, das Können folgt daraus. Die meisten bleiben beim bloßen Können (es gibt immer mehr fürchterliche Könner)

»Sodann, glaube ich, wird wohl jeder schon die Erfahrung gemacht haben, daß der Geist nicht immer gleich fähig ist, über denselben Gegenstand nachzudenken, sondern daß, je fähiger der Körper ist, das Vorstellungsbild dieses oder jenes Gegenstands in sich entstehen zu lassen, umso fähiger auch der Geist ist, diesen oder jenen Gegenstand zu betrachten«

Die Kinder verfertigten Waffen aus Holz: Pfeil und Bogen, Keule, Lanzen, »Schlangenfänger« (gegabelter Stock): erst wenn die »notwendigen« Dinge gemacht wären, käme das Schnitzen eines »Kunst«gegenstands dran. Aber der, sagten die Kinder, würde dann »die Krönung« sein

Kinder sind fähig, aus dem Sitzen sofort zu laufen

Kaum ein Erwachsener kann mehr lachen (aber sie lachen natürlich viel)

Ich bin doch immer wieder von der Wahrheit erfüllt: also muß diese eine Folge kriegen, die Schönheit: welche die »Mitteilung« der Wahrheit wäre

Statt »natürlich« muß es manchmal heißen: »zwangsläufig«

In den Rechenaufgaben heute ist immerfort von
»PKW's« die Rede; »zu meiner Zeit« wurde in
den entsprechenden Aufgaben noch viel zu Fuß
gegangen

Die Vogelansichtstafel im Wald ist entfernt worden, und ringsum zeigen sich endlich die Vögel

Ich stelle mir vor, daß viele Leute im offenen Türspalt noch ein bißchen lächeln und dann, bei ge-
schlossener Tür, sofort Sterbensgesichter kriegen

»Und«: Drinnen im hellen Haus das finstere Kla-
vier, und draußen unter dem allgemeinen hellen
Grün die Blutbuche

Mutter und Kind kamen auf dem üblichen Weg
gelaufen, und der Vater keuchte auf der Abkür-
zung. Sie trafen zugleich aufeinander und lachten
(die selbstverständlichen Parabeln)

Das Kind tanzte für sich auf der großen Tanzflä-
che. Dann tanzten da auch seine Eltern, und das
Kind tanzte allein daneben weiter (die selbstverständlichen Parabeln)

»Mein Naturell hält mich dazu an, die wohlgeord-
neten Dinge zu suchen und zu lieben, und die Ver-
worrenheit zu fliehen« (Nicolas Poussin)

Das Kind wollte von einer Turnübung in der Schule befreit werden und verlangte vom Erziehungsberechtigten eine Entschuldigung. Was aber sollte als Grund angegeben werden? – »Dir wird schon etwas einfallen, du bist doch Schriftsteller.«

Wie vieles beim Suchen dem Gesuchten ähnlich sieht

Dein Persönliches halt nur fest, wenn du es als Gedicht erlebst

Liebe: Bild *und* der besondere Gegenstand; Haß: Bild *ohne* den besonderen Gegenstand

»Die wahrhafte Religion müßte die Größe lehren...« (Pascal)

Niemand kann mich belehren, aber viele können mir Winke geben (Die Lehre der Sainte-Victoire)

Ein Kind kann man trösten, eine Frau nicht (und trösten kann ich); ich will natürlich (zwangsläufig?) in allen die Kinder sehen

Der erste Blick für die Liebe Bestimmter müßte humorvoll sein; und dieser Humor des ersten Blicks müßte dann immer fortwirken. »Wir spielen ein altes Spiel!« Sie beide, zur Liebe fähig und auf Liebe aus, erkennen einander durch Humor

Die Kindergeschichte muß eine – unauffällige – Dramatik haben; es dürfen keine Bilder sein, sondern es muß eben eine Geschichte sein. Die Dramatik: die Geschichte muß schwanken zwischen Gefahr und Hoffnung, dem Tragischen und dem Tröstlichen (so wie ich eben von Beginn das Kind gesehen habe)

Badt über Poussin: »Für Poussins Kunst ist die Gruppe in ganz besonderer Weise bestimmend; weil sie nicht das Ende, sondern den Ursprung und somit das Wesen seiner Bilder ausmacht«: und so sah auch ich das Kind und mich von Anfang an als »Gruppe«, am stärksten, tiefsten, spruchreifsten damals »mit ihm allein«, »in der Nacht des Jahrhunderts«

»Das Neue an Poussin war die Kunst als Hymnus feiernder Rühmung«

Schon lange habe ich keine Mutter mehr gesehen: schon lange habe ich keine Frau mehr gesehen, die ihrem Kind einen Liebesdienst erwiesen hätte. (Ich kann die »modernen« Mütter nicht dulden, mit ihren vor den Leib geschnallten Kindern; nur in den Armen ist die wärmende Wärme. – Als ich die neben mir fragte, wie sie ihr Kind tragen würde, kreuzte sie die Arme über der Brust; es waren die Arme, keine Elastikbänder)

Alles, was ich an Nicht-Objektivem, Nicht-Gültigem denke, bedrängt mich und macht mich krank; und Objektivität ist: Mäanderung

Kindergeschichte: nicht denken: »In mir ist Liebe«; sondern: In mir ist die Geschichte (auf diese kann ich mich verlassen)

Ich wurde von einem amerikanischen Richter zum Tod verurteilt und verweigerte das Gnadengesuch; stiller Triumph des Träumers. (Die Träume sind meine Beglaubigungsschreiben)

Ein Betrunkener sagte gerührt zu einem Spatz auf dem Weg: »Ein Heuriger!«

Ein Kind *ist* die Welt. Es ist kein Vorsatz nötig zur Verteidigung der Welt

Glück: schmerzerwartend

Warum nicht für das Reden vom Menschen die Gestalt einer Blume zum Maßstab nehmen?

Die Strenge eines Gesetzes *und* die Leichtigkeit einer kleinen Abschweifung: so die Geschichte des Kindes schreiben

Die meisten sehe ich als Wegelagerer, nur insofern von Nutzen, als sie mir den Weg bewußt machen

In einer Erzählung muß auch das Dringliche sein: die Änderungsforderung

Wie freudig sich alle an ihre Kindheit erinnern, und besonders daran, daß die Erde uneben war

Die Frau ließ den Schnuller über dem liegenden Säugling schweben wie ein Damoklesschwert (von manchen Säuglingen, wie sie da liegen und von den Müttern durch den Tag kutschiert werden, während die Väter irgendwo sind, kann ich, auch ohne den Vater zu kennen, sagen: »Ganz der Vater!«)

Das Problem der großen Künstler: sie haben das Höchste erreicht und durften doch nichts machen (hatten nicht die Macht); »Cézannes Bilder verlangen zu herrschen«, sagt Kurt Badt

Ich darf es schreibend nicht so weit kommen lassen, daß ich einzelne Wörter gegeneinander abwäge – ich muß das einzig richtige Wort wortlos erwarten. Beim Schreiben muß, Satz für Satz, nur die innere Stimme sprechen. Und was ist die innere Stimme? Es ist die äußere Stimme, etwa die der Vögel. Horch auf die äußere Stimme, es ist die innere

»Es bleibt also nur die Arbeit, aber nichts gefährdet sie mehr, als sie so deutlich als einziges inneres Auskunftsmittel zu erkennen« (Walter Benjamin an Gershom Scholem, 1933)

Mein Fehler ist es immer wieder, daß ich das Undenkbare (das Unerforschliche) denken will, statt es »schweigend zu verehren« (Goethe)

Jedes Wort muß freigedacht werden zum Schreiben; vor allem die Zeitwörter

Die Grundschwierigkeit eines »Werks«: es muß jedesmal aus dem Nichts gehoben werden und ähnelt während des Entstehens oft diesem Nichts

»Geliebtes leuchtet durchs Gedränge« (Faust): entspricht jenem Orakel in mir: »Schau auf den leeren Boden im Gedränge«

Schreiben: weder »auffallen« soll mir etwas noch »einfallen«: sondern das Auffällige muß zugleich ein Einfall sein

»Die Struktur dieser, die Fragen weghebenden Antwort ist es, die Kafka gesucht und manchmal wie im Fluge oder im Traum erhascht hat« (Benjamin an Scholem)

»Ich kann« ist: »Ich habe Zeit« (Nietzsche zu Schiller: »Der arme Schiller, der keine Zeit hatte und keine Zeit ließ«; so wie Epikurs: »Manche sterben, ohne sich je Zeit genommen zu haben«)

Nur das Essentielle aufschreiben – aber dieses muß doch ausführlich schwingen

Der Geist ist nicht in der Sprache – aber nur schreibend erreiche ich ihn (oder komme ihm zumindest näher)

Es gibt welche, deren einzige Fähigkeit das Wittern ist (das etwas ganz anderes ist als das Ahnen); und manchmal wittern sie falsch

Alle Lektüre hat keinen Sinn, wenn sie nicht die Tagtäglichkeit lehrt (das ruhige Erleben der Tagtäglichkeit)

Die Wahrheit ist berückend

Warum lerne ich, was ich im Schreiben doch gelernt habe, das Absetzen, im Leben nicht?

Ideen habe ich auch, wenn ich sie nicht schreibend praktiziere; aber wenn ich sie nicht schreibend praktiziere, sind sie falsch

»In Widersprüchen erzählen«: das wäre die ideale, natürliche Erzählung von einem Menschenleben; aber als Vor-Bild für die Erzählung dienten doch die Formen der Berge, der Bäume, der Flüsse

Ich ging an einem fremden Haus vorbei und dachte: Wehe, wenn da kein Kind wohnt! (Und blickte auf die am Eingang abgestellten Schuhe)

»Ist es nötig, anzumerken, daß Heiligkeit eine dem Leben vorbehaltene Ordnung ist, der das Schaffen unter gar keinen Umständen angehört?« (Benjamin an Scholem, 1938; ich las das erleichtert; denn so heilig mir das Schreiben ist, so schurkisch komme ich, als Schreiber, mir dabei immer wieder vor)

Die Kellnerin stand dunkel, und der Glasaschenbecher an ihrer Hüfte gleißte. Hätte eine Frau mich nur einmal richtig im Blick – ich glaube, ich würde ihr sofort folgen. – Warum suchst du mich nicht, / daherschlendernd aus der Sonne, / und beanspruchst mich, / Sonnenfrau? / Ich habe gerade Zeit

Juli, »Monat des chinesischen Bleistifts«! (Die Geschichte des Bleistifts: Natur – Liebe – Schrift; und ihr Motto: Langsam – in Abständen – stetig)

Ich bin oft genug sprachlos: Ja, »oft genug«, um zu wissen, was Sprache ist

Ich bin mit der Zeit durch und durch Schriftsteller geworden, weil ich mich schreibend verlangsame (die Verlangsamung ist eine Entfaltung)

Die Ballspieler redeten sich auf den »Gegenwind« heraus. Dabei waren es ganz kleine Kinder

Im Poetischen muß auch das Überredende drin sein; es genügt mir nicht, bloß gelassen etwas hinzustellen. Deswegen bin ich »der Gehetzte«

Viele können nur unernst spielen, und zerstören das Spiel; lieber will ich nicht spielen

Auch bei der sinnvollen Tätigkeit glaube ich doch dazwischen immer wieder, ganz Sinnloses zu verrichten – weil die sinnvollen Tätigkeiten so viel Zeit beanspruchen

Nach guter Arbeit: das Rauschen des Weins und das Rauschen der Bäume, aus dem ich dann wieder, wie einst die Griechen, die Orakelsprüche heraushöre! Der Lohn der Erzählung ist die Erzählung; »...der ersten Welt gehörst du einzig an«: und endlich bin ich so weit, in der Kindergeschichte

»Es fing damit an, daß...«; »Das ganze Jahr über...«; »Und nicht lange nachdem...«: so erzählt Thukydides die Historie: d. h., so verknüpft er

Wenn ich, begeistert, nur zugleich sachlich sein könnte – die »junonische Nüchternheit«: bleu sie dir ein! »Stop die Leidenschaft – gib Ausdruck!« hieß es im Traumtelegramm

Manchmal die Vorstellung, ein Schriftsteller hätte vor allem die eine Pflicht: eine Landschaft zu verewigen. – Aber wie? – Mit den Geschichten von Menschen

Wo ich schreibe, bin ich (inzwischen) völlig allein. Aber mit mir sind alle guten Geister

Auch wenn es eine Kinder-Geschichte ist: es muß doch episch sein – eben jenes epische Gedicht, das mir (und dir) entspricht

Lakonisch, ja – aber jeweils mit einem ausführlichen elegischen Nachsatz, einem Weiterschwingen: das bin ich, das ist meine Schreibnatur

Die schönen Frauen wissen, was sich gehört (nur sie)

Mit der Kindergeschichte erfahre ich Satz für Satz, Satz gegen Satz, Verknüpfung um Verknüpfung, was Dialektik ist

Wenn die Banausen sprechen, gibt es keine Welt mehr (nur noch Rasenfriseure überall)

Die »Schrift« (Pascal) müßte sein wie ein ewiger, regelmäßiger, warmer, fruchtbarer Regen

»...draußen in Charlottenburg...« (Fontane): gibt ein seltsames Heimweh

Wenn ich mit einem Schritt (auch einem Schreib-Schritt) zu schnell bin (d. h. nicht langsam genug), tut mir sofort die Seele weh

Ein Vergleich für das Schreiben: es hat mit dem Befahren vieler Stromschnellen zu tun, und soll doch eine gleichmäßige Fahrt sein

Eine Arbeit kann nichts taugen, an der ich nicht täglich selber etwas lerne

Ist es nicht doch eine Errungenschaft (statt so oft getadelte »Verdrängung«), daß immer weniger vom Tod gesprochen wird?

Gibt es Freude tatsächlich nur für die Dauer eines »Stichs« – als Stich »Freude«? – Aber manchmal kommt sie dann doch zurück, kehrt wieder, und es gibt dann nichts Stilleres

Gerade habe ich die Kindergeschichte zuende geschrieben – »und jetzt hinaus zum Heurechen!« So fern vom Tod war ich nie – und wenn ich heute abend noch sterben müßte! Unter dem Holunderbusch umkreisen zwei schnaufende Igel einander, eine griechische Sonne glänzt auf ihren Stacheln, wie auf einem Fell. Im Sommerwind steht das ganze Haus da wie eine Sonnenuhr. Die Jasminblätter wirbeln durch den Garten wie Schnee. Aus der Zypresse schweben die Lindenblüten. Die ausgerissenen Brennesseln riechen nach »Wilde Frau«. Der Wegerich, lichtgrün, kühlt neu die Kindheitswunden; und das allerhellste Grün im Garten kommt vom Apfelbaum. Heute ist Sommer! Heute ist die Bleistiftspitze ein aus den Wolken ragender Berggipfel! »Trag mich in den Sonnenaufgang«, sagte die Lady von Shanghai. Und ich habe reinen Tisch gemacht für mein nächstes Jahrzehnt

Das Gesetz der Kunst: Verherrlichung, aber dialektisch (es ist nicht das Goldene Zeitalter, sondern das Dialektische)

Hat im Gedächtnis alles Geliebte, aber gerade von mir Entfernte, nicht die Stimme des mythischen Sängers? (Ich hörte es jedenfalls im Gedächtnis gerade singend)

Ich möchte mit meinem Schreiben den Neid des Gesindels erwecken, und die Sehnsucht bei den übrigen

Die Form erwartet mich (und euch); und sie geht durch und durch

In jedem noch so dummbösen Angriff, der einem entgegengebracht wird, steckt ein guter Satz für die ewige Erzählung

Statt daß ich dankbar bin für den Augenblick, will ich die Dauer und versteife mich

Es gibt welche, die wissen insgeheim alles von mir, bedeuten es mir aber erst im entscheidenden Moment (die Helfer)

Eine »Ahnung« zu haben von einem anderen Menschen: vielleicht ahnt man von ihm Böses – aber die Ahnung selber ist nie böse (und begütigt oft ihren Gegenstand)

»Bei den Griechen hat sich die Tragödie noch nicht völlig von dem epischen Element getrennt, aus dem sie entstanden war, weswegen auch die Schilderung, die Erzählung ein so großes Übergewicht gegen die Handlung hat« (Grillparzer, 1834): ja, aber wäre nicht jetzt das Epische in einem Drama wieder nötig, für die Vergewisserung, und also natürlich (zwangsläufig)? Vergewisserung? – der auftretenden Personen durch Erzählung: »Weißt du noch, wie...«; »Erzähl mir, erzähl mir noch einmal, erzähl mir noch einmal...«

Soll das dramatische Gedicht ein Festspiel sein? – Nein, sein Grundzug ist sachlich (»Sie schrieb mir einen Brief...«); und manchmal wird es festlich sein; und am Ende feierlich (so wie die Geschichte der Menschheit sein sollte)

Frisch wiederholbar ist auch jene Eigenart der griechischen Dramen, *vor* (örtlich) etwas zu spielen: vor einem Palast, vor einem Zelt, vor einem Hain; wobei die Aktionen, die Handlung, das Gewalttätige, dann fast einzig innen, unsichtbar vor sich gehen: »Medea geht ins Haus die Kinder töten«

Die Phantasie durchdringt mich (a), verwandelt mich in Niemand (b), und macht mich zum Sprecher (c)

Für die griechischen Helden ist die Erde »das Reich des Lichts«

Der Entschluß, zu schreiben, ist immer schon eine Trennung von den anderen, und ich bin dann mit dem Himmel allein: *das* ist das Schreiben (war es denn immer so?). – Aber es ist ein großer reiner fruchtbarer Himmel

»Und nicht, daß einer herrschen will, tadle ich, sondern wenn einer zu schnell bereit ist zu dienen« (Thukydides)

Oft in den griechischen Dramen geschieht eine Ansprache an die versammelten Leute zusammen mit einer Anrufung von deren Ort: »Ihr Frauen von Trozen, die ihr den letzten Vorhof bewohnet in des Pelops Land…«

»Dreierlei braucht's zu gutem Kampf: wollen, sich schämen können und den Oberen gehorchen« (der Feldherr Brasidas bei Thukydides)

Zu einem großen Drama gehörte ein himmelschreiendes Unrecht. Was wäre das aber heutzutage: der (insgeheime, nicht vom Gesetzbuch zu bestrafende) Mord an den Eltern? das Prahlen mit der Unschuld? die Heuchelei der Überlebenden?

Soll das dramatische Gedicht die Geschichte von mir und meinen Geschwistern sein? – Nein, gemessen an dem, was ich mit meinen Geschwistern erlebt habe (und sie mit mir), soll es eine Große Erfindung sein

Am Schluß des Dramas wird es zur Apotheose der Kunst kommen (und mit ihr der Menschen); eine Göttin soll erscheinen und den Trost verkünden, so wie einst: »Nicht bestimmt ist es, daß dein und mein Geschlecht so ganz vernichtet sei...« – Ja, so aus der Tiefe der Erde und der Meere, wie da Thetis den Peleus am Ende zum Gott *erklärt*, müßte auch jetzt wieder frisch gesprochen werden: ein Schauspiel für Götter (und arme Menschlein)

In den griechischen Dramen wird viel geschrien – und viel Geschrei wird falsch ausgelegt

Immer wieder auch der weissagende Todgeweihte: der Sterbende erhält die Kraft zur Weissagung. Selbst der ärgste Bösewicht bekommt, todgeweiht, *das Sagen* (und das ist Materie!)

Die Klassiker: ich habe meine Genossen gefunden (und will jetzt nicht mehr lockerlassen)

Die Grundredehaltung des Dramas muß sein: freundlicher Zorn. Und es soll viele Wenden und

Wendungen geben; dabei aber gleichmäßig bleiben

Die Griechen klagen und rächen; sie klagen, aber sie rächen

Jeder soll alles sehr ruhig, voll und ausführlich sagen. Vermeide falsche Lakonie-Repliken (Goethe: die Krönung des Dramas ist die »Wechselrede« – nicht der Schlag-auf-Schlag-Dialog, das Technische)

»Das Häßliche verschweig ich. Meine Muse verschmäht es, das Gemeine zu besingen« (ich wiederhole nur, ich brauche nur zu wiederholen, es drängt mich, zu wiederholen)

Warum seid ihr Kommunisten so laut vor den Gegenständen eurer nationalen Vergangenheit (besonders wenn diese mit der Religion zu tun haben)?

So wie W. Benjamin warnte vor dem, der ungefragt Tips für eine Reise gibt, so hüte dich vor dem, der sich ungebeten anbietet, für dich bei einem Mächtigen seine Beziehungen spielen zu lassen

Vor einer Arbeit: das Gefühl sollte total sein, aber das Material fragmentarisch

Wenn die Liebe zu einer Frau eintritt, tritt die Welt in ihr Recht (habe ich je einen ernstzunehmenden Zölibatären gesehen?)

Das am Dorfbahnhof die aus dem Zug steigende Mutter mit einem Hüpfen begrüßende Kind bewegte meine Versteinerung zu Trauer (und die Sonne einte die Kastanienblätter über mir zu Familien). Es gibt nichts als die Form – dieser Kinderschulter oder auch nur eines kleinen Vogels auf einer Friedhofmauer –, was den Tod in mir aufhält und das Leben ausbreitet (und ich las dann bei Simenon: »... weil er, um in Form zu bleiben, einen Umweg machte...«)

Die Hauptfrage für eine Geschichte, das Bestimmende, das A und O, müßte sein: »War das immer so?«: der große Schwung muß von dem kommen, was immer war; und die Dramatik in der Geschichte kommt ohnedies (zwangsläufig) durch das, was nicht immer so war

Die Tomate hatte den Geschmack einer unbekannten Frucht: ich war begeistert von einer Speise – wie oft war das im Leben der Fall?

Zaubern können, ja! Aber nur mit den Augen

Bei Goethe bleiben (auf ihm bestehen)

Warum bin ich heute so froh, gegen gestern? »Irgend etwas hat sich begeben«; und die ersten Brombeeren sind reif geworden, die Leitern stehen schon in den Obstbäumen, die Weite der Landschaft ist durchleuchtet vom Blau der Zwetschken, die Walnüsse hängen in den sich regenden Bäumen groß und ungeheuer dick wie Semmeln, vom Feigenblattstengel setzt sich dessen gelbe Leuchtbahn wie wild ins dunkle Grün des Blattes fort, und das Geräusch der Maisblätter im Wind erinnert an Kinderwassermühlen – ist jedenfalls kein Messerwetzgeräusch wie gestern noch. »Irgend etwas hat sich begeben« (und ich schrieb das mit Brombeerenfingern)

Wissenschaftliche Sprache in der Literatur ist Obskurantismus (sie schwärzt mir buchstäblich die Augen)

Es war Sonntag. Der alte Mann saß auf der Bank vor der Gasthaustür und wies den Ankömmlingen den Weg ins Haus. Er hatte einen Hut auf dem Kopf und ein Taschentuch auf den Knien. Sonne und Schatten fielen an ihm als Perücke herunter. »Mein ganzes Wesen verstummt und lauscht« (und der Bleistift rauschte in der Stille)

Ich setzte mich in das Wurzelbett der Linde und horchte, mit dem Gefühl des Auftrags. Keine Zeit mehr, nur die Herzuhr schlägt; und ein Schluck auf Hölderlin (und auf das Himmelblau hinter dem Nußbaum). Das Rauschen hier ist so mild, und der Wind ist so mild, und die Sonne ist so mild, und die Grillen zirpen so sanft; und ich dachte: wenn nur alle Uhren so gingen wie das Grillenzirpen jetzt! Und ich war bei alledem nicht in der Ödnis, sondern in der Nähe von Menschen

Gehen – innehalten – gehen: Ideale Seinsweise

Zu Hyperions sich wiederholendem Satz vor der Natur: »Mein ganzes Wesen verstummt und lauscht«: das verstummende Wesen hat tatsächlich mit »Lauschen« zu tun, nicht mit »Schauen«. Und das Farbensehen (besser noch: das Lichtsehen) entspricht dem Lauschen. Nur blutet beim Farbensehen das Herz, vor gleichzeitiger Trauer; so ist das Farben- oder Lichtsehen mystisch und antimystisch zugleich, vereinigend und trennend zugleich. – »Das Herz blutet«; denn ich sehe mein Zuhause, und ich sehe: Ich werde von zuhause weggehen müssen

Glyzinien in der Landschaft! / Ein eigenes Hauptwort / ein eigenes Umstandswort / ein eigenes Anrufswort / ein eigenes Zeitwort möchte ich für euch bilden: / Glyzinien, Lippenblütentraubenkelterbottichgefügtheiten / sanftblaugreiffrisch / meine Gerechtigkeiten! / Flugherzt mich

Nicht meine Anstrengung ist meine Rechtfertigung, sondern meine Begeisterung

Die große Phantasie – geht vorbei; sorgt aber für die abbaufähigen Einschlüsse

Die alte Frau brachte die Hand nicht mehr dorthin, wo sie den Schmerz hatte. Eine andere Frau stolperte und fluchte, und lachte, als sei sie an diesem Tag schon oft gestolpert. Einem alten Mann schien der Kopf in einen Schraubstock geraten. – Ein Drama mit wievielen Figuren ich bin, im Lauf jedes einzelnen Tages (und gerade traf mich aus einem Kinderwagen der gnädige Blick eines Säuglings)

Gib mir Schwermut *und* Leichtsinn! An einem Tag ohne Schwermut werde ich mir ganz unwirklich. – Und was heißt »Schwermut«? Die Glocke in mir ist geborsten. Und was heißt »Leichtsinn?« Es zieht mich zu den Glocken hin; diese lassen mich »wissen«

»Und«: Die gewalkten Nudelteigtücher, die in der Kindheit vor dem Haus zum Trocknen auf den

Holzzäunen hingen, und die Traumreste beim Aufwachen

Im Lauf eines jeden Tages packt mich tatsächlich eine Sehnsucht nach Wiederholung

Ein Kunstwerk gebietet Halt; die meisten gehorchen freilich nicht

»Und doch – hätte Gott das oberste nicht zuunterst gekehrt, wir wären ohne Spur dahingegangen und ungepriesen von der Muse Lied«: so lautet der Lobpreis der Tragödie, und zwar durch den Betroffenen selber!

Wieder einmal habe ich zu schreiben angefangen, und wieder einmal weiß ich nicht, ob das Schreiben meine Sache ist, oder meine Anmaßung (und doch: nur im Schreiben kann mir die Welt offenstehen: ich blickte gerade auf die weit offenen Bäume vor dem Fenster)

Verzweiflung heißt: es ist gewesen – aber es ruft nach nichts (vielerlei ist gewesen, aber nichts ruft nach etwas)

Wie oft in den griechischen Dramen die Sterbenden, die vom »Reich des Lichts« Scheidenden, die Dableibenden segnen!

Schreibend habe ich doch manchmal eine Menschheit gesehen. Ja, das Schreiben hat nur recht, wenn es die Welt besingt – über den Tod kann es nur Gerede geben; und das Gerede macht Unwirklichkeit

Seit Brecht: Es ist natürlich nützlich, daß es das »Geraune« nicht mehr gibt. Aber auch der starke Ton und das Gedröhn sind seitdem weg aus der Literatur (aus der menschlichen Schrift) (ich meine nicht die Mythelei so vieler südamerikanischer Romane; »Mythelei« im Sinn von »Rederei«, »Liebelei«, »Rätselei«, »Erzählerei«)

Nicht prophezeien, aber erzählen wie ein Prophet (die Erzählung ist die Handlung)

Die Leuchtkäfer waren »der Juni«, und jetzt sitzt ein Wespenhundert auf einem zerquetschten Apfel: »September«

Ich will die Historie nur bei den Künstlern studieren (auch anhand ihres Lebens)

Jeder beklagt sich über den Zeitgeist, und jeder ist dieser Zeitgeist

Eine weiße Katze bewegte sich fern auf dem Weg als ein zu beschreibendes Papier. Der Fluß floß mit dem Geräusch eines Leiterwagens, leer, weit weg. Tau lag auf dem Schilf, wie der Schweiß eines Boxers. Der Bleistift wurde zum Haselstock. »Du bist auf dem richtigen Weg, du mußt ihn nur noch richtig beschreiben«

Das Fußballspiel heute: wie nah ich den Tränen bin, wenn ich ein »Gemeinschaftserlebnis« habe, und zwar seit je; und ich habe es immer nur als Zuschauer, als Betrachter: noch stärker als beim Fußballspiel in einem Stadion freilich beim Kommuniongang des Volks in der Kirche

Zu schreiben anfangen darf ich, wenn ich so lange gewartet habe, daß die Ahnung wieder stärker werden konnte als das Gewußte

Im Moment der Dankbarkeit am Abend wurde der Morgen wieder wirklich (wiederholte sich die Frische des Morgens)

Die Wanderwegmarkierungen mitten in den Städten; wer rettet die Welt vor der Eingemeindung?

Die Zeitwörter bei Lukrez bezeichnen regelmäßig nur physikalische Zustände oder Vorgänge: »sich erstrecken«, »bewirken« usw. Vorbildlich materialistisches Schreiben?

In einen Gedanken kann ich nicht versinken

Unterscheide zwischen Euphemismus und Verherrlichung!

Bei Aischylos können alle fortwährend wünschen
und verwünschen, und daraus besteht das Drama
(und das Unbestimmbare war damals noch mit
vielen Namen ansprechbar)

»Wir haben auch einmal so gedacht.« – »Nie im
Leben habt ihr so gedacht – sonst würdet ihr immer noch so denken.«

Eine »Überredung« ist bei Aischylos ein sehr langes, ein angemessen langes Hin-und-Her (siehe
»Wechselrede«)

»Doch schnell auch stirbt ein Ruhm, den Frauen
verkünden«

Meine Stärke ist das Folglich-Machen der Natur,
und das Verkünden (was habe ich also gegen die
Verkündung?)

Das Rauschen der Bäume: es gibt nichts, was
mehr ist (je leiser es ist, desto mehr ist es). – »Pia-
nissimo«: dieser Ausdruck zeigt das ganze Elend
einer gewissen Musik

Der Wecker weckt nur den Leib; die singenden Vögel vor dem Fenster wecken die Seele. Ich brauchte täglich einen Wecker, der mich an der Seele weckt; der Körper folgt leicht nach

Die Akteure der griechischen Dramen sind immer *vollkommen selbstbewußt;* auch die Mörder

Sicher ist die Frage nach dem Zweck, ein Mensch zu sein, sinnlos (so wie ich immer noch, seit je, mit der Frage aufwache: Wer bin ich? usw.); aber jeder Tag ist auch sinnlos, an dem sie nicht gestellt wird. Und die Antwort? – Bestenfalls wohl ein lautes Blöken (= Tragödie)

Aischylos erscheint mir von allen Dramatikern als der vollkommenste: keine Intrige, nur die Wortgewalt; reines Drama

Der größte Prophet wäre der, der einzig die Welt verherrliche: die Gegenwart der Welt

Ich kann es mit anderen nicht *versuchen*: entweder *nicht* versuchen, oder es *tun*

Im dramatischen Gedicht müßten sich die Personen aneinander wenden können, so wie einst die Helden an die Götter: das wäre die natürliche Dramaturgie, ohne die Dialog- und Handlungstricks des eingebürgerten Theaters

Zu viel Familiengerede überall: vermeide das Familiengerede. Laß die Familienmitglieder manchmal wie Freunde auftreten, dann wie Feinde, dann wie Fremde

Sprich die Leute frei, aber mach ihnen doch den Prozeß; mach den Leuten den Prozeß, aber sprich sie frei (nur ein Verteidiger sagt manchmal ein wahres Wort)

»Sprich ruhig und gefaßt, willst auch vor Schmerz du stöhnen«

»Zur Wahrheit umstellen«. – Wenn mein Denken zutiefst träumerisch geworden ist und ich zugleich ganz wach geblieben bin, erscheint mir das Gedachte ganz natürlich in Orakelform; so wie auch: »Das Dorf ist groß.« – »Der Sieger nickt in Olympia.« – »Ich wische euch aus.« – »Ein Kind, zu groß für eine Burgtreppe.« – »Nur der Fremde, an dem man das Drama sieht, ist unverdächtig.« – »Im Moment der Trauer suche am fremden Haus das blinde Fenster.« – »Zeig niemandem deine Heimat.« – »In den Unwirklichen fliegen die Spitzschnäbel hinein.« – »Ein Schüler wird erkannt.« – »Eine Stunde in der Leere ist richtig.« – »Die Köchin umarmen.« – »Du hast jetzt nicht die Macht.« – »Aus dem Uhrkasten springt das Lamm des Märchens von der Ewigkeit.« – »Gefaßt auf den Felsen.« – »Halt hart im alten Licht.« – »Du wirst nur gehört, wenn das Flehen deiner Seele erscheint.« – »Umhege dein Wildes.« (Diese Orakelsprüche erscheinen mir als *das* Unzerstörbare; sie sind, jedenfalls in mir, unvergänglich. Es sind mehr stimmlose Sätze als Sprüche; sie bilden sich tonlos aus dem Rauschen außen und innen und bedeuten »Anfang«)

Ich schreibe: gute Schüsse (mit der Wunderkanone)

Ich schreibe: ich taste mich in deine Augenhöhlen

Blind schreiben, wie Homer

Vielleicht hat ein Schriftsteller als einziger die Möglichkeit zur Sachlichkeit (und jedenfalls die Pflicht dazu)

Die Katzen, zum Beispiel, *sind*. »Die Katzen sind / Sein ist Beispiel.« (»Tanzt die Orange«, Rilke)

Und doch auch bei Rilke die vielen erschwindelten Ausrufe: »O dieses ist das Tier, das es nicht gibt« (ein wahrer Ausruf ist freilich: »Aber manchmal trat eines, ach ein vergehendes [Kind] unter den fallenden Ball«)

Merk dir: die Verletzten (die Erniedrigten, die Leidenden) sehen oft – täuschend – nur beleidigt aus

»Denn es ist kaum möglich, eine Verteidigung ohne etwas Schauspielerei zu führen« (Nietzsche)

Ich darf nie denken: »Klassisches« usw., sondern ich muß denken: »Wahrheit«, d. h. »Entsprechung«

»Diese immer gesteigerte Besonnenheit«: Nietzsche zur griechischen Kunst der Beredsamkeit

Manchmal genügt der Gedanke: »Ich bin ohne Schmerz«, und schon kommt die Freude

»Weil das Zustreben zum Licht aus einer gleichsam eingeborenen Dämmerung griechisch ist, so geht ein Frohlocken durch das Volk beim Hören einer lakonischen Sentenz« (und so selten muß sie auch sein!)

»Der Darstellung des höchsten Menschen, das heißt des zugleich einfachsten und zugleich vollsten, war bis jetzt kein Künstler gewachsen; aber vielleicht haben die Griechen, im Ideal der Athene, am weitesten von allen bisherigen Menschen den Blick geworfen« (bei Nietzsche merke ich sofort auf, wenn er über die Kunst redet; sonst eher nicht)

Im Augenblick der Natur – gerade war ich ganz in den fallenden Blättern des wilden Weins – bin ich unangreifbar, nicht beschuldigbar, nicht belangbar (und das sage jetzt ich, der doch gerade noch glaubte, mit dem Satz »Die Natur ist das einzig stichhaltige Versprechen« einen tragischen Irrtum begangen zu haben – tragisch für mich selber)

Seelenruhe heißt: ich habe Zeit, zu den sich bewegenden Schatten die Körper zu suchen

Im dramatischen Gedicht sollten alle immer wieder uneins sein – aber alle preisen den Ort (wie Kolonos)

Eine junge Frau saß auf dem elektrischen Stuhl, der eine Waage war. Ihre Augen sprangen fortwährend hin und her zwischen Entsetzen und Entzücken, ebenso der Mund

Ich ging im Herbststurm über die Brücke, hörte aus einem der umliegenden Häuser eine wunderbare leise Musik und blieb stehen: Orgel? Flöte? Elektronisches Instrument? Dann merkte ich, daß die Töne unmittelbar neben mir erklangen, auf der Schwelle zur Brücke, im Freien, im Sturm, aber so fein, als kämen sie von weither. Ich blickte auf und sah den Straßenschildmast, mit zwei Löchern übereinander, wie bei einer Flöte:

da entstand durch den Wind eine ungeheuer zarte, in Intervalle gestufte Musik, wie aus einem Traum; nicht begeistert ging ich weiter, sondern traurig

Das epische Gedicht ist »meine Weise«: das Sagen und das Erzählen sind da eins (das pure Sagen des Lyrikers entspricht mir nicht)

»Der große Stil entsteht, wenn das Schöne den Sieg über das Ungeheure davonträgt« (was für ein liebevoller Schriftsteller Nietzsche ist)

»Wer zu Papier bringt, was er *leidet*, wird ein *trauriger* Autor; aber ein *ernster*, wenn er uns sagt, was er *litt* und weshalb er jetzt in der Freude ausruht« (jetzt doch: Freund Nietzsche)

Zum Geist komme ich nur durchs Machen, und durch die Gefahr des Scheiterns

Ein Mensch allein(gelassen): Es ist seine Bedenkzeit

Sag nichts außer im Zorn oder irgendeiner anderen Begeisterung: dramatisches Gedicht

Könnte ich den kleinsten friedlichen Vorgang (wie den Igel gerade in der Nacht) mit der Dankbarkeit verfolgen, am Leben zu sein, so wäre ich *der Epiker*

Die Ruhe selbst – war ich in jenen Sonnenstunden, da ich schrieb: »... nur noch mitdenkend. Mitdenkend mit der Erde die Erde denkend als denkende Welt ohne Ende. Die mit meinem Kreislauf erst kreisende Welt mit mir, dem endlich Gedachten, als nur noch Gedachtem...«; und dann wurde mir dazu »Wortrausch« vorgehalten

Vielleicht sollte ich doch einem einzelnen gegenwärtigen Leben mehr glauben als der großen Überlieferung? Aber welchem Leben? – Das Persönliche und das Antikische verschränken: doch das Persönliche erst muß das Antikische natürlich hervorrufen

Immer wieder entbehre ich, gerade wenn der Tag gut zugebracht wurde und ruhig hinter mir liegt, die Erschütterung: die mich dröhnend aus der Brust hinaus über das Land trägt. Seltsam, daß mir dieses Erlebnis der Dichter, Goethe, noch nicht gegeben hat – ich stelle mir eher einen Psalmensänger vor, einen einzelnen, in einer fast leeren abendlichen Kirche

Durch die Nacht flog ein Apfelrest als heller Nachtvogel, und ich dachte: »Die Welt ist immer noch unerhört (schön)«. Und im Traum dann verwandelte sich der helle Apfelrest in den sagenhaften Delphin, der die Erde, Korb voll Früchten, einst auf seinem Rücken aus dem Meer hob, schönstes Bild des Christophorus

Ich schaute durch den Nebel in das nasse Gras, empfand die Kindheit wie ein Grab, und wies mich zurecht: »Undankbarer!« (Und neben mir stand eine Mutter mit ihrem Kind und sagte: »Der Nebel kommt, gehen wir nach Hause.«) Und ich dachte: Beschließ, daß die Kindheit schön war

Lerne im Schreiben zu springen: das Gleichmaß, mit Sprüngen

»Hält man sich an des Altertums Weg, / so lenkt man des Heutigen Dasein« (Tao Te King)

Fällt mir auf, daß ich ruhig bin, so werde ich unruhig

»Treibe das Leersein bis zum Äußersten / und bewahre die Stille unerschütterlich: die abertausend Geschöpfe ringsum entfalten sich, / und ich schaue also ihre Wiederkehr«: Geradeso war es heute früh mit den fallenden Blättern des Nußbaums, den Schwunglinien der Vögel in der Luft, ihrem Schaukeln in den Weinranken, dem Laub als Gehänge in der Morgensonne, den dazugehörigen hockenden Katzen auf dem Erdboden und mir, der den Kopf ins Morgengrün hob. »Stille, das ist die Rückkehr der Bestimmung; die Rückkehr der Bestimmung nennt man das Beständige, das Wissen vom Beständigen nennt man Erleuchtung«

Gleichmäßig episch bleiben, und doch ein Drama schreiben

Drama: Jeder muß eingehen auf das, was der andere sagt – und darf doch nie direkt, dialoghaft, technisch darauf antworten (noch einmal: Wechselreden statt Dialoge)

Wenn mir die Namen der großen Künstler in den Sinn kommen, empfinde ich die Namen der Menschen als erhabenen Klang

Wenn ich begeistert bin, liebe ich auch den jeweiligen Ort

In Aischylos ist genau der Rhythmus eines Negro Spirituals: »Klagt mit mir!« – »Wir klagen mit dir!«, usw.

Von den Sängern lasse ich mich willig betrügen, von den Dichtern nicht

Seit ich vor fast einem Jahr im Großen Wald die gekrümmten hellen Zweige eines Holunderbusches in der Dämmerung als brennenden Dornbusch glimmen gesehen habe, hat in mir das Epos des Holunderbusches angefangen, das nun mit jedem Blick auf die gekrümmten hellen Zweige in meinem Innern weitererzählt wird

Gestern abend hörte ich die Menschenlieder, und heute früh das Vogellied: es ist weniger einschmeichelnd, und schöner

Im dramatischen Gedicht muß das Volk zum Vorschein kommen. Und es müßte alles darauf hinauslaufen, sagen zu können: »Hör. Ich liebe dich.«

Die meisten muß man erst begeistern; aber sie sind auch zu begeistern

Fehlzündungsknall, und jemand sagte: »Jetzt haben sie ihn.«

Die alte Frau sagte: »Das ist ja sogar bei den großen Künstlern so: wenn die einem Reporter in die Hände fallen – was die dann von sich geben!« Erträglich, verständlich, glaubhaft, anrührend ist auch, wenn alte Frauen einen Mann »schön« nennen, oder »bildhübsch«

Dramatisches Gedicht: die Pforten des Krieges sollen geschlossen werden (auch bei Vergil ist ja das Kriegsgetümmel im Lied »vulgata«; ein neuer Weg »soll versucht werden«, wo vom Dichter »als Sieger« geredet wird)

Ich träumte vom ersten Schnee, und beim Aufwachen: da ist er. Und ich verhielt mich still wie beim Beobachten eines scheuen Tiers

Am Morgen war die Akazie noch voll von Laub, und jetzt am Nachmittag ist sie vollkommen kahl: »vor der Arbeit« / »nach der Arbeit« (und jeder kommt mit einem Blatt auf Kopf oder Schultern nach Hause)

Das richtige Leben weiß, daß es das richtige ist. Das falsche Leben weiß in der Regel nicht (mehr), daß es das falsche ist

Das Mystische ist der Anfang des Geistes und verhindert zugleich seine Weiterentfaltung

Zwischen mir und dem Volk ist die »Mondseer Lederstube«

Dramatisches Gedicht: keiner darf ein Charakter werden, oder ein Typ (auch nicht ein Archetyp). Und trotzdem soll keine Person austauschbar sein. Jeder soll eigen sein

Es gibt das Wasser, die Wellen, die Wolken, und es wird dafür immer Sinnbilder geben; die Sinnbilder sind unzerstörbar

Das einzige, was ich immer wieder denken kann, auch in der höchsten Not (Formnot): »Niemand!«

Bleistift, Brücke nach Hause!

»Unsichtbare Harmonie ist stärker als sichtbare« (Heraklit)

So wie ich in der Kindergeschichte auf das Wort »Cantilene« zuschrieb, so schreibe ich im dramatischen Gedicht, unter anderem, auf die Sätze: »Das Dorf ist groß. Der Himmel ist groß. Der ewige Friede ist möglich.« zu. Das Schreiben ist immer auch eine Wette des Schreibenden mit sich selber (besser: es sind viele Einzel-Wetten)

Die Inspiration (ja) erscheint als Farbe, als Wolke, als dunkle Farbwolke

Immer wieder kommt der Moment am Tag, da keine Umwege mehr helfen, nur noch der Heimweg

Es ist, als ob ich mit dem dramatischen Gedicht die dialektische Sperre durchbräche: »ungeheuer sanft«, so soll es enden. Und das Ganze? Etwas, das es noch nie gegeben hat, und doch die Tradition zeigt, aber nicht als Zitat

Die Welt, »wie sie ist«, und die Welt, »wie sie sein soll«, das ist ja kein Gegensatz: die Trauer über das, was ist, zeigt, wie es sein soll

Auch Chaplin tritt am Ende des »Großen Diktators« als *Nova,* als Mensch des neuen Zeitalters, auf; und so sind wohl schon seit jeher viele als Nova aufgetreten; und was hat es genützt? Daß immer wieder noch einer als Nova auftreten konnte

Das Klassische kann nur Ausdruck der Gefahr sein

»Vor allem: Eine Kunst für Künstler, nur für Künstler!« (Nietzsche). Ich weiß jetzt, was ich spielen muß (und spielen muß ich)

Zum Schreiben gehört ein lyrischer Grund, der mich auffängt, oben und unten (Goethe und Hölderlin; aber nicht Kleist oder Büchner); es ist die Weltliebe

In der Wut vergesse ich meine Seele

Ich ging wieder an den Stadtrand, sah dort die Kinder und sehnte mich, eine Literatur zu schaffen, die tatsächlich die Nachkommenden segnen könnte

Das dramatische Gedicht ist beendet. – Und wie halte ich das Gesagte aus? Ich betrachte es als mein Amt. (Moment tiefer Dankbarkeit: darüber, geboren zu sein. – Und ich spürte den Schnee, der draußen fiel, drinnen auf meinem Gesicht)

Die Speisewagenkellnerin sagte: »Ich hatte Unterleibskrebs, dreißig Kobaltbestrahlungen, drei Nervenzusammenbrüche, eine Herzinsuffizienz, zwei Delirien«

Der epische Blick ist der, der in der großen Bahnhofshalle steht, unberührbar, und berührt von allem

Und schon wieder, wie nach jeder Arbeit, werde ich frech: »Wehe den schlechten Schauspielern, die dieses Stück spielen!« Aber ich denke auch: Die Schauspieler müssen die Helfer sein

Sie hörte ihr Ideal von Musik: das schlagende Herz des anderen

»Sie verstehen mit sich nichts anzufangen – und so malen sie das Unglück anderer an die Wand« (Nietzsche über die Realitätstümler)

»Man macht mit Recht dem dramatischen Dichter einen Vorwurf daraus, wenn er nicht alles in Vernunft und Wort verwandelt, sondern immer einen Rest Schweigen in der Hand zurückbehält...« (so auch meine Abneigung gegen Hintergedanken, Seitenblicke, Andeutungen usw., nicht nur auf der Bühne)

Ich merkte gerade, wie ich immer wieder, täglich, enthusiastisch, jemandem etwas erzählen will; und dann ist da niemand

Die Ecce-Homo-Figur vor der Kirche fehlte; nur der Folterknecht höhnte ins Leere. Überall im Heimatort ertönte die unendliche arabische Musik. Ich konnte im Traum weinen. Es war die Einsamkeit

»Habe soeben beschlossen, da jeder miese Kerl ›kranksinnig‹ oder verrückt werden kann, mein Leben mit aller Energie zu Ende zu leben« (Max Beckmann, 30. Sept. 1941)

»Wie schwer ist es, nicht alles zu umarmen – wie schwer ist es, zu glauben« (derselbe)

Gerade sah ich die untergehende Sonne in einer Astgabelung, ganz klein, weitest weg, und vor mir, ebenso, den letzten Hahnenfuß des Jahres

Das Drama heißt: Alle sind im Recht – sonst wäre es kein Drama, sondern eine Schauergeschichte

Jeder Verausgabung folgt eine Schwade des Neuen

Der Großvater schaute hinüber zum Nachbarhaus und sah dort hinter einer Scheunenluke – von ihm errichtetes Ziegelmuster – das Gesicht einer alten Frau. »Endlich ein Mensch!« dachte er, und weinte. Es ist Winter, und ich habe endlich wieder tiefe Träume

»Zu den Spatzen kann man sagen: ›allerliebst‹« – und: »allgegenwärtig« (»Sie sollen dich freibinden!« hieß es von ihnen im Traum). Allmählich entsteht so mein Wappen: Spatzen in einem Holunderbusch – auch dieser ist allgegenwärtig

Nietzsche schwankt immer zwischen großartig und kleinkariert. Er ist eben kein Künstler. Warum ist er kein Künstler?

»Zeugt das Friedenskind«: Träume ich die ältesten Träume neu?

Nicht »Geist *oder* Liebe«, sondern: Geist der Liebe

Auch die Sache des epischen Schriftstellers ist der Himmelsschrei; deswegen das Krachlederne der »Romane«

Wenn ich denke: »Das war ein schlimmer Tag!«, kommt sofort aus dem Innern ein Widerspruch, in der Form eines Bilds

Gestern konnte ich erstmals im Leben leichthin denken, hören, sehen: weder das Gute noch das Böse taten mir in der Brust weh, und so dachte ich auch zum ersten Mal, und mit Freuden: Ich bin kein Schriftsteller mehr. Große Wohltat: alles umgab mich, nichts drang auf mich ein, ich war nur noch der Gehende; und ich konnte denken: »Ich werde nicht mehr schreiben, nur noch es repräsentieren.« (Wir werden sehen)

Die Überlebenden sehen die Gnadenbilder

Endlich kann ich sagen (nachsagen), was der Geist ist: »das Vorwaltende des oberen Leitenden« (Goethe). – Und als ich den neben mir fragte: »Was ist für dich ›das Vorwaltende‹?«, antwortete er sofort: »Das Auge.«

Es kann einem gar nicht herrlicher warm sein als manchmal draußen in einer kalten Winternacht

Stimme und Tonfall eines Erzählers sollte man aus einem Text nicht heraushören (ich dachte an jemanden wie Thomas Mann, und stellte mir eine störende, individuell-ironische Stimme vor – unvorstellbar bei Homer, Goethe, Fontane oder Stifter)

»Las Empedokles und Sophokles' Ödipus. Schon lange wußten die Menschen über den Reinfall des Lebens« (Max Beckmann, 1950)

Ich beende das Jahr mit tintenbeschmierten Händen; und ich schwöre den Sternen und dem Rauschen des Windes die Treue

Winterkälte: offene Tore. Es ist der letzte Tag des Jahres, ich sehe entfernte Liebe in einem Lichtzelt, und möchte wieder einmal ewig leben

1976-1980

Peter Handke

Gestern unterwegs

Aufzeichnungen November 1987 bis Juli 1990
st 3886. 550 Seiten

Lieber Leser!
»Gestern unterwegs« gibt sich, nach dem »Gewicht der Welt«, der »Geschichte des Bleistifts«, den »Phantasien der Wiederholung «, »Am Felsfenster, morgens«, als die letzte Phase meines Mit-Schreibens mit den täglichen und nächtlichen Geschehnissen. Es bezeichnet auch den Übergang oder die Übergänge vom puren Mit-Schreiben (vorherrschend vor allem im »Gewicht der Welt«, 1975 bis 1977) zum nachträglichen, leicht zeitversetzten Notieren: von dem, was »jetzt« geschieht, zu dem, was »gestern« geschah, und vorgestern, und vor einigen Tagen, und vor einer Woche ...

Wen es interessiert, der soll wissen, daß ich in den Jahren von »Gestern unterwegs« das Theaterstück »Das Spiel vom Fragen« schrieb, dann den »Versuch über die Müdigkeit«, dann das Filmbuch »Die Abwesenheit«, dann den »Versuch über die Jukebox«; zuletzt übersetzte ich Shakespeares »A Winter's Tale«.

P. H., 22. Februar 2005
(es schneit, oder, aus dem Arabischen rückübersetzt: »Es schneit auf die Erde«)

NF 621/1/7.07

Peter Handke

Die drei Versuche

Versuch über die Müdigkeit
Versuch über die Jukebox
Versuch über den geglückten Tag

suhrkamp taschenbuch 3288
208 Seiten

In den Jahren des weltpolitischen Umbruchs 1989, 1990 und 1991 schrieb Peter Handke drei Versuche über scheinbar alltägliche, »unwichtige« Themen: die Müdigkeit, als Zustand höchster Konzentration, die Jukebox, als nach und nach verschwindende Quelle von Erfahrung, und den geglückten Tag, als eine jeden Tag notwendig begleitende Idee.

»Als eine Schule des Lesens ließen diese Versuche sich begreifen, des freihändigen Lesens in unserem Tag. Während die meisten deutschen Gegenwartsautoren damit beschäftigt sind, unser Leben verschieden zu interpretieren, könnten Handkes Versuche das Kunststück fertigbringen, es zu verändern.« *Frankfurter Allgemeine Zeitung*

NF 295/1/5.01

Peter Handke
im Suhrkamp und im Insel Verlag

Der kurze Brief zum langen Abschied. Englische Broschur. 195 Seiten. st 3286. 208 Seiten

Langsam im Schatten. Gesammelte Verzettelungen 1980-1992. Gebunden. 208 Seiten. st 2475. 260 Seiten

Langsame Heimkehr. Erzählung. st 1069. 210 Seiten

Leben ohne Poesie. Gedichte. st 3921. 237 Seiten

Die Lehre der Sainte-Victoire. Englische Broschur. 139 Seiten. st 1070. 109 Seiten

Die linkshändige Frau. Erzählung. Englische Broschur. 131 Seiten. st 3434. 102 Seiten

Lucie im Wald mit den Dingsda. Eine Geschichte. Mit farbigen Skizzen des Autors. Sonderausgabe mit 2 CDs. Halbleinen. 92 Seiten

Lucie im Wald mit den Dingsda. Eine Geschichte. st 3256. 70 Seiten

Mein Jahr in der Niemandsbucht. Ein Märchen aus den neuen Zeiten. Gebunden. 1066 Seiten. st 3887. 628 Seiten

Meine Ortstafeln. Meine Zeittafeln. Essays 1967-2007. Broschur. 623 Seiten

Die morawische Nacht. Erzählung. Gebunden und st 4108. 560 Seiten

Mündliches und Schriftliches. Zu Büchern, Bildern und Filmen. Gebunden. 166 Seiten

Tage und Werke. Begleitschreiben. Gebunden. 287 Seiten.

Die Theaterstücke. Gebunden. 576 Seiten

Über die Dörfer. Dramatisches Gedicht. Englische Broschur. 106 Seiten

Die Unschuldigen, ich und die Unbekannte am Rand der Landstraße. Ein Schauspiel in vier Jahreszeiten. Klappenbroschur. 177 Seiten

Unter Tränen fragend. Nachträgliche Aufzeichnungen von zwei Jugoslawien-Durchquerungen im Krieg, März und April 1999. Gebunden. 158 Seiten

Die Unvernünftigen sterben aus. st 168. 100 Seiten

Versuch über den geglückten Tag. Ein Wintertagtraum. Gebunden. 91 Seiten

Versuch über die Jukebox. Erzählung. Gebunden. 139 Seiten

Versuch über die Müdigkeit. Gebunden. 80 Seiten

Versuch über den Pilznarren. Eine Geschichte für sich. Gebunden. 217 Seiten

Versuch über den Stillen Ort. Klappenbroschur. 108 Seiten

Vor der Baumschattenwand nachts. Zeichen und Anflüge von der Peripherie 2007-2015. st 4883. 427 Seiten

Die Wiederholung. Gebunden und BS 1001. 334 Seiten. st 3010. 335 Seiten

NF 431/5/10.19

Wunschloses Unglück. Erzählung. st 3287. 96 Seiten

Wunschloses Unglück. Text und Kommentar. SBB 38. 132 Seiten

Zurüstungen für die Unsterblichkeit. Ein Königsdrama. Klappenbroschur. 134 Seiten

Briefwechsel

Peter Handke, Siegfried Unseld. Der Briefwechsel. Herausgegeben von Raimund Fellinger und Katharina Pektor. Gebunden. 798 Seiten

Über Peter Handke

Aber ich lebe nur von den Zwischenräumen. Ein Gespräch, geführt von Herbert Gamper. st 1717. 272 Seiten

Peter Handke, Thomas Oberender. Nebeneingang oder Haupteingang? Gespräche über 50 Jahre Schreiben fürs Theater. Broschur. 199 Seiten